El cerebro de
TU BEBÉ

JOHN MEDINA

El cerebro de
TU BEBÉ

CÓMO CRIAR A UN NIÑO INTELIGENTE
Y FELIZ DE CERO A CINCO

DIANA

Título original: BRAIN RULES FOR BABY: *How to Raise a Smart and Happy Child from Zero to Five*

Traducción: Benjamín del Buen

Diseño de portada: Miguel Ángel Chávez / Grupo Pictograma Ilustradores
Diseño original de interiores: Greg Pearson

© 2014, John J. Medina
Esta edición ha sido publicada mediante acuerdo con Pear Press, P O Box 70525, Seattle, WA 98127, Estados Unidos, representada por Perseus Books Group, Estados Unidos

Derechos exclusivos en español para América Latina, Estados Unidos y Canadá

© 2016, Editorial Planeta Mexicana, S. A. de C. V.
Bajo el sello editorial DIANA M. R.
Avenida Presidente Masarik núm. 111, Piso 2
Colonia Polanco V Sección
Deleg. Miguel Hidalgo
C. P. 11560, México, D. F.
www.planetadelibros.com.mx

Primera edición: marzo de 2016
ISBN: 978-607-07-3293-5

Impreso en los talleres de Litográfica Ingramex, S. A. de C. V.
Centeno núm. 162-1, colonia Granjas Esmeralda, México, Ciudad de México.
Impreso y hecho en México – *Printed and made in Mexico*

Para mis maravillosos hijos y su madre aún más maravillosa, por enseñarme que cuando tenemos que elegir entre dos teorías igualmente plausibles, lo mejor es elegir siempre la más graciosa de las dos.

CONTENIDO

REGLAS PARA EL CEREBRO DE TU BEBÉ

EL EMBARAZO
Mamá sana, bebé sano

TU RELACIÓN
Empieza con la empatía

BEBÉ INTELIGENTE
Sentirse seguro activa el aprendizaje
Tiempo con personas, no con pantallas

BEBÉ FELIZ
Hacer nuevos amigos, pero conservar los viejos
Etiquetar las emociones calma los sentimientos fuertes

BEBÉ MORAL
Disciplina firme con un corazón cálido

BEBÉ DORMILÓN
Prueba antes de invertir

INTRODUCCIÓN

En el pasado, cometí el mismo error cada vez que hablaba ante un grupo de futuros padres sobre el desarrollo del cerebro. Pensaba que los padres querían escuchar una buena dosis de ciencia sobre el cerebro en el útero –algunos pocos acerca de la biología de la cresta neuronal y quizás otros pocos sobre la migración axonal–. Pero al final de cada conferencia, en la sesión de preguntas y respuestas, me preguntaban siempre lo mismo. Una noche lluviosa en Seattle, una mujer con un embarazo muy avanzado preguntó:

–¿Qué puede aprender mi bebé desde el útero?

Otra mujer quería saber:

–¿Qué va a pasar con mi matrimonio cuando llegue nuestro bebé?

Un padre me preguntó, con cierta intensidad:

–¿Qué tengo que hacer para que mi hijo vaya a Harvard?

Una madre ansiosa interrogó:

–¿Cómo puedo estar segura de que mi hijita va a ser feliz?

Una abuela, que estaba criando a su nieto porque su hija tenía un problema de adicción a las drogas, preguntó:

–¿Cómo logro que mi nieto sea *bueno*?

–¿Cómo hago que mi bebé duerma la noche completa? –interrogaban una y otra vez los nuevos padres de familia.

Sin importar cuántas veces traté de dirigir la conversación hacia el esotérico mundo de la diferenciación neuronal, los padres repetían distintas versiones de las mismas seis preguntas, una y otra vez. Finalmente, me di cuenta de mi error. La teoría que yo les ofrecía no correspondía con sus necesidades, omitía la realidad que ellos enfrentaban y la información que buscaban, les estaba hablando desde mi torre de marfil. Por ello, este libro no se va a preocupar por la regulación genética del rombencéfalo en desarrollo; en vez de eso, *El cerebro de tu bebé* te guiará a través de lo que el público me pregunta en cada conferencia.

Llamo «reglas para el cerebro» a toda la información confiable que nos ofrece la ciencia sobre el funcionamiento del cerebro en la infancia temprana. Cada una de las reglas surge a partir de la gran cantidad de conocimiento que tenemos de psicología del comportamiento, biología celular y biología molecular. Cada una fue seleccionada para apoyar a madres y padres debutantes en las tareas de cuidar a un pequeño e indefenso ser humano.

Entiendo, sin duda, la necesidad de buscar respuestas. El nacimiento del primer hijo es como tomarse una bebida embriagante fabricada con partes iguales de alegría y terror, y que viene acompañada de una gran cantidad de transiciones que aparecen sin advertencia. Lo sé por experiencia: tengo dos hijos y cada uno trajo preguntas desconcertantes y dudas sobre cuestiones de comportamiento sin que tuviéramos un manual de instrucciones para guiarnos. Pronto me enteraría que eso no fue lo único que traían. Poseían una fuerza gravitacional capaz de producirme un amor feroz y una lealtad tenaz. Eran magnéticos: no podía dejar de admirar la perfección de sus uñas, sus ojos claros y sus cabelleras dramáticas. Cuando nació mi segundo hijo, entendí que el amor se puede dividir infinitamente sin reducir sus porciones en lo más mínimo. Cuando uno tiene hijos, dividir realmente es multiplicar.

Como científico, sabía perfectamente que observar el desarrollo cerebral de un bebé es como estar en la primera fila de un *big bang* biológico. El cerebro empieza en el útero con una sola célula, silenciosa como un secreto. Después de unas semanas, produce 8000 células nerviosas por segundo. Al cabo de unos meses, está en proceso de convertirse en la más fina máquina de pensamiento que existe en el mundo. Estos misterios me hacían sentir asombro y amor, pero, como padre novato, recuerdo que también me generaban ansiedad y dudas.

DEMASIADOS MITOS

Las madres y los padres necesitan datos y no solo consejos para criar a sus hijos. Desafortunadamente, los datos son difíciles de encontrar en la creciente montaña de libros para padres. Y en los blogs. Y en boletines informativos, y *podcasts*..., y en los consejos de las suegras y de cada pariente que alguna vez haya tenido hijos. Tenemos mucha información a la mano. Pero para los padres es difícil saber qué creer.

Lo maravilloso de la ciencia es que no toma partido por nadie. Cuando uno logra descubrir qué investigaciones son de confianza, se abre un gran panorama y los mitos se desvanecen. Para ser de mi confianza, una investigación debe superar mi «factor de mal humor». Para encontrar lugar en este libro, un estudio debió antes aparecer en una publicación avalada y debió ser replicado exitosamente. Algunos resultados han sido confirmados docenas de veces. Si hago alguna excepción con alguna investigación de vanguardia, que sea de confianza aunque aún no supere la prueba del tiempo, lo mencionaré específicamente.

Para mí, ser padre es cuestión de desarrollo cerebral. No es tan sorprendente, considerando mi campo de trabajo. Soy un biólogo molecular especializado en el desarrollo, con intereses en la genética de los trastornos psiquiátricos. Mis años de investigación han sido dedicados a la consultoría privada, he trabajado como «apagafuegos» a sueldo de la industria, y en instituciones públicas de investigación que han requerido a un genetista experto en salud mental. También fundé el Talaris Institute, ubicado en Seattle al lado de la Universidad de Washington, con el objetivo inicial de estudiar cómo procesan la información los infantes, a una escala molecular, celular y conductual. Así fue como empecé a impartir conferencias ocasionales para padres de familia, como ocurrió aquella lluviosa noche en Seattle.

Es cierto que los científicos no sabemos todo sobre el cerebro. Pero lo que sí sabemos nos ofrece la mejor oportunidad para criar niños felices e inteligentes. Y esta información es igualmente relevante tanto para las mujeres que acaban de descubrir que están embarazadas como para los padres que ya tienen un hijo pequeño y los abuelos que se encuentran en la necesidad de criar a sus nietos. Entonces, por medio de este libro, será para mí un placer responder a las grandes preguntas que me han hecho los padres de familia, y desmentir también los grandes mitos.

Éstos son algunos de mis favoritos:

Mito: Escuchar a Mozart durante el embarazo ayudará a mejorar las calificaciones de matemáticas de tu hijo en el futuro.

Realidad: Tu bebé se acordará de Mozart después de nacer, además de tantas otras cosas que escucha, huele y prueba en el útero (véase «Los bebés se acuerdan», p. 44). Si quieres que en el futuro le vaya bien con las matemáticas, lo mejor que puedes hacer es enseñarle control de impulsos en sus primeros años (ver «Autocontrol», p. 122).

Mito: Exponer a tu bebé o hijo pequeño a los DVD de lenguaje ayudará a mejorar su vocabulario.

Realidad: Algunos DVD incluso pueden reducir el vocabulario de los niños (véase «La TV dirigida a los bebés no es tan educativa», p. 171). Es cierto que el número y la variedad de palabras que usamos cuando hablamos con los bebés pueden aumentar su vocabulario y su cociente intelectual (véase «Habla con tu bebé y mucho», p. 148). Pero las palabras tienen que venir de ti, un ser humano de verdad.

Mito: Para aumentar su poder mental, los niños necesitan clases de francés antes de cumplir tres años, una recámara llena de juguetes «para la estimulación cerebral» y una biblioteca de DVD educativos.

Realidad: La mejor tecnología pediátrica de estimulación cerebral en el mundo probablemente sea una caja de cartón, un caja de crayolas nuevas y un par de horas de tiempo libre. La peor probablemente sea tu nueva televisión de pantalla plana (véase «¡Vivan los juegos!», p. 143).

Mito: Decirle continuamente a los hijos que son inteligentes ayudará a aumentar su confianza.
Realidad: Estarán cada vez *menos* dispuestos a resolver problemas difíciles (véase «Qué pasa cuando dices: "Eres tan inteligente"», p. 162). Si quieres que tu bebé algún día vaya a una gran universidad, felicítalo mejor por su esfuerzo.

Mito: De alguna manera, los niños siempre encuentran su felicidad.
Realidad: El mejor pronóstico de la felicidad es tener amigos. ¿Cómo se logran nuevas amistades y cómo se conservan? Con la habilidad para descifrar la comunicación no verbal (véase «Ayuda a tu hijo a hacer amigos», p. 191). Aprender un instrumento musical (véase «Ahorra para diez años de música», p. 335) aumenta esta habilidad en un 50 por ciento. Mandar mensajes de texto (véase «Mensajes de texto: una precaución», p. 175) puede destruirla.

Los estudios relacionados con este tema aparecen con frecuencia en revistas científicas. Pero si no tienes una suscripción al *Journal of Experimental Child Psychology*, es posible que desconozcas esta gran colección de hallazgos. Este libro tiene la intención de transmitirte lo que saben los científicos, sin requerir un doctorado para poder entender el contenido.

LO QUE NO SE PUEDE LOGRAR CON LA CIENCIA DEL CEREBRO

Estoy convencido de que los libros para padres suelen llegar a conclusiones contradictorias porque carecen de un buen filtro científico. Los expertos en la materia ni siquiera han logrado un consenso sobre cómo hacer que los bebés duerman las noches completas. Para los padres primerizos debe de ser desesperante.

Esto subraya que la ciencia del cerebro no puede resolver todas las situaciones de los padres debutantes. Nos puede ayudar a establecer reglas generales, pero en cuestiones específicas no puede ser tan precisa. Veamos una historia que un padre de familia subió a truuconfessions. com, un sitio web que es una de las fuentes recurrentes de este libro:

Anoche le quité la puerta al cuarto de mi querido hijo. Sin gritarle ni nada. Le advertí que si la volvía a cerrar, después de pedirle que no lo hiciera, la iba a quitar. Recorrí el pasillo de nuevo y la encontré cerrada, regresé con un taladro y la puerta se fue a pasar la noche a la cochera. La volví a colocar hoy, pero la volveré a quitar de nuevo si es necesario.

¿Podrá la ciencia del cerebro influir en esta situación? Realmente no. La investigación nos dice que si los niños rompen las reglas los padres deben definir reglas claras con consecuencias inmediatas. La ciencia no nos puede ayudar a decidir si debemos quitar puertas. En realidad, apenas tenemos una imagen clara de lo que significa ser buen padre o madre. Es difícil investigar sobre la educación de los hijos por cuatro razones:

1. Cada niño es diferente

Cada cerebro tiene literalmente un cableado distinto. No hay dos niños que tengan reacciones idénticas ante una misma situación. No existen consejos unitalla para todos. Debido a esta individualidad, les ruego que traten de conocer a sus hijos. Eso significa dedicarles mucho tiempo. La única forma de descubrir qué funciona y qué no funciona es conocer su comportamiento y saber cómo cambia con el tiempo.

Desde el punto de vista de un investigador, la disposición del cerebro para responder a su entorno externo resulta realmente frustrante.

La complejidad individual depende mucho de las diferencias culturales y sus sistemas de valores particulares. Además, las familias que viven en la pobreza tienen problemas muy diferentes de las de clase media alta. El cerebro responde a todos los factores que lo rodean (la pobreza puede influir en el cociente intelectual, por ejemplo). No es de extrañar que sea tan difícil investigar este asunto.

2. Cada madre o padre es diferente

Los niños que crecen en hogares donde ambos padres están presentes deben negociar ambos estilos de crianza. Las mamás y los papás suelen tener prioridades distintas y es una de las grandes causas de conflicto en algunas relaciones. Los niños se guían por una *combinación* de ambas. Por ejemplo:

> Me enloquece ver a mi hermano y a mi cuñada con sus hijos. Ella a veces participa desde el sillón. Entonces él trata de compensar gritándoles POR TODO. Desde afuera, parece que los niños no se comportan porque no tienen *ni idea* de las reglas; simplemente saben que se van a meter en problemas sin importar lo que hagan y ya no tratan de comportarse.

Dos estilos. Se requiere 100 por ciento de cooperación entre el padre y la madre sobre cómo van a criar a sus hijos. Por supuesto, esto es imposible. La crianza en hogares que tienen padre y madre presentes siempre ocurrirá de manera híbrida. A la larga, los niños empiezan a responder a los padres y esta correspondencia influirá en el comportamiento de los padres en el futuro. Cada uno de estos cambios complica la investigación.

3. Los niños tienen otras influencias

La vida se complica todavía más cuando los niños empiezan a crecer. La influencia de la escuela y de los otros compañeros en la formación de los niños se vuelve cada vez más poderosa (¿quién no se acuerda de alguna experiencia horrorosa de la secundaria?). Un investigador ha dicho pú-blicamente que los compañeros –especialmente del mismo sexo– afec-tan el comportamiento de los niños más que los mismos padres. Desde luego, esta idea se ha topado con una gran cantidad de escepticismo. Pero nadie la ha descalificado por completo. Los niños no viven en una ecología social dominada única y exclusivamete por los padres.

4. Podemos decir que existen «vínculos», pero no «causas»

Si todos los cerebros tuvieran la misma estructura y si el comporta-miento de los padres se fabricara en un molde, la mayoría de la investi-gación seguiría fallando (o sería preliminar, en el mejor de los casos). La mayor parte de los datos que tenemos son asociativos, pero no causales. ¿Y por qué decimos que esto es un problema? Porque dos cosas pueden estar asociadas sin que una sea la causa de la otra. Por ejemplo, es cierto que todos los niños que hacen berrinches también orinan –la asociación es de 100 por ciento–, pero eso no quiere decir que el hecho de orinar conduce a los berrinches.

El proyecto de investigación ideal sería: *a)* encontrar el ingrediente secreto del comportamiento que hace que los niños sean inteligentes o felices u honestos, *b)* encontrar a las madres y padres que carecen de ese ingrediente secreto para entonces entregárselo, y *c)* evaluar a los niños 20 años después para ver cómo salieron. Aparte de resultar carísimo, sería imposible. Por este motivo la mayoría de la investigación sobre la crianza de los niños es asociativa y no causal. Pero la idea detrás de compartir esta información es que lo mejor no es enemigo de lo bueno. Otro factor desesperante y al mismo tiempo maravilloso es que:

¡El comportamiento humano es complicado!

En la superficie puede parecer que somos tranquilos y sencillos, como un mar cristalino, pero debajo encontramos barrancos rocosos de emo-ciones, pensamientos turbios y motivaciones flotantes que apenas pasan por racionales. A veces, estas características –que difieren para cada quien– llegan a la superficie. Consideremos una reacción emocional típica de los padres con niños muy pequeños:

> Pues bien, es oficial. No me queda ni una gota de paciencia. El pozo se ha secado. Mi hijo de dos años ha logrado agotar mi reserva de paciencia y no ha cumplido ni tres años. Se acabó y no sé cómo va a regresar a sus cantidades originales sin un verdadero esfuerzo. Por ejemplo, con una semana en el Caribe con un abastecimiento infinito de cocteles Mai Tai.

Como científico del cerebro, con base en el pequeño párrafo anterior de esta mujer puedo diagnosticar al menos ocho temas de investigación sobre el comportamiento. Está respondiendo al estrés, y la reacción natural de su cuerpo tiene sus orígenes en el pasado distante sobre las praderas del Serengueti. Su manera de perder la paciencia depende en parte de sus genes, de los eventos que ocurrieron a su alrededor cuando ella estaba en el útero y de cómo fue criada en su niñez. Las hormonas también juegan un papel, al igual que las señales neurológicas que le ayudan a percibir a su hijo como recalcitrante. También hay un recuerdo aparente de alivio —¿se estaba acordando de un crucero?– y un deseo de escaparse. En tan solo cinco oraciones, nos ha llevado de la sabana africana al siglo XXI.

Y los investigadores del cerebro, desde los teóricos de la evolución hasta los especialistas en la memoria, lo estudian todo.

Entonces, sí tenemos información sólida que los investigadores pueden ofrecer sobre la crianza de los niños. Si no fuera así, no hubiera escrito mi propia contribución al montón de millones de libros para madres y padres. Estos granos de información provienen del trabajo de muchos buenos investigadores a lo largo de muchos años.

INFORMACIÓN RELEVANTE ACERCA DE NIÑOS DE HASTA CINCO AÑOS

El cerebro de tu bebé ofrece datos para el desarrollo del cerebro de niños entre cero y cinco años de edad. Sé que a lo largo del embarazo probablemente consumirás grandes cantidades de información sobre este tema, pero después es poco probable que busques más. Entonces el título del libro tiene la intención de atraer tu atención desde el inicio. Pero lo que hagas en los primeros cinco años de vida de tu bebé —no solo en el primer año— influirá en gran medida sobre su vida adulta. Lo sabemos porque un grupo de investigadores tuvo la paciencia para seguir durante cuatro décadas a 123 niños de preescolar procedentes de un sector demográfico de bajo ingreso y alto riesgo, hasta que cumplieran 40 años. Bienvenidos al *HighScope Perry Preschool Study* (Estudio Preescolar Perry de Gran Alcance), uno de los estudios preescolares más extraordinarios que existen.

En 1962, un grupo de investigadores quería medir los efectos de un programa de entrenamiento que habían diseñado para la infancia temprana. Niños de Ypsilanti, Michigan, fueron asignados aleatoriamente a uno de dos grupos. El primer grupo asistió a un programa de preescolar (que a la larga se convirtió en un modelo para otros programas preescolares en todo el país, incluyendo el programa Head Start [Programa de Ventajas]). El segundo grupo no fue asignado a ningún programa. Las diferencias entre los dos grupos muestran de forma poderosa la importancia de los primeros años de los niños.

Los niños del programa obtuvieron resultados académicos muy superiores a aquellos alcanzados por los grupos de control en prácticamente todas las evaluaciones de desempeño, desde pruebas de lenguaje y cociente intelectual en los primeros años, hasta las evaluaciones estandarizadas de aptitud y exámenes de lectura y escritura en años posteriores. Por citar un solo ejemplo (desempeño en el Examen de Aptitud de California, 1970 [California Achievement Test, 1970]), los niños del programa obtuvieron puntajes muy superiores a los del grupo de control: un avasallante 49 por ciento contra 15 por ciento. Más niñas se graduaron de la preparatoria (84 por ciento contra 32 por ciento), aunque no fuera el mismo caso para los niños.

Cuando alcanzaron la edad adulta, aquellos que estuvieron en el programa tenían menor probabilidad de cometer delitos y más probabilidad de mantener un empleo. Ganaban más dinero, manejaban cuentas de ahorro y sus posibilidades de formar un hogar fueron mayores. Los economistas calculaban que el beneficio sobre la inversión de la sociedad en un programa de este tipo sería de siete a diez por ciento, más alto que los beneficios que uno obtendría, según datos históricos, en la bolsa de valores. Un análisis pronosticaba que si cada dólar de los impuestos se invirtiera desde la edad de cuatro años hasta los 65, el beneficio sobre la inversión «en términos del valor actual neto, sería de siete a diez dólares para la sociedad».

SEMILLA Y TIERRA

El estudio *HighScope* es un buen ejemplo de la importancia del entorno en la formación de los niños. Pero el papel de la naturaleza es igualmente importante. A veces es difícil separar al entorno de la naturaleza, como ocurre en este viejo chiste: un niño de tercero de primaria llega a casa y le entrega su boleta de calificaciones a su padre. Su padre la estudia y dice:

—¿Cómo explicas estas calificaciones tan malas de «D» y «F»?

El niño mira a su padre y responde:

—Tú dime a mí: ¿Es por cómo me criaron o es hereditario?

Una vez estaba en una ruidosa y ajetreada feria de ciencia con mi propio hijo de tercero de primaria, y estábamos recorriendo algunos de los proyectos de sus compañeros. Una niña memorable había invertido grandes esfuerzos en explicarnos que el ADN de sus semillas era idéntico. Sembró una semilla en una maceta cuya tierra contaba con muchos nutrientes y la regó cuidadosamente. También sembró otra semilla en una tierra menos rica, pero la regó con el mismo cuidado que a la otra. Pasó el tiempo. La semilla de la tierra nutrida dio una planta magnífica, que muy orgullosa me permitió sostener en mis manos. La semilla de la tierra pobre dio una planta penosa, marchita. También me dejó sostenerla. El punto que trataba de probar es que el material de la semilla ofrecía oportunidades idénticas para ambas plantas, pero ese inicio equitativo no sería suficiente. «Se necesita tanto tierra como semillas», me explicó –entorno y naturaleza, educación y herencia– para obtener los resultados deseados.

Tiene razón, desde luego, y es una metáfora que uso en este libro para organizar la investigación sobre la formación de niños inteligentes y felices. Los padres pueden controlar algunos factores, pero hay otros que no. Está la semilla y está la tierra. El mejor entorno del mundo no puede cambiar que 50 por ciento del potencial de los niños es genético. La buena noticia es que, como padre, lo único que puedes hacer es tu mejor esfuerzo. Y aún así, como genetista profesional, estoy convencido de que nuestra influencia sobre el comportamiento de nuestros hijos es mayor de lo que la gente se imagina. Es un esfuerzo inmenso que requiere mucho trabajo. Y la razón tiene raíces evolutivas profundas.

¿Y PARA QUÉ NECESITAMOS APRENDER A CRIAR A LOS NIÑOS?

Es una pregunta que inquieta a muchos científicos de la evolución: ¿por qué toma tanto tiempo criar a un ser humano? Además de alguna que otra ballena, tenemos la niñez más larga del planeta. ¿De dónde viene esta permanencia de tantas décadas y por qué los otros animales no tienen que pasar por lo mismo que nosotros? Aquí tenemos algunos de los encantos que enfrentan los padres humanos:

Estoy agotada. J. J. se hizo popó en el pañal justo después de que lo levantara de la bacinica, vomitó en la alfombra, volteó la bacinica y volvió a regar pipí por la alfombra otra vez, luego hizo pipí *otra vez* en la alfombra a la hora de bañarlo. He llegado hasta aquí y siento que no puedo con esto de ser mamá, luego me doy cuenta: eso es lo que estoy haciendo...

Mi esposo y yo tenemos vocabularios un poco coloridos. Nunca le decimos groserías a nuestra hija y tratamos de cuidar el lenguaje cuando estamos con ella, pero obviamente hemos fracasado rotundamente: mi mamá le preguntó a mi hija cómo se llamaba su bebé y ella respondió: «pendeja». ¡Ay!

Así es, tienes que enseñar a los niños a hacer *todo*, hasta cómo regular sus fluidos corporales. Y ellos están hechos para aprender, lo que significa que debes cuidar también tus comportamientos más despreocupados. Ambas tareas requieren una gran cantidad de energía. Por ello los biólogos evolutivos se preguntan irremediablemente: ¿por qué hay gente dispuesta a asumir este trabajo por voluntad propia?

Ciertamente, la entrevista para el «trabajo», ese singular acto sexual, es divertida. Pero entonces estás contratada para *criar a un niño*. Son momentos maravillosos, pero la esencia del contrato es muy sencillo: ellos piden. Tú das. Nunca recibes un salario por ese trabajo, solamente recibes cuentas y más vale que te prepares antes de mirar el precio. Te va a costar más de 220 000 dólares —sin contar préstamos para ir a la universidad—. Esta carrera no ofrece días de descanso por enfermedad ni días de vacaciones, y exige que estés disponible permanentemente de noche y los fines de semana. Su ejecución exitosa probablemente te convierta en una persona angustiada de por vida. Y aún así hay miles de personas que aceptan este trabajo todos los días. Tiene que ser por un motivo convincente.

La supervivencia es lo primero

Por supuesto, el motivo existe. El empleo principal del cerebro —el tuyo, el mío y el de tus hijos inevitablemente adorables— es ayudar a nuestros cuerpos a sobrevivir de un día a otro. El motivo para sobrevivir es tan viejo como Darwin y tan reciente con el *sexting*: poder heredar nuestros genes a una nueva generación. ¿Los humanos son capaces de superar el interés personal para asegurar la supervivencia de sus genes en la siguiente generación? Al parecer, sí. Lo hicieron tantas personas hace cientos de miles de años que lograron dominar el Serengueti y luego conquistaron el mundo. Cuidar a un bebé es una manera sofisticada de cuidarnos a nosotros mismos.

Entonces, ¿por qué requiere tanto tiempo y esfuerzo?

La culpa es de nuestro cerebro dorado, regordete y único. Hemos evolucionado hasta elevar el cociente intelectual de nuestros cerebros, y esto nos permitió dejar de ser alimento para leopardos para convertirnos en Amos del Universo en un período muy corto de diez millones de años. Nuestros cerebros crecieron gracias a la energía que ahorramos cuando empezamos a caminar en dos piernas en lugar de cuatro patas. Pero conseguir el equilibrio para caminar enderezados significó la reducción del canal pélvico del *Homo sapiens*. Para las mujeres, implicó un cambio drástico: partos extremadamente dolorosos y a veces fatales. Según las teorías de los biólogos evolutivos, en ese momento inició rápidamente una carrera armamentista entre la amplitud del canal del parto y el tamaño del cerebro. Si la cabeza del bebé era demasiado pequeña, el bebé moriría (sin intervención médica inmediata y extraordinaria, los infantes prematuros no sobrevivirían más de cinco minutos). Si la cabeza del bebé era demasiado grande, moriría la madre. ¿La solución? Dar a luz a los bebés antes de que sus cráneos crecieran tanto que costara la vida de mamá. ¿La consecuencia? Los niños llegan al mundo cuando sus cerebros no están completamente desarrollados. ¿El resultado? Tenemos que *criar* a los hijos.

El panecillo tiene que salir del horno antes de estar listo y por ello el niño o la niña necesitará varios años de instrucción de parte de cerebros veteranos. Los familiares están contratados para este trabajo porque ellos fueron los que trajeron al bebé al mundo. No hace falta estudiar el manual de Darwin para poder explicar el comportamiento de los padres.

Esto no resuelve el misterio completo de la crianza de los hijos, pero sí demuestra su importancia. Si sobrevivimos fue porque suficientes personas se convirtieron en padres capaces de guiar a sus retoños, que se orinan y se hacen popó, dicen groserías y son impresionantemente vulnerables, hasta la adultez. Y no tenemos realmente nada que decir en este asunto. El cerebro de un bebé simplemente no está preparado para sobrevivir en el mundo.

No hay duda de que la niñez es una etapa de vulnerabilidad. Transcurre más de una década desde que nace el bebé hasta que se puede reproducir –una eternidad en comparación con otras especies–. Esta brecha no solo muestra la profundidad de la inmadurez del cerebro en desarrollo, sino también la necesidad evolutiva de contar con padres incondicionalmente atentos. A lo largo de nuestra evolución, los adultos que formaron relaciones protectoras y continuas de enseñanza con la siguiente generación tuvieron una seria ventaja sobre aquellos que no quisieron o no pudieron hacerlo. Es más, algunos teóricos de la evolución consideran que el lenguaje se desarrolló nada más para que esta instrucción entre los padres y los hijos pudiera ocurrir con mayor profundidad y eficiencia. Las relaciones entre adultos también fueron cruciales para nuestra supervivencia –y todavía lo son, a pesar de todo.

Somos seres sociales

La sociedad moderna está haciendo todo lo que puede para destrozar las conexiones sociales profundas. Nos mudamos constantemente. Nuestros parientes suelen estar repartidos a lo largo de cientos, hasta miles, de kilómetros. Ahora hacemos y mantenemos amistades por medios electrónicos. Una de las quejas más fuertes de los padres primerizos en su transición hacia la paternidad es el creciente sentimiento de aislamiento que sienten en relación con su círculo social. Para sus familiares, un bebé puede ser un extraño. Para sus amigos, bebé puede ser una palabra de cuatro letras. No debería ser así. Toma un momento para notar cuántas veces la escritora de esta historia hace referencia a sus amigos y familia:

> Regresé a vivir con mis abuelos para ahorrar dinero e ir a la escuela. Aquí crecí. Mis raíces son profundas. Falleció uno de nuestros vecinos más queridos y su familia está preparando la casa para venderla. Hoy en la noche, varios de nosotros, entre ellos el hijo del vecino, tomamos vino y recordamos a tantos vecinos y familiares que ya no están con nosotros. Nos reímos y lloramos, pero fue un sentimiento tan especial que los que ya se fueron volvieron a estar con nosotros, y también se reían. ¡Fue realmente increíble!

Somos muy sociales. Entender este aspecto del cerebro es fundamental para comprender tantos de los temas de este libro, desde la empatía y el lenguaje hasta los efectos del aislamiento social. El cerebro es un órgano biológico y por ello los motivos de nuestra forma de socializar están arraigados en nuestra evolución. La mayoría de los científicos creen que sobrevivimos porque formamos grupos de cooperación social. Esto nos obligó a dedicar mucho tiempo al terreno de las relaciones, a conocer nuestras motivaciones, interior psicológico y sistemas de recompensa y castigo.

Como resultado, obtuvimos dos beneficios. Uno fue la habilidad para trabajar en equipo, útil para la cacería, encontrar refugio y defenderse de los depredadores. La otra fue la capacidad para ayudar a criar a los hijos ajenos. La batalla entre el tamaño del canal del parto y el tamaño del cráneo del bebé significó que las hembras necesitaban tiempo para recuperarse después de dar a luz. Alguien tenía que cuidar a los niños. O encargarse de alimentarlos si ella fallecía. En la mayoría de los casos, la tarea cayó en manos de las mujeres (después de todo, los varones no pueden lactar), y al mismo tiempo muchos científicos creen que los grupos más exitosos fueron aquéllos donde los machos asumieron un papel activo para apoyar a las hembras. Esta necesidad comunal fue tan fuerte y tan crítica para nuestra supervivencia que los investigadores han asignado un nombre propio a este fenómeno: *alloparenting* (crianza alternativa). Si sientes que no puedes llevar a cabo tu papel de padre o madre sola o solo, es porque nunca debió ser una tarea para una persona.

Aunque no tenemos conocimiento directo sobre cómo nuestros ancestros cazadores y recolectores criaban a sus hijos, en la actualidad abundan evidencias de sus tendencias. Sabemos que los bebés llegan al mundo con un profundo deseo natural de formar relaciones con otras personas. Los bebés conocen a sus padres biológicos antes que al resto del mundo, y por ello sus primeros intentos de relacionarse ocurren con familiares. Una madre reportó que estaba viendo *American Idol* con su hijo de dos años. Cuando el anfitrión entrevistó a los concursantes que lloraban tras ser eliminados, el niño se levantó, acarició la pantalla y dijo: «Ay no, no lloren». Este comportamiento requiere de una habilidad aún más profunda para relacionarse, que ilustra al mismo tiempo un proceso biológico y la dulzura de los niños. Todos contamos con habilidades naturales para conectarnos con otras personas.

Si entendemos que el cerebro tiene una profunda necesidad de relacionarse con otros y le importa la supervivencia ante todo, la información de este libro —lo que le brindará el mejor desarrollo al cerebro de tu bebé— tendrá sentido.

ALGUNOS APUNTES ANTES DE COMENZAR

La definición de familia

A lo mejor has visto este anuncio de refrescos. La cámara sigue a un joven universitario bien parecido durante un evento social en el interior de una casa grande. Son las vacaciones y te está presentando a varios amigos y familiares, cantando una canción y repartiendo refrescos. Está su mamá, su hermana, su hermano, su «madrastra sorprendentemente alivianada» con los dos hijos que ella tuvo antes de casarse con el padre del protagonista, además de tías, primos, compañeros de la oficina, su

mejor amigo, su entrenador de yudo, su alergólogo e incluso sus seguidores de Twitter. Es el ejemplo más claro que he visto de cómo la definición de la familia estadounidense está cambiando. Y está cambiando
rápidamente.

La definición de familia nunca ha sido demasiado estable. La definición de la familia nuclear —un hombre, una mujer y 2.8 hijos— existe
apenas desde tiempos victorianos. Con la tasa de divorcio de 40 a 50
por ciento que ha circulado como un buitre sobre los matrimonios estadounidenses en las últimas tres décadas y la frecuencia de los segundos
matrimonios, la familia «mixta» es la experiencia familiar más típica de
la actualidad. Lo mismo ocurre con los hogares de madres y padres solteros, porque en Estados Unidos más de 40 por ciento de los bebés
nacen de madres que no están casadas. Más de 4.5 millones de niños
crecen bajo la tutela de sus abuelos biológicos en lugar de sus padres
biológicos. Actualmente, una de cada cinco parejas homosexuales está
criando hijos.

Muchos de estos cambios sociales han ocurrido demasiado rápido
para que la comunidad científica pueda estudiarlos debidamente. No
se puede hacer un estudio de 20 años, por ejemplo, sobre los matrimonios del mismo sexo porque apenas fueron legalizados. A lo largo de
los años, los mejores datos sobre la crianza han salido de las relaciones
heterosexuales que ocurrieron en matrimonios tradicionales del siglo
xx. Hasta que los investigadores tengan la oportunidad de estudiar la
dinámica de las familias más modernas, simplemente no podremos saber
si el conocimiento que aparece aquí es válido para otras situaciones. Por
eso utilizo los términos «matrimonio» y «cónyuge» en lugar de «pareja».

El origen de las historias

Muchos de los relatos en primera persona que aparecen en este libro
vienen de truuconfessions.com, un sitio web donde los padres pueden
escribir anónimamente para expresar sus molestias, solicitar consejos o
compartir con el mundo sus experiencias como madres y padres.

Otras historias son experiencias que mi esposa y yo vivimos mientras criábamos a nuestros dos hijos, Josh y Noah, que cuando este libro fue escrito, estaban en la adolescencia. Llevamos un diario de sus años de infancia, hemos apuntado fragmentos de observaciones y hemos buscado recuerdos de algunas vacaciones, de algún viaje o alguna enseñanza maravillosa que nos dieron nuestros hijos en esos tiempos. Mis dos hijos han revisado cada anécdota que los menciona y les pedí permiso para incluirlas en el libro. Únicamente entraron en el libro aquellas historias aprobadas por ellos. Aplaudo su valentía y sentido del humor por permitir que su viejo padre compartiera fragmentos de sus primeros años de vida.

Las fuentes de datos

En estas páginas, algunas frases aparecen con su debida referencia. Pero para facilitar la lectura del libro, las referencias han sido ubicadas en www.brainrules.net/references. Tenemos una gran cantidad de materiales de apoyo, en el sitio web de Brain Rules, www.brainrules.net, incluyendo docenas de videos. Algunos temas han sido omitidos por completo: unos para que este libro no fuera exageradamente largo; otros simplemente porque no existe suficiente documentación de apoyo.

La cocina de mi esposa

Estamos a punto de comenzar. Debido a la gran cantidad de información que contiene este libro, quise encontrar una metáfora para tratar de organizarla. La solución vino de mi esposa, quien, entre innumerables talentos, es una cocinera virtuosa. Nuestra cocina está abastecida de objetos mundanos, como la avena (así es, en mi familia comemos «crema de avena») o botellas de vinos exóticos. A ella le gustan esos platillos que nos llegan al alma y por ello en la cocina abundan los ingredientes para estofados de res y especias para marinar pollo. Kari también cultiva una huerta de frutas y verduras justo afuera de la puerta de la cocina y enriquece la tierra con fertilizantes naturales. Si nuestros hijos participaban en la preparación de alimentos, podían usar el banquito de tres patas que tenemos en la cocina para alcanzar los ingredientes que están en los estantes más altos. A lo largo de los próximos capítulos, reconocerás los ingredientes, incluyendo las semillas y la tierra del jardín. Espero que la analogía del jardín y de la cocina de mi esposa sea una forma amigable y accesible de presentar todas estas ideas.

¿Quieres criar un bebé inteligente y feliz? Toma asiento. Estás a punto de leer sobre un mundo realmente mágico. Es el trabajo más importante que vas a tener y tal vez lo más interesante que vas a hacer en tu vida.

EL EMBARAZO

Regla para el cerebro de tu bebé:

Mamá sana, bebé sano

EL EMBARAZO

Un día impartí una conferencia a un grupo de parejas que estaban esperando un bebé. Al final de la sesión, una mujer se me acercó acompañada por su esposo, se veían preocupados.

—Mi padre es radioaficionado —dijo la esposa—. Le recomendó a mi marido que debe empezar a golpetearme el vientre. ¿Es buena idea?

Parecía un tanto confundida. Yo también.

—¿Por qué golpetear? —pregunté.

El esposo entonces dijo:

—No son golpecitos cualquiera. Quiere que aprenda clave Morse. Quiere que empiece a mandar mensajes al cerebro del bebé, para que el pequeño sea inteligente. ¡A lo mejor podemos enseñarle a contestar!

Entonces la esposa intervino:

—¿Eso lo va a hacer inteligente? Ya me dolió la panza, y no me gusta.

Recuerdo que este fue un momento gracioso; nos reímos bastante. Pero también fue sincero. Sus ojos estaban llenos de duda.

Casi puedo sentir la ola de pánico que atraviesa la sala durante mis conferencias sobre la extraordinaria vida mental del feto en desarrollo. Las parejas embarazadas del público empiezan a preocuparse, luego comienzan a tomar apuntes con furia, a veces intercambiando comentarios emocionados con las personas de al lado. Los padres con hijos grandes a veces parecen satisfechos y otras veces arrepentidos; algunos incluso se ven abrumados por el sentimiento de culpa. Hay escepticismo, asombro y, por encima de todo, muchas dudas. ¿Un bebé puede realmente aprender clave Morse en las etapas tardías del embarazo? Y si pudiera, ¿le serviría de algo?

Los científicos han descubierto muchos datos nuevos sobre la vida mental del bebé en el útero. En este capítulo, comenzaremos con el magnífico misterio del desarrollo del cerebro, a partir de un puñado de células diminutas. Veremos lo que eso significa con respecto a la clave Morse y entraremos en detalles sobre los hábitos que han tenido efectos comprobados en el desarrollo del cerebro dentro del útero. Les doy una pista: solo son cuatro. Y de paso acabaremos con algunos mitos; para empezar, puedes guardar tus discos de Mozart.

SILENCIO, POR FAVOR: BEBÉ EN CONSTRUCCIÓN

Si tuviera que ofrecer un único consejo a partir de lo que sabemos sobre el desarrollo en el útero durante la primera mitad del embarazo, sería el siguiente: el bebé prefiere que lo dejen en paz.

Por lo menos al principio. Desde el punto de vista del bebé, lo mejor de la vida en el útero es la relativa *falta* de estimulación. El útero es oscuro, húmedo, cálido, tan resistente como un búnker y mucho más silencioso que el mundo exterior. Y así tiene que ser. Cuando las cosas empiecen a acelerarse, el precerebro de tu pequeño embrión producirá neuronas al asombroso ritmo de 500 000 células por minuto. Son más de 8000 células por segundo, y mantendrá este ritmo semana tras semana. Se puede observar fácilmente desde la tercera semana hasta el punto medio del embarazo. ¡Los bebés tienen que hacer mucho en muy poco tiempo! Es normal que prefieran que sus padres *amateurs* los dejen en paz y no traten de interferir.

Es más, algunos biólogos evolutivos consideran que este es el motivo de las náuseas matutinas durante los embarazos humanos. Las náuseas matutinas, que pueden durar todo el día (y, para algunas mujeres, todo el embarazo), obligan a la madre a llevar una dieta aburrida e insípida –a veces casi no come nada–. Esta estrategia de abstinencia hubiera distanciado a nuestras madres ancestrales de las toxinas naturales que abundaban en los alimentos exóticos o descompuestos de la impredecible dieta del Pleistoceno. El cansancio que acompañaba a este malestar mantenía a las mujeres alejadas de cualquier actividad física que pudiera arriesgar al bebé.

Los investigadores ahora piensan que también podría aumentar la inteligencia del bebé. Un estudio, que aún no ha sido replicado, analizó a los niños cuyas madres sufrieron de náuseas y vómitos graves durante el embarazo. Cuando los niños alcanzaron la edad escolar, 21 por ciento alcanzó un nivel de dotado, con 130 puntos o más en pruebas estandarizadas de cociente intelectual. En el grupo de niños cuyas madres no habían padecido náuseas matutinas, apenas siete por ciento obtuvo esa misma marca. Los investigadores tienen una teoría –que aún no ha sido probada– para explicar este suceso. Dos de las hormonas que provocan el vómito de la mamá también funcionan como fertilizante neuronal para el cerebro en desarrollo. Entre más vómito, más fertilizante y, por lo tanto, más alto el cociente intelectual.

Por la razón que sea, el bebé parece esforzarse para obligarte a dejarlo en paz.

¿Qué tanta tranquilidad le permitimos al bebé, en esta etapa o en cualquier otra de la gestación?: casi nada. La mayoría de los padres tienen un deseo incesante de hacer *algo* para ayudar al bebé, especialmente cuando se trata de su cerebro. Ese impulso además tiene la gran influencia del enorme sector económico de los juguetes, cuya única estrategia, estoy convencido, es aprovecharse de los temores y las buenas intenciones de los padres. Pongan atención, lo que les voy a decir les ahorrará un dineral.

«Embarazófonos» y prodigios

Hace algunos años, al estar de compras en una juguetería, vi un anuncio impreso para un DVD dirigido a recién nacidos y bebés pequeños llamado Bebé Prodigio (*Baby Prodigy*). El papelito decía: «¿Sabías que es posible mejorar el desarrollo del cerebro de tu bebé? El cerebro de los niños atraviesa sus etapas de evolución más críticas durante los primeros 30 meses de vida ¡Juntos podemos lograr que tu hijo sea el próximo Bebé Prodigio!». Me dio tanta rabia que arrugué el papelito y lo aventé a la basura.

La historia detrás de declaraciones extravagantes como la anterior es larga. A finales de la década de los 70 surgió la Prenatal University (Universidad Prenatal), que consistía en un plan de estudios que estaba a la venta y prometía aumentar la atención, desempeño cognitivo y vocabulario de los bebés antes del parto. Al nacer, el bebé incluso recibía un título que lo declaraba «Bebé Superior». A finales de la década de los 80, apareció el «Embarazófono» (Pregaphone), una especie de embudo glorificado con un sistema de bocinas diseñado para transmitir la voz maternal, música clásica o el sonido inteligente del día hacia el interior del vientre de la mujer embarazada. A este producto le siguieron varios más y no pudo faltar el despliegue publicitario correspondiente: «¡Enséñale a tu bebé a deletrear desde el útero!», «¡Tu bebé puede aprender un segundo idioma, antes de nacer!», «¡Mejora los resultados en matemáticas de tu bebé con música clásica!».

No se ha comprobado que algún producto comercial sea capaz de mejorar el desempeño cerebral de un feto en desarrollo.

La música de Mozart siempre ha sido una de las favoritas y fue la causa de algo que tal vez puedas recordar: el efecto Mozart. En la década de los 90 las cosas no habían cambiado. Los libros publicados en esos diez años delineaban breves actividades diarias para las parejas embarazadas con la promesa de aumentar «el cociente intelectual de tu bebé hasta 27 o 30 puntos» y aumentar la capacidad de atención de tu bebé «de diez a 45 minutos».

En la actualidad, es inevitable encontrar productos con promesas similares en cualquier juguetería. Prácticamente ninguna de esas afirmaciones ha sido respaldada con pruebas llevadas a cabo por la compañía en cuestión y mucho menos con el apoyo de investigaciones independientes y aprobadas por personas calificadas.

Toma todas esas recomendaciones y... a la basura.

Aunque no lo creas, *nunca* se ha comprobado de una manera científicamente responsable (o, incluso, de una manera irresponsable no científica) que algún producto comercial ayude a mejorar el desempeño cerebral de un feto en desarrollo. No se han hecho los experimentos aleatorios tipo doble ciego y con la presencia o la ausencia del producto como variables independientes. No se han hecho estudios rigurosos que demuestren que un programa de estudios para el útero produzca beneficios a largo plazo para el día en que el niño o la niña ingrese a la preparatoria. No se han hecho investigaciones con gemelos separados al nacer para aislar los componentes naturales y prácticos de los efectos de algún producto. Esto incluye a la universidad en el útero. Y al Mozart en el útero.

Desafortunadamente, cuando la información escasea se multiplican los mitos, y tienen cierta habilidad para atrapar a la gente. Incluso después de todos estos años, todavía existen muchos productos similares, que funcionan como redes de pesca que atrapan a padres desprevenidos y logran convencerlos de que deben desprenderse de su dinero tan duramente ganado.

Para los que estamos en la comunidad científica, la locura detrás de los productos lucrativos es abominable. Sus falsedades además se vuelven contraproducentes. Estos productos consiguen tanta atención que pueden opacar la divulgación de hallazgos verdaderamente significativos. Y sí existen actividades que los padres pueden llevar a cabo para ayudar al desarrollo cognitivo de su bebé-en-construcción. Son actividades que han sido probadas y evaluadas, y los resultados han sido desplegados en publicaciones científicas avaladas. Para poder entender su valor, es importante que conozcas algunos datos sobre el desarrollo del cerebro infantil. Cuando descubras lo que realmente sucede allá adentro, podrás entender por qué tantos productos no son más que publicidad exagerada.

HAGÁMOSLO

El elenco inicial de la obra de hacer bebés consiste simplemente en un espermatozoide, un óvulo y una canción lujuriosa de Marvin Gaye como *Let's get it on* (*Hagámoslo*). Después de juntarse, las células empiezan a producir muchas células más dentro de un espacio pequeño. Al poco tiempo, el embrión humano se parece a una mora (de hecho, una etapa inicial del desarrollo se conoce como la mórula, que significa «mora» en latín). La primera decisión de tu «mora» es una decisión práctica: debe resolver qué partes se convertirán en el cuerpo del bebé y cuáles serán el refugio del bebé. Ocurre muy rápido. Algunas células se dedican a construir el entorno, a crear la placenta y el globo de agua donde flotará el embrión, es decir, el saco amniótico. Otras células cumplen con la construcción del embrión, creando un nudo de tejidos internos conocidos como masa celular interna.

Tenemos que parar un momento para contemplar lo siguiente: en esta parte del proceso hay una célula en la masa celular interna que se reproducirá hasta formar el cerebro humano. Aquí comienza la creación del dispositivo procesador de información más complejo que jamás ha existido. Y empieza con algo que es una fracción del tamaño del punto que concluye esta oración.

He estudiado estos temas durante más de 20 años y todavía siento fascinación por esta célula. Como dijo el científico Lewis Thomas en *The Medusa and the Snail*: «La simple existencia de esa célula debería ser uno de los grandes asombros del planeta. La gente debería ir por la calle todo el día, todo el tiempo, llamándose por teléfono para hablar nada más de esa célula». Vamos, háblale a tu vecino; te espero.

El milagro no termina ahí. Si pudieras ver a este embrión que está flotando en agua de mar en acción, te darías cuenta de que la masa celular interna es parte de un enjambre de células más apuradas que el chef de comida rápida en la feria del pueblo. Las células se ordenan en tres capas vivas, y a simple vista parecen una hamburguesa con queso. El pan de abajo, llamado el endodermo, formará la mayoría de los sistemas celulares que cubrirán los órganos de tu bebé y sus vasos. La capa de la carne de hamburguesa, el mesodermo, forma los huesos, músculos y sangre, así como varios tejidos conjuntivos y otros sistemas más del cuerpo del bebé. El pan de arriba es el ectodermo. Creará la piel, el cabello, las uñas y el sistema nervioso. La milagrosa célula precerebral reside en el ectodermo.

Si lo pudieras ver de cerca, alcanzarías a percibir una pequeñísima línea de células que se forma en la parte superior del centro del pan. Por debajo de este punto se empieza a formar un cilindro como un pequeño tronco que comienza a estirarse a lo largo de esa línea superior. Este cilindro es el tubo neural. Dará lugar a la médula espinal, el extremo lejano se convertirá en el trasero de tu bebé, y el extremo cercano se convertirá en su cerebro.

Cuando algo sale mal

El correcto desarrollo de este tubo es vital. Si no, el bebé podría tener una protrusión de la médula espinal o un tumor en la parte baja de su espalda, y esta condición es conocida como espina bífida. O el bebé podría nacer con la cabeza incompleta, una extraña condición conocida como anencefalia. Por ello, todos los libros para el embarazo recomiendan tomar ácido fólico (una vitamina del complejo B), ya que ayuda a darle la forma correcta al tubo neural, en el extremo cercano y lejano. Las mujeres que toman ácido fólico en el momento de la concepción y durante las primeras semanas del embarazo tienen 76 por ciento menos probabilidad de crear un feto con defectos del tubo neural que aquellas que no toman el suplemento. Es lo primero que puedes hacer para ayudar al desarrollo del cerebro de tu bebé.

La preocupación por el desarrollo del bebé ha sido una inquietud de los padres a lo largo de la historia. En 1573, el cirujano Ambroise Paré catalogó las prevenciones que los padres primerizos podían poner en marcha para evitar que su hijo tuviera defectos de nacimiento. «Las causas de los monstruos son varias», escribió en *De monstruos y prodigios*. «La primera es la gloria de Dios. La segunda, su cólera. Tercera, la cantidad excesiva de semen. Cuarta, su cantidad insuficiente». Paré contempla como hipótesis que un posible defecto de nacimiento podía ocurrir si la madre tenía una postura indecente (si permanecía demasiado tiempo sentada con las piernas cruzadas). O podía ser debido a la estrechez del útero, a los diablos o demonios y a la baba de malvados mendigos itinerantes.

Quizá podamos perdonar el malentendido precientífico de Paré respecto al desarrollo del cerebro en el útero. Es un tema que asusta incluso a las mentes modernas, es irremediablemente complejo y es, sobre todo, misterioso. Incluso en la actualidad, los investigadores tampoco pueden explicar casi dos terceras partes de los defectos de nacimiento. De hecho, solo se ha logrado vincular una cuarta parte de los defectos de nacimiento con problemas específicos de ADN. Una de las razones por las cuales sabemos tan poco al respecto es porque el cuerpo de la madre parece tener un mecanismo de protección. Si algo sale mal durante el desarrollo, su cuerpo suele detectar el problema e induce un aborto espontáneo de manera deliberada. Cerca de 20 por ciento de los embarazos terminan en aborto espontáneo. Tan solo diez por ciento de los defectos observados en el laboratorio corresponden a toxinas ambientales conocidas que realmente podemos monitorear.

Una delicada red de células, cargadas de electricidad
Afortunadamente, el cerebro de la mayoría de los bebés se forma sin problemas. El extremo cerebral del tubo neural continúa con su proyecto de construcción creando protuberancias de células que parecen complejas formaciones de coral. Finalmente, formarán las grandes estructuras del cerebro. En menos de un mes, la pequeña célula del prece-

rebro del bebé se ha convertido en un robusto ejército de millones de células.

Desde luego que el desarrollo del cerebro no es algo aislado. Cerca de la cuarta semana, por ejemplo, el embrión exhibe temporalmente arcos branquiales parecidos a los de los peces. En poco tiempo, los arcos se convierten en músculos faciales y en las estructuras de la garganta que permitirán hablar a tu bebé. Después, al bebé le sale un pequeño rabo que reabsorberá al cabo de poco tiempo. Nuestro desarrollo tiene fuertes raíces evolutivas y compartimos este milagro con todos los mamíferos del planeta. Salvo por una cosa.

Aquellas protuberancias en el extremo del tubo neural se convertirán en un cerebro humano grande y superinteligente —es el cerebro más pesado del planeta en términos de proporción entre el cerebro y la masa corporal—. Esta enorme estructura está compuesta por una delicada telaraña de células cargadas de pequeñas ráfagas eléctricas. Aquí hay dos tipos de células importantes. El primer tipo, las células gliales, componen 90 por ciento de las células del cerebro en la cabeza de tu bebé. Le dan la estructura al cerebro y ayudan a las neuronas a procesar la información correctamente. El nombre de las células gliales es atinado; en griego, *glial* significa «pegamento». El segundo tipo de célula es la neurona. Las neuronas ayudan a tu bebé a pensar y, sin embargo, solo ocupan diez por ciento del número total de las células en el cerebro. Es probable que ese sea el origen del mito que dice que solo usamos diez por ciento del cerebro.

Una neurona, 15 000 conexiones

Entonces, ¿cómo se transforman las células del cerebro? Las células embrionarias dan lugar a las neuronas por medio de un proceso llamado neurogénesis. Ocurre durante la primera mitad del embarazo, cuando el bebé prefiere que lo dejen en paz. Después, en la segunda mitad del embarazo, las neuronas migran hacia la región donde permanecerán y empiezan a formar redes. Esto se llama sinaptogénesis.

La migración celular me recuerda aquellas escenas cuando los sabuesos saltan de la camioneta del *sheriff* para buscar el rastro de algún criminal. Las neuronas salen disparadas de sus jaulas ectodérmicas, una encima de otra, en busca de pistas moleculares, se detienen, buscan caminos distintos, se deslizan por todo el cerebro que está en desarrollo. A la larga, cuando llegan a un destino que posiblemente esté preprogramado en sus cabezas celulares, se detienen. Miran alrededor de sus nuevos aposentos celulares y tratan de conectarse con sus vecinos. Cuando lo hacen, entre cada célula se forman diminutos huecos animados conocidos como sinapsis (por ello, el término sinaptogénesis). La comunicación neural ocurre gracias a las señales eléctricas que saltan entre esos espacios vacíos. Este último paso es el verdadero objetivo del desarrollo cerebral.

La sinaptogénesis es un proceso prolongado por una razón que es fácil de comprender: es ridículamente complejo. Una neurona tiene que lograr unas 15 000 conexiones con sus vecinas antes de dar por terminado el trabajo de conexión. Algunas neuronas tienen que hacer más de 100 000 conexiones. El cerebro de tu bebé tiene que formar la impresionante cantidad de 1.8 millones de conexiones nuevas por segundo para estar completo. Muchas neuronas no terminan su proceso. Como el salmón después de reproducirse, simplemente se mueren.

A pesar de ser tan veloz, el cerebro del bebé no estará completo para el parto. Cerca de 83 por ciento de la sinaptogénesis ocurre *después* del parto. El cerebro de las niñas no termina de cablearse hasta después de los 20 años. El cerebro de los niños se tarda aún más. En los seres humanos, el cerebro es el último órgano que termina de desarrollarse.

¿CUÁNDO TE PUEDE ESCUCHAR U OLER TU BEBÉ?

El propósito de esa producción tan veloz (y luego tan desesperantemente lenta) es construir un cerebro que funcione, que sea capaz de recibir entradas de información y emitir respuestas. Entonces, las preguntas que más persiguen a los padres son: ¿Qué saben los fetos y cuándo lo saben? ¿En qué momento puede tu bebé sentir, digamos, golpecitos en tu vientre?

Debemos recordar el siguiente principio: en la primera mitad del embarazo, el cerebro se dedica a organizar su espacio neuronal-anatómico, *ignorando felizmente casi cualquier intervención de los padres*. (Me refiero a la interferencia con buenas intenciones. Está claro que las drogas, incluyendo el alcohol y la nicotina, pueden dañar el cerebro del bebé durante el embarazo). La segunda mitad del embarazo es otra historia. Mientras el desarrollo del cerebro transita de una neurogénesis casi total a una sinaptogénesis casi total, el feto empieza a mostrar mucha mayor sensibilidad hacia el mundo exterior. El proceso de conexión de las células es más susceptible a influencias externas —incluyendo tu influencia— que el acto inicial de crear tales células.

Los sentidos se desarrollan estratégicamente

¿Cómo hace el bebé para construir los sistemas sensoriales del cerebro? Los comandantes de tropas paracaidistas pueden ofrecer una respuesta. Dirán que una misión exitosa requiere de tres pasos: caer en paracaídas en el territorio enemigo, asegurar una zona hostil y comunicarse de regreso con la base. De esa manera, el comando central está al tanto del progreso y puede tomar «conciencia de la situación» para poder decidir sus pasos siguientes. Algo similar ocurre con los sistemas sensoriales cuando se están desarrollando en el útero.

Al igual que los paracaidistas que aseguran el territorio enemigo, las neuronas invaden una región determinada del cerebro y establecen varias bases sensoriales. Las neuronas que se conectan con los ojos a la larga se usarán para ver, las de las orejas para oír y de la nariz para oler. Una vez que se aseguren dichas áreas, estas células establecerán vínculos que les ayuden a contactar a las estructuras perceptivas de comando y control que crecen simultáneamente en el cerebro (en el mundo real del cerebro, los comandos centrales son varios). Estas estructuras, que recuerdan a las estructuras corporativas y nos brindan nuestras capacidades de percepción, se ocupan de conquistar territorios como lo hacen los paracaidistas. Y son las últimas áreas que terminan de conectarse mientras el bebé sigue en el útero. Es decir, las neuronas conectadas a los ojos, nariz u oídos se toparían con una señal de «línea ocupada» si tratan de reportarse con su base. Por esta extraña sucesión de eventos, algunas partes del cerebro del bebé son capaces de responder a estímulos sensoriales cuando el pequeño aún no puede percibir que está recibiendo un estímulo.

Pero en la segunda mitad del embarazo, cuando los bebés logran percibir señales como sonidos y olores, entonces empiezan a sintonizarlos con precisión. Y los recuerdan en el subconsciente. Puede ser un poco tenebroso, como descubriría alguna vez el legendario conductor de orquesta Boris Brott.

Los bebés se acuerdan

«¡Simplemente me saltó encima!», le dijo Brott a su madre. Un día, Brott se encontraba en el podio frente a una orquesta sinfónica y conducía una pieza por primera vez. Cuando el chelista de la orquesta empezó a tocar, Brott *supo* de inmediato que ya había escuchado la pieza antes. No fue un recuerdo casual de alguna obra olvidada: Brott pudo predecir cada estrofa. A lo largo del ensayo, pudo anticipar el flujo de toda la obra; pudo dirigir la pieza incluso cuando perdió la pista de la partitura.

Llamó asustado a su madre, una chelista profesional. Ella le preguntó el nombre de la pieza y luego se rio a carcajadas. *Fue una pieza que ella ensayó cuando esperaba el nacimiento de Boris.* El chelo estaba recargado contra su abdomen embarazado, lleno de líquidos conductores de sonido, completamente capaces de transmitir la información a su hijo en el útero. El cerebro de Boris en desarrollo tenía suficiente sensibilidad para conservar recuerdos musicales. «Todas las partituras que reconocía a primera vista fueron aquellas que ella tocó mientras estaba embarazada de mí», diría después Brott en una entrevista. Es impresionante para un órgano que no tiene ni cero años de edad.

Este es uno de tantos ejemplos que ilustran cómo los bebés registran información del mundo exterior cuando están en el útero. Como veremos más adelante, lo que comes y hueles también puede influir sobre la manera de percibir de tu bebé. Para un recién nacido, estas cosas le harán sentirse en casa.

Veamos en qué punto de tu embarazo empiezan a funcionar los sentidos de tu bebé: tacto, vista, oído, olfato, equilibrio, gusto.

Tacto

El tacto es uno de los primeros sentidos que empiezan a funcionar. Los embriones de un mes tienen tacto en la nariz y en los labios. Esta capacidad se difunde rápidamente y cuando el embrión alcanza las 12 semanas, casi toda la superficie de su piel tiene sensibilidad.

Juraría que pude detectar esto cuando mi esposa llegó a la mitad del último trimestre de su embarazo de nuestro hijo más pequeño. Cuando se movía aparecía algo similar a la aleta dorsal de un tiburón que transitaba por la panza de mi esposa. La panza se hinchaba y luego la aleta desaparecía. Fue un poco tenebroso. Y asombroso. Yo pensaba que podía ser el pie del niño; y una mañana cuando apareció la protuberancia, la quise tocar. El «bulto» respondió con una patada (¡!), y nosotros gritamos de emoción.

Si intentas algo así en la primera mitad del embarazo, no obtendrás ningún resultado. Es hasta el quinto mes después de la concepción que los bebés realmente perciben el tacto de la misma manera que lo percibimos tú y yo. Es entonces cuando el cerebro de tu bebé desarrolla «mapas corporales»: diminutas representaciones neurológicas de su cuerpo entero.

Cuando inicia el tercer trimestre, el feto muestra comportamientos evasivos (cuando se acerca una aguja para una biopsia, trata de nadar en dirección opuesta, por ejemplo). Podemos entonces concluir que los bebés sienten dolor aunque sea imposible medirlo directamente.

En este punto, el feto también parece sentir la temperatura. Pero es posible que los diagramas de las conexiones que perciben la temperatura no hayan terminado de completarse para el día del parto y requieran de cierta experiencia en el mundo externo antes de terminar de desarrollarse. En dos casos separados de abuso infantil, un niño francés y una niña estadounidense estuvieron en aislamiento durante años. Ambos niños mostraron una extraña falta de sensibilidad hacia el frío y el calor. La niña nunca se vestía en concordancia con el clima, ni siquiera cuando afuera hacía mucho frío. El niño solía sacar papas del fuego con las manos descubiertas, sin darse cuenta de la diferencia de temperaturas. No sabemos exactamente por qué. Lo que sí sabemos es que aún después de nacer, el tacto sigue siendo muy importante para el desarrollo del bebé.

Vista

¿Los bebés pueden ver en el útero? Es difícil responder a esta pregunta, sobre todo porque la vista es nuestro sentido más complejo.

La vista empieza a desarrollarse aproximadamente cuatro semanas después de la concepción, cuando se forman dos puntitos en los costados de la pequeña cabeza del feto. Al poco tiempo, del interior de estos puntos emergen estructuras con forma de taza que formarán, en parte, el lente del ojo. Los nervios de la retina serpentean detrás de estos ojos primitivos para tratar de alcanzar la parte posterior de la cabeza y conectarse con las regiones que al final formarán la corteza visual. Las células en esta corteza se mantienen ocupadas tratando de prepararse para recibir a estos viajeros neurales y formar asociaciones con ellos. El segundo y tercer semestres se distinguen por los encuentros neurales masivos en estas regiones, y también por la muerte de algunas células y el bullicio de tantas conexiones. En este punto del embarazo, el cerebro forma cerca de 10 000 millones de sinapsis nuevas por día. ¡Uno pensaría que al bebé le daría migraña!

Otro resultado de tanta actividad es que los circuitos neurales que controlan el parpadeo, la dilatación de las pupilas y el seguimiento de objetos en movimiento, aparecen antes del nacimiento. Se ha demostrado que al inicio del tercer trimestre los infantes se desplazarán o alterarán su ritmo cardíaco, o harán ambas cosas, si alguien dirige una luz brillante hacia el vientre de la madre. Pero la construcción de los circuitos funcionales que requerirá el bebé es tan lenta que necesitará más de nueve meses para terminar el trabajo. A un año del nacimiento, el cerebro seguirá formando más de 10 000 millones de sinapsis por día. En este intervalo, el cerebro se apoya en experiencias visuales externas para terminar sus proyectos internos de construcción.

Oído

Si me dijeras que se iba a descubrir un dato científico importante mediante la combinación de succión bucal y lecturas de *The Cat in the Hat* (*El gato con sombrero*), te diría que tienes problemas. Pero a principios de la década de los 80 ocurrió justamente eso. En un estudio, se le pidió a un grupo de mujeres en las últimas seis semanas de embarazo que leyeran el libro del doctor Seuss dos veces al día en voz alta. Eso es bastante: los infantes estuvieron en contacto con el libro durante cerca de cinco horas. Al nacer, los bebés recibieron un chupón conectado a una máquina que medía la fortaleza y la frecuencia de sus succiones. La frecuencia y la fuerza se pueden usar para saber si un bebé logra reconocer algo (es una forma de emparejar patrones). Los bebés entonces escucharon grabaciones de sus madres leyendo *The Cat in the Hat* o alguna historia diferente. Se midieron las tasas y patrones de succión a lo largo del experimento.

El hallazgo de los investigadores fue asombroso. Los bebés que habían escuchado al doctor Seuss en el útero parecían reconocer y preferir el casete de su madre leyendo *The Cat in the Hat*. Succionaron sus chupones con cierto patrón que aparecía cuando sus madres leían ese libro, pero no aparecía con otros libros. Los bebés pudieron reconocer una experiencia auditiva previa que ocurrió cuando estaban en el útero.

Ahora sabemos que la percepción auditiva comienza a una edad más temprana que la de los bebés que participaron en esa impresionante prueba. Los tejidos del oído se pueden distinguir tan solo cuatro semanas después de concebir. El oído inicia con el surgimiento de dos estructuras que parecen saguaros miniatura que brotan de los costados de la cabeza del bebé. Se les conoce como otocistos primordiales y al desarrollarse formarán una porción considerable del aparato auditivo de tu bebé. Una vez que se establece este territorio, las siguientes semanas se ocupan en preparar la casa, desde los vellos internos que parecen pequeños bigotes hasta los canales que cubren, que parecen caracoles.

¿En qué momento se conectan estas estructuras con el resto del cerebro para permitir que el bebé pueda escuchar? La respuesta te parecerá familiar: hasta el principio del tercer trimestre. A los seis meses, le podemos enviar sonidos al feto (generalmente chasquidos o clics) y escuchar con asombro ¡las débiles respuestas eléctricas que manda el cerebro! Al cabo de otro mes, este impresionante intercambio de llamadas y respuestas aumentará, no solo en intensidad, sino también en la velocidad de la reacción. Y al cabo de otro mes, ya nada es igual.

Los recién nacidos tienen una memoria poderosa para recordar los sonidos que conocieron cuando estaban en el útero.

Para entonces el bebé estará cerca de nacer y podrá escuchar y también discriminar entre varios sonidos como «ah» y «ee», o «ba» y «bi». Una vez más se repite el patrón de las tropas paracaidistas, que primero establecen un territorio y luego conectan las cosas con el comando central.

A partir del final del segundo trimestre, los bebés pueden escuchar la voz de su madre desde el útero y al nacer la prefieren por encima de otras voces. Cuando nacen, su respuesta es particularmente fuerte cuando la voz de mamá se oye amortiguada, como si simulara el ambiente auditivo del útero. Los bebés responden incluso a los programas de televisión que sus madres vieron durante el embarazo. Una prueba graciosa expuso a los bebés que estaban por nacer a la canción introductoria de una telenovela en particular. Después de nacer, ¡al escuchar esa canción paraban de llorar! Los bebés del grupo de control no mostraron la misma respuesta distintiva.

La cuestión es no preocuparte demasiado por tus hábitos de lectura o por lo que veas en la televisión. El punto es simplemente que los recién nacidos tienen una memoria poderosa para recordar sonidos que escucharon desde el útero en esa última parte de la gestación.

Olfato

Lo mismo ocurre con los olores. Las complejas redes cerebrales del olfato se alcanzan a distinguir apenas cinco semanas después de la fertilización. Pero, como ocurre con los otros sentidos, el simple hecho de contar con la maquinaria necesaria no significa que el olfato esté disponible. Al principio, los bebés están severamente mormados. La cavidad nasal está llena de un material que probablemente funciona como un plástico protector, que cubre los delicados tejidos interiores de la nariz hasta que entren en funciones. Oler, al menos de la manera que todos conocemos, probablemente sea imposible.

Todo aquello cambia en el tercer trimestre. El tapón protector es reemplazado por moco (membranas mucosas), y muchas neuronas conectadas directamente a las regiones perceptivas del cerebro. La placenta de mamá se vuelve menos selectiva y permite el paso de más y más moléculas portadoras de olores (llamadas odorantes). Debido a estos cambios biológicos, el mundo olfativo de tu bebé se vuelve más rico y complejo en el sexto mes de la vida gestacional. Y los olores no tienen que estar directamente debajo de la nariz del bebé. Tu bebé puede detectar el perfume que usas y hasta el ajo que te comiste.

Cuando nazca, tu bebé de hecho preferirá esos olores. Las preferencias llevan el nombre de «etiquetas olfativas». A partir de esta información, la neurocientífica Lise Eliot ofrece un consejo en su libro *What's Going On in There?* (*¿Qué sucede allá adentro?*): no lavar al bebé con agua y jabón inmediatamente después del parto. El olor del líquido amniótico ayuda a tranquilizarlo, según han demostrado los estudios. ¿Por qué?

Al igual que los sonidos, los olores recuerdan a los bebés el cómodo hogar que han habitado durante los últimos nueve meses.

Equilibrio

Tengo un experimento que puedes intentar en casa a partir del octavo mes de embarazo o si tienes un bebé menor de cinco meses. Si el bebé ya nació, acuéstalo de espaldas. Luego levanta sus dos piernas o sus dos brazos y déjalos caer por su propio peso. Sus brazos normalmente saldrán rápidamente hacia los costados de su cuerpo, con las palmas abiertas y su cara reflejará sorpresa. Esto se llama el reflejo de Moro.

El reflejo de Moro se puede observar incluso a los ocho meses de embarazo. Si estás leyendo este libro acostada en la comodidad de tu cama, date la vuelta; si estás sentada, levántate. ¿Sentiste algo dramático? El feto es capaz de hacer un Moro completo desde el útero. Estas acciones suelen provocarlo.

El reflejo de Moro es normal y suele ocurrir cuando el infante se sorprende, particularmente si siente que cae. Se cree que es el único miedo que poseen los humanos que no es aprendido. Es importante que los infantes tengan estos reflejos. La ausencia de un buen Moro puede ser una señal de un posible desorden neurológico. Los infantes deben ser capaces de hacerlo a los cinco meses de haber nacido; su persistencia después de los cinco meses también es una señal de un desorden neurológico.

El reflejo de Moro demuestra una gran cantidad de habilidades motoras (de movimiento) y vestibulares (de equilibrio) que existen a los ocho meses. Las habilidades vestibulares permiten que los músculos estén en comunicación constante con las orejas, todo en coordinación con el cerebro. Se necesita una forma de comunicación bastante sofisticada para poder hacer un Moro.

Por supuesto, los bebés no nacen con la capacidad de hacer gimnasia a toda velocidad. Pero son capaces de dar pataditas; es decir, mover sus extremidades embrionarias a partir de seis semanas después de la concepción, aunque la madre no lo podrá sentir sino hasta que pasen otras cinco semanas. Este movimiento también es importante. Si no ocurre, las articulaciones de tu bebé no se desarrollarán debidamente. A mediados del tercer semestre, tu bebé es completamente capaz de pedirle a su cuerpo que haga una serie de movimientos coordinados.

Gusto

Los tejidos responsables de las «sensaciones gustativas» no aparecen en la lengua de tu pequeño embrión sino hasta ocho semanas después de concebir. Desde luego, eso no quiere decir que tu bebé ya es capaz de degustar cosas; eso no ocurre hasta el tercer trimestre. Una vez más vemos el patrón de recepción-antes-de-percepción en el desarrollo sensorial.

En este momento, es posible observar algunos comportamientos que todos conocemos. Los bebés en su tercer trimestre cambian su forma de tragar cuando mamá come algo dulce: engullen más. Los compuestos llenos de sabor que consume la mamá atraviesan la placenta y llegan al líquido amniótico, que los bebés tragan en cantidades de casi un litro por día. El efecto es tan poderoso que lo que comes en la última etapa de tu embarazo puede influir sobre las preferencias alimenticias de tu bebé.

En un estudio, un grupo de científicos inyectaron jugo de manzana en el útero de ratas embarazadas. Cuando nacieron sus crías, mostraron una fuerte preferencia por el jugo de manzana. Algo similar ocurre con las preferencias gustativas de los humanos. Las madres que consumieron grandes cantidades de jugo de zanahoria en las etapas finales del embarazo tuvieron bebés que prefirieron cereal con sabor a zanahoria. Esto se llama programación gustativa y lo puedes hacer poco tiempo después de que nazca tu bebé. Las madres lactantes que comen ejotes y duraznos durante la lactancia producen niños destetados con las mismas preferencias.

Es posible que cualquier cosa que cruce la placenta pueda incitar una preferencia.

HACERLO A LA MEDIDA

Desde el tacto y el olfato hasta el oído y la vista, los bebés tienen una vida cada vez más activa en el útero. ¿Qué significa esto para los padres que están ansiosos por participar en el desarrollo de sus futuros hijos? Si las habilidades motoras son tan importantes, entonces ¿deberían las madres dar volteretas para inducir el reflejo de Moro en sus bebés? Si las preferencias alimenticias se determinan desde el útero, ¿deberían las madres futuras convertirse en vegetarianas en la última mitad de su embarazo si quieren que sus hijos coman frutas y verduras? Y además de crear potenciales preferencias, ¿saturar el cerebro del bebé con las obras del doctor Seuss y Mozart surtirá algún efecto?

Es fácil empezar a suponer cualquier cosa, por lo que es importante ofrecer palabras de precaución. Estos estudios representan la frontera de lo que sabemos, y es muy fácil interpretar de forma exagerada su significado. Todas las anteriores son preguntas interesantes de investigación. Pero los datos de hoy no son suficientemente fuertes para resolver el misterio de la vida mental temprana. Apenas son suficientes para revelar su existencia.

El efecto Ricitos de Oro

La biología del desarrollo del cerebro infante me recuerda el cuento de «Ricitos de Oro y los tres osos». La versión clásica de la historia describe a una niña rubia que se mete ilegalmente a la choza vacía de la familia de osos y esencialmente comete actos vandálicos en su hogar. Prueba la comida y la juzga, al igual que las sillas y las camas. A Ricitos de Oro no le gustan las pertenencias de Mamá Oso ni de Papá Oso; las características físicas de sus cosas son demasiado extremas. Pero las cosas del Bebé Oso están «perfectas», desde la temperatura hasta la firmeza y la comodidad de la cama. Como en tantas historias infantiles legendarias, existen muchas versiones de este extraño cuento. En la primera versión publicada por el poeta del siglo xix Robert Southey era una mujer vieja y enojona la que se metía a la casa de los osos y probaba las cosas de tres osos varones. Algunos historiadores literarios sugieren que Southey tomó la idea prestada de Blanca Nieves, quien se mete a la casa de los enanos, prueba su comida, se sienta en sus banquillos y luego se queda dormida en una de sus camas. En otra versión temprana de «Ricitos de Oro», el intruso era un zorro, no una mujer; posteriormente, se fue transformando en una niña llamada Cabello Plateado, Ricitos-Plateados y Cabello Dorado. Pero la idea de «lo perfecto» permaneció a lo largo de los cambios.

Muchas criaturas tienen esta característica de lo perfecto tan grabado en su biología que los científicos le han asignado un nombre poco científico al fenómeno: el Efecto Ricitos de Oro. Es tan común porque la supervivencia biológica en este mundo hostil suele requerir un acto de equilibrio entre dos fuerzas opuestas. Cualquier cosa en exceso o en escasez, como calor o agua, suele ser dañina para los sistemas biológicos, muchos de los cuales están obsesionados con la homeostasis. La descripción completa de muchos procesos biológicos se relaciona con esta idea de «lo perfecto».

CUATRO COSAS COMPROBADAS QUE AYUDAN AL CEREBRO DEL BEBÉ

Todos los comportamientos que se ha comprobado que fomentan y ayudan al desarrollo del cerebro en el útero —de particular importancia en la segunda mitad del embarazo— funcionan de acuerdo con el principio de Ricitos de Oro. Veremos los cuatro siguientes comportamientos de equilibrio:

- peso
- nutrición
- estrés
- ejercicio

1. Aumentar de peso a la medida

Estás embarazada, entonces necesitas comer más. Y si no lo haces en exceso tendrás un bebé más inteligente. ¿Por qué? El cociente intelectual (CI) de tu bebé es una función de su volumen cerebral. El tamaño del cerebro puede predecir cerca de 20 por ciento de la variación en sus pruebas de CI (su corteza prefrontal, justo detrás de su frente, es particularmente premonitoria). El volumen del cerebro está relacionado con el peso al nacer, de tal manera que, en cierta medida, los bebés más grandes son más inteligentes. El incremento se reduce cuando los bebés alcanzan los 2.9 kilos: solo hay un punto de diferencia en el CI de un bebé de casi tres kilos y uno de 3.4 kilos.

El combustible de la comida ayuda a crecer al bebé. Entre el cuarto mes y el momento del parto, el feto empieza a mostrar un grado de sensibilidad casi ridículo respecto a la cantidad y el tipo de comida que tú consumes. Lo sabemos gracias a los estudios de nutrición. Los bebés que viven una desnutrición crítica tienen menos neuronas, conexiones más cortas entre neuronas y en menor cantidad, y menos aislamiento térmico en general en el segundo trimestre. Cuando crecen, los niños que viven con estos cerebros pueden mostrar más problemas de comportamiento, menor desarrollo del lenguaje, tienen un CI más bajo, obtienen calificaciones más bajas y en general no son buenos atletas.

¿Cuánto tienes que comer? Eso depende de tu condición física durante el embarazo. Desafortunadamente, 55 por ciento de las mujeres en edad reproductiva en Estados Unidos están pasadas de peso. Su Índice de Masa Corporal, o IMC, que asemeja un «producto interno bruto» de la obesidad, está entre 25 y 29.9. Si tú estás en esta categoría, entonces, según el Institute of Medicine, deberás aumentar únicamente entre siete y 11 kilos para tener un bebé sano. Lo ideal es aumentar cerca de un cuarto de kilo (0.22 kilos) por semana durante el período crítico del segundo y tercer trimestres del embarazo. Si estás debajo de tu peso ideal, con un IMC menor de 18.5, entonces debes aumentar entre 12 y 18 kilos, aproximadamente, para optimizar el desarrollo del cerebro de tu bebé. Es más o menos medio kilo, aproximadamente, por semana en la segunda mitad del embarazo, que es crítica. Lo mismo ocurre para mujeres que están en su peso.

Entonces, la cantidad de combustible es importante. Cada vez tenemos más evidencia para decir que el tipo de combustible que consumes durante el período crítico también es importante. El siguiente punto de equilibrio está entre los alimentos que una madre embarazada *quiere* comer y los alimentos óptimos para el desarrollo del cerebro del bebé. Desafortunadamente, no siempre son lo mismo.

2. Comer a la medida

Las mujeres relatan experiencias extrañas sobre las preferencias de comida durante el embarazo, de pronto rechazan la comida que les gustaba y sienten antojo de alimentos que antes odiaban. No solo son pepinillos y helados, como te podrá decir cualquier mujer embarazada. Una mujer desarrolló un antojo de burritos con jugo de limón —la necesidad le duró tres meses—. Otra mujer quería quimgombó envinagrado. Un número sorprendente de mujeres ha tenido antojo de hielo raspado. Incluso pueden tener deseo de comer cosas que no son alimentos. Algunos objetos que normalmente aparecen en la lista de «Diez antojos extraños comunes durante el embarazo» incluyen talco y carbón. Una mujer quería lamer polvo. La pica es un trastorno común: un antojo que dura más de un mes por comer cosas que no son alimentos, como tierra y barro.

¿Tenemos evidencia para decir que debes poner atención a estos antojos? ¿Tu bebé te está mandando mensajes de sus necesidades de nutrición? La respuesta es no. Existe algo de evidencia como para decir que las deficiencias de hierro se pueden detectar conscientemente, pero los datos son débiles. Es casi una cuestión que depende de la relación de esa persona con los alimentos en su vida diaria. Una persona ansiosa que se tranquiliza con los químicos del chocolate puede tener antojo de chocolate cuando se siente estresada, y las mujeres se estresarán bastante durante el embarazo —el antojo de chocolate refleja una respuesta adquirida y no una necesidad biológica, aunque creo que mi esposa estaría en desacuerdo—. En realidad no sabemos a qué se deben los antojos aleatorios de las mujeres embarazadas.

Desde luego, eso no quiere decir que el cuerpo no tiene necesidades de nutrición. Una mujer embarazada es un barco con dos pasajeros y una sola cocina, y estamos tratando de abastecer esa cocina con los ingredientes correctos para el crecimiento del cerebro. El cuerpo de un bebé necesita 45 nutrientes distintos para crecer sanamente. De ellos, 38 tienen un papel crítico en el desarrollo del sistema nervioso. Puedes buscar la lista en la parte posterior de casi cualquier suplemento vitamínico formulado para el embarazo. Podemos analizar nuestra historia evolutiva para encontrar consejos sobre los alimentos que contienen estos nutrientes. Y como conocemos un poco sobre el clima en el que nos desarrollamos durante millones de años —que apoyó el incremento constante de la circunferencia del cerebro— podemos especular sobre el tipo de alimentos que ayudaron a lograrlo.

La cocina cavernícola

Una antigua película llamada *Quest For Fire* (*La búsqueda del fuego*) inicia con nuestros ancestros sentados junto a una fogata, comiendo una variedad de alimentos. Vuelan insectos grandes entre las llamas. De pronto, uno de nuestros parientes atrapa, aunque torpemente, uno de los insectos. Se lo mete en la boca, mastica con entusiasmo y continúa con la mirada perdida en el fuego. Sus colegas luego escarban alrededor de la tierra buscando tubérculos y buscan frutas entre los árboles cercanos. Bienvenida al mundo de la alta cocina del Pleistoceno. Los investigadores piensan que durante cientos de miles de años nuestra dieta diaria consistió en su mayor parte de distintos tipos de pasto, frutas, verduras, mamíferos pequeños e insectos. De vez en cuando lográbamos cazar un mamut y entonces podíamos llenarnos de carne roja durante un par de días antes de que se echara a perder. Tal vez encontrábamos un panal de abejas una o dos veces al año o lográbamos obtener azúcar, pero únicamente como glucosa y fructosa libre. Algunos biólogos piensan que nuestra susceptibilidad actual a las caries se debe a que el azúcar no fue parte de nuestra experiencia evolutiva y nunca desarrollamos una defensa contra sus efectos. Hoy esta dieta (salvo los insectos) se conoce en algunos lugares como la dieta paleo.

Es un poco aburrida. Y conocida. Una comida balanceada, con un fuerte énfasis en las frutas y verduras, probablemente sea *el mejor* consejo para las mujeres embarazadas. Para los lectores que no son vegetarianos, la carne roja es una fuente apropiada de hierro. El hierro es necesario para el buen desarrollo y funcionamiento del cerebro incluso en los adultos, sin importar si son vegetarianos o no.

Drogas milagrosas

Existen muchas ideas mitológicas sobre lo que debes y no debes comer; no nada más durante el embarazo, sino a lo largo de toda tu vida. Tuve un alumno en la Universidad de Washington, un chico pensativo que debía contenerse para no levantar la mano cada vez que yo preguntaba algo en el salón. Se me acercó un día al final de una clase, estaba sin aliento. Iba a presentar un examen de admisión para la escuela de medicina y acababa de enterarse de una droga «milagrosa».

—¡Es un neurotónico! —exclamó—. Ayuda a mejorar la memoria. Te hace pensar mejor. ¿Debo tomarla?

Me puso enfrente un anuncio de la raíz de ginkgo. El *ginkgo biloba* es un derivado del árbol ginkgo, que desde hace varias décadas ha sido promovido por su capacidad para optimizar las funciones del cerebro, mejorando la memoria de jóvenes y viejos e incluso ha sido anunciado como tratamiento para el Alzheimer. Estas afirmaciones se pueden someter a pruebas. Varios investigadores empezaron a estudiar el ginkgo como harían con cualquier fármaco prometedor.

—Disculpa —le dije al estudiante—, el *ginkgo biloba* no mejora ningún tipo de cognición en adultos sanos, ni en la memoria, ni en la construcción visual-espacial, ni en el lenguaje, ni en la velocidad psicomotora, ni en la función ejecutiva.

—¿Y en la gente mayor? —preguntó mi alumno.

—Tampoco. No previene ni reduce la velocidad del Alzheimer, la demencia o siquiera el declive cognitivo que ocurre con la edad.

Otros productos botánicos, como la hierba de San Juan (supuestamente efectiva para tratar la depresión) son igualmente impotentes. Mi alumno se fue, cabizbajo.

—¡Lo mejor que puedes hacer es dormir bien! —le grité cuando se iba.

¿Por qué será que estos mitos sobre la nutrición son capaces de engañar a cualquiera, incluyendo a chicos inteligentes como mi alumno? En primer lugar, es muy, muy difícil investigar sobre nutrición y no se designan suficientes recursos para hacerlo. El tipo de pruebas rigurosas, aleatorias y de largo plazo que se necesitan para establecer los efectos de la comida suelen quedar incompletas. En segundo lugar, la mayoría de los alimentos que consumimos son muy complejos a nivel molecular; el vino, por ejemplo, puede tener más de 300 ingredientes. A veces es difícil distinguir entre las partes de los alimentos que ofrecen beneficios y las que hacen daño.

Lo que nuestro cuerpo hace con la comida es todavía más complejo. No todos metabolizamos los alimentos de la misma manera. Algunos pueden absorber calorías solo con ver la comida; otros no suben de peso aunque se atraganten con malteadas. Algunos usan la crema de cacahuate como principal fuente de proteína; otros morirían de una reacción alérgica si llegaran nada más a olerla. La eterna frustración de prácticamente todos los investigadores en este campo es que no existe una dieta que funcione igual para toda la gente y se debe a esta extraordinaria individualidad. Especialmente si estás embarazada.

Las neuronas necesitan Omega-3

Entonces puedes ver por qué hasta ahora solo existen dos suplementos que cuentan con el respaldo de datos suficientes para influir sobre el desarrollo del cerebro en el útero. Uno es el ácido fólico si se toma justo después de concebir. Y el otro, los ácidos grasos omega-3. Los omega-3 son un componente crítico de las membranas que forman las neuronas; sin omega-3, las neuronas no funcionan muy bien. Para los humanos, fabricar omega-3 es difícil, entonces debemos buscar alimentos que ayuden a llevarlo hasta nuestros nervios. Comer pescado, sobre todo pescado graso, es una forma de lograrlo. Los estudios han demostrado que aquellas personas que no obtienen suficiente omega-3 corren mayor peligro de ser disléxicos, de tener trastornos de atención, depresión, trastorno bipolar e incluso esquizofrenia. La mayoría de nosotros obtiene suficiente omega-3 en su dieta regular y generalmente no suele ser un gran problema. Pero los datos subrayan un punto central: el cerebro necesita ácidos grasos omega-3 para que sus neuronas funcionen correctamente. Al parecer, ¡los Tres Chiflados ya lo sabían hace décadas!

Larry: —¿Sabes?, el pescado es muy buen alimento para el cerebro.
Moe: —¿Sabes?, deberías pescarte una ballena.

Si una cantidad moderada de omega-3 te ayuda a evitar una discapacidad mental, entonces ¿una porción tamaño ballena de omega-3 sirve para aumentar el poder cerebral, particularmente en el caso de un bebé? La evidencia, en este caso, es definitivamente mixta, pero algunos estudios indican que debemos investigar más para responder esta pregunta. Un estudio de Harvard observó a 135 infantes y los hábitos alimenticios de sus madres durante el embarazo. Los investigadores determinaron que las madres que comieron pescado a partir del segundo trimestre tuvieron bebés más inteligentes que las madres que no comieron pescado. Cuando digo que fueron más inteligentes, quiero decir que los bebés se desempeñaron mejor en pruebas para medir memoria, reconocimiento y atención seis meses después de nacer. Los efectos no fueron enormes, pero existieron. Como resultado, los investigadores recomendaron que las mujeres embarazadas comieran casi 350 gramos de pescado por semana. ¿Y qué pasa con el mercurio que hay en el pescado y que puede afectar las facultades cognitivas? Al parecer los beneficios superan a los daños. Los investigadores sugieren que las mujeres embarazadas consuman cerca de 350 gramos de pescado que contenga menores cantidades concentradas de mercurio (salmón, bacalao, merluza, sardinas y atún claro enlatado), en lugar de otros peces depredadores que viven más tiempo (pez espada, sierra y atún blanco).

El tamaño de mi panza puede servir para comprobar que yo sé lo difícil que puede ser comer de manera correcta, ya sea controlar cuánto comemos, qué comemos, o ambas cosas. Una vez más, nos encontramos con Ricitos de Oro: necesitas lo suficiente pero no demasiado de los tipos correctos de comida. Y este tercer factor normalmente no ayuda.

3. Evitar el estrés en exceso

Los primeros días de 1998 fueron mal momento para estar embarazada en Quebec. Durante más de 80 horas cayó una lluvia helada por todo el este de Canadá, seguida de inmediato por un descenso pronunciado en la temperatura. Esta combinación de golpes meteorológicos convirtió al este de Canadá en un infierno congelado. Más de 1000 torres de transmisión cayeron como dominós bajo el peso del hielo. Si estabas embarazada y no podías ir a tus consultas médicas −Dios no quiera que entraras en parto−, te hubieras estresado mucho. Y esto produciría que tu bebé también hubiera sentido ese estrés. Los efectos de aquella tormenta aparecieron en los cerebros de los niños *años* después.

¿Cómo lo sabemos? Un grupo de investigadores decidió estudiar los efectos de este desastre natural sobre los bebés en el útero, para después monitorear su desarrollo cuando crecieran e ingresaran en el sistema escolar. El resultado fue alarmante. Cuando estos niños de la «tormenta de hielo» alcanzaron los cinco años, su comportamiento difería notablemente de los niños cuyas madres no habían estado en la tormenta. Su CI verbal y desarrollo del lenguaje parecía truncado, incluso cuando se tomaba en cuenta la educación, ocupación e ingreso de los padres. ¿Fue por culpa del estrés de las mamás? La respuesta resultó ser que sí.

El estrés maternal puede influir profundamente sobre el desarrollo prenatal de los bebés. Antes no pensábamos que fuera posible. Por mucho tiempo, ni siquiera estábamos seguros de que las hormonas del estrés de la madre alcanzaban al bebé. Pero los bebés sí las sienten, y las consecuencias sobre el comportamiento son duraderas, especialmente si la mujer se encuentra crónica o severamente estresada en esos hipersensibles últimos meses del embarazo. ¿Qué tipo de consecuencias?

Si estás severamente estresada durante el embarazo, puedes:

- Cambiar el temperamento de tu bebé. Los infantes se vuelven más irritables, menos consolables.
- Reducir el cociente intelectual de tu bebé. El declive es cercano a los ocho puntos en algunos inventarios mentales y motrices evaluados en el primer año de vida de un bebé. Según el esquema de David Wechsler de 1944, esa variación puede ser la diferencia entre un «CI promedio» y una «inteligencia por encima de la media».
- Inhibir las futuras habilidades motoras de tu bebé, sus estados de atención y su capacidad para concentrarse —estas diferencias se perciben todavía a la edad de seis años.
- Dañar el sistema de respuesta contra el estrés de tu bebé.
- Reducir el tamaño del cerebro de tu bebé.

Una revisión de más de 100 estudios en varios países económicamente desarrollados ha confirmado que estos poderosos efectos negativos sobre el desarrollo del cerebro prenatal son transculturales. David Laplante, autor que dirigió el estudio de la tormenta de hielo, dijo, quizá subestimando de alguna manera la situación: «Sospechamos que haber sido expuestos a altos niveles [de estrés] pudo haber alterado el desarrollo neuronal del feto, y al mismo tiempo influyó sobre la expresión de sus habilidades neuroconductuales durante su infancia temprana».

Estrés moderado versus *estrés tóxico*

¿Leer esto te está estresando? Afortunadamente, no todos los tipos de estrés son creados iguales. El estrés moderado en cantidades pequeñas, justamente el tipo de estrés que siente la mayoría de las mujeres durante un embarazo típico, parece ser bueno para los infantes. El estrés suele poner a la gente en marcha, y pensamos que enriquece el entorno del bebé. El útero es una estructura bastante robusta y, junto con su pequeño pasajero, está perfectamente equipado para enfrentar el estrés típico del embarazo. Pero no está preparado para un asalto prolongado. ¿Cómo puedes distinguir el estrés que causa daños cerebrales del estrés típico, benigno, e incluso ligeramente positivo?

Casi todos los tipos de estrés tóxico tienen una característica común: sientes que no tienes control sobre las situaciones negativas que debes enfrentar. Mientras el estrés avanza de moderado a severo y de agudo a crónico, esta pérdida de control se vuelve catastrófica. Puede afectar al bebé. Los tipos de estrés negativo parecen bastante obvios si sabes dónde buscarlos. Incluyen eventos significativos como un divorcio, la muerte de tu cónyuge (u otro ser querido), pérdida de empleo o ser víctima de un crimen. El ingreso también es un factor importante, especialmente cerca de la línea de pobreza. Otros factores pueden parecer menos obvios: la falta de amistades (aislamiento social), la insatisfacción laboral sostenida o una enfermedad prolongada.

Por supuesto, la historia de la reacción al estrés no es sencilla. Algunas personas parecen enfrentar los eventos estresantes mejor que otras. Algunas son resistentes al estrés; otras son sensibles al estrés. Cada vez tenemos más evidencia para decir que la sensibilidad al estrés tiene un componente genético. Las mujeres que viven bajo cierta dictadura biológica deben mantener el estrés al mínimo durante el embarazo. La cuestión clave, más allá de tu historia personal, es la pérdida de control.

Tiro al blanco: la respuesta de los bebés al estrés

Se ha investigado mucho para tratar de entender *cómo* afecta el estrés materno al desarrollo del cerebro. Y hemos empezado a responder a esta pregunta en la escala más íntima posible: en la celular y la molecular. El cortisol es la hormona principal del estrés. Es el jugador estrella en un equipo de desagradables moléculas llamadas glucocorticoides. Estas hormonas controlan muchas de nuestras respuestas al estrés más conocidas, desde hacer que nuestro corazón se acelere como auto de carreras NASCAR hasta las ganas repentinas de hacer pipí o popó. Los glucocorticoides son tan poderosos que el cerebro ha desarrollado un sistema natural de «frenos» para desactivarlos en cuanto haya pasado el estrés. Un pedacito de terreno neural ubicado en el centro del cerebro, conocido como el hipotálamo, controla la liberación e inhibición de esas hormonas.

En las mujeres, las hormonas del estrés afectan al bebé al cruzar la placenta e ingresar a su cerebro, como misiles programados para atacar dos blancos distintos. El primer blanco es el sistema límbico del bebé, una región profundamente relacionada con la regulación emocional y la memoria. Ante la presencia de la hormona en exceso, esta región se desarrolla más lentamente, y es una de las razones que nos hace pensar que la cognición del bebé puede sufrir daños si su mamá está severamente o crónicamente estresada.

El segundo blanco es aquel sistema de frenado que mencioné antes, el que supuestamente debe controlar el nivel de glucocorticoides cuando haya pasado el estrés. Si la madre le transmite esta hormona en exceso a su bebé, puede dificultar la desactivación de su propio sistema de hormonas para el estrés. Su cerebro se empieza a marinar en concentraciones de glucocorticoides que no se pueden controlar fácilmente. El bebé puede llegar a la edad adulta con un sistema de respuesta al estrés que está dañado. El niño o la niña puede encontrar problemas para poner los frenos cuando esté estresado o estresada; los niveles elevados de glucocorticoides se convierten en algo normal en su vida. Si finalmente se embaraza, *su* bebé entonces estará bañado en cantidades excesivas de esta sustancia tóxica. El feto puede desarrollar un hipotálamo parcialmente confundido, que libera más glucocorticoides y, como consecuencia, el cerebro de la siguiente generación se encoge aún más. El círculo vicioso continúa. El estrés excesivo es contagioso: tus hijos lo pueden provocar y tú se los puedes contagiar a ellos también.

Recupera el control

Obviamente, no es bueno estresarse demasiado, ni para la madre embarazada ni para el bebé. Para el desarrollo óptimo del cerebro de tu bebé, lo ideal es permanecer en un ambiente menos estresante, especialmente en los meses finales del embarazo. Es imposible abandonar todo, por supuesto, y eso además sería estresante a su manera. Pero puedes reducir el estrés con el cuidado amoroso de tu cónyuge. Hablaremos mucho más al respecto en el siguiente capítulo. También puedes empezar por identificar las partes de tu vida que sientes fuera de control, y entonces podrás diseñar estrategias que te ayuden a retomar el control. En algunos casos, esto significa abandonar la situación que te está estresando. Una porción provisional de valentía beneficiará al cerebro de tu bebé para toda la vida.

También existen muchas maneras de practicar activamente el alivio general del estrés. En www.brainrules.net hemos hecho una lista de técnicas, conocidas y estudiadas en la literatura científica, que sirven para reducir el estrés. Una de las principales es el ejercicio y tiene tantos beneficios que es el tema de nuestro cuarto y último acto de equilibrio.

4. Ejercicio a la medida

Siempre me ha asombrado el ciclo de vida del ñu. Se les conoce por sus espectaculares migraciones anuales a lo largo de las praderas y campos abiertos de Tanzania y Kenia, miles y miles de ellos en constante movimiento. Se mueven por dos motivos. El primero y más importante es la búsqueda de nuevos pastizales. Pero los ñus además son cortes de carne de casi 300 kilos con patas; tienen que moverse porque son muy populares entre los depredadores.

Por esta urgencia, la parte más interesante de su ciclo de vida es el embarazo y el parto. La gestación dura casi lo mismo que la de los humanos, cerca de 260 días, pero las similitudes terminan en cuanto inicia el parto. La madre da a luz rápidamente. Si no hay complicaciones, también se recupera rápidamente. Los becerros hacen lo mismo, se ponen de pie —vaya, de pezuña— una hora después de nacer. Tienen que hacerlo. Los becerros son el futuro de la manada, pero también son la población más vulnerable de la misma, y pueden fácilmente convertirse en alimento para leopardos.

Nosotros también vivimos nuestra adolescencia evolutiva en esa misma sabana y compartimos muchos de los problemas de depredador/presa que acosan al ñu. Como podrás imaginarte, las diferencias en el nacimiento y la crianza de los humanos y los ñus son enormes. Las mujeres tardan mucho tiempo en recuperarse del parto (por ese enorme y pesado cerebro una vez más, el arma secreta de la evolución, que fuerza su salida por un estrecho canal de parto), y sus hijos tardarán cerca de un año en caminar. Sin embargo, los ecos de la evolución sugieren que el ejercicio era una parte muy importante de nuestras vidas, incluso durante el embarazo. Los antropólogos creen que caminábamos alrededor de 19 kilómetros por día.

La buena condición física reduce la dificultad del parto

¿Eso quiere decir que el ejercicio debe ser parte de los embarazos humanos? La evidencia sugiere que sí. Existen muchas razones para estar en forma durante el embarazo, pero el primer beneficio es práctico y tiene que ver con el parto. Muchas mujeres dicen que dar a luz es a la vez la experiencia más emocionante y la más dolorosa de sus vidas. Pujar, como te imaginarás, suele ser la parte más difícil. Los estudios reportan que si no estás en forma, necesitarás el doble de tiempo en superar la «fase de pujar» en el parto que una mujer en buena condición física. No sorprende que las mujeres en forma reporten que esta etapa es mucho menos dolorosa.

Si esta etapa es más corta, es menos probable que los bebés tengan daño cerebral por falta de oxígeno. Si tienes miedo del parto, te conviene llegar lo más en forma posible. Y las razones se remontan al Serengueti.

El ejercicio protege del estrés

Las madres que tienen una buena condición física suelen tener bebés más inteligentes que las madres obesas. Esto ocurre por dos razones. Una tiene que ver con los efectos directos del ejercicio —especialmente el ejercicio aeróbico— sobre el cerebro del bebé en desarrollo. Falta investigar más sobre esta noción. Pero tenemos datos más convincentes que relacionan el ejercicio aeróbico con la reducción del estrés.

Algunos tipos de ejercicio incluso pueden proteger a las mujeres embarazadas de los efectos negativos del estrés. ¿Te acuerdas de los glucocorticoides, los que invaden el tejido neural y provocan daños cerebrales? El ejercicio aeróbico eleva la presencia de cierta molécula en tu cerebro que puede bloquear específicamente los efectos tóxicos de esos glucocorticoides tan desagradables. Esta heroica molécula es conocida como factor neurotrófico derivado del cerebro (FNDC) [BDNF, por sus siglas en inglés]. Más FNDC significa menos estrés y eso significa menos glucocorticoides en el útero, y a su vez significa mejor desarrollo del cerebro del bebé.

Suena un poco extraño, pero una madre en buena forma física tiene mejores posibilidades de tener un bebé inteligente —o al menos uno capaz de desarrollar su cociente intelectual— que una madre con mala condición física.

El bebé se calienta en exceso con el ejercicio demasiado vigoroso

Como siempre, hay que buscar el equilibrio. Un bebé puede sentir y reaccionar a los movimientos de su madre. Cuando aumenta el ritmo cardíaco de la madre, el del bebé aumenta también. Pero solo si el ejercicio es moderado. Durante el ejercicio extenuante, especialmente en las etapas finales del embarazo, el ritmo cardíaco del bebé puede descender. La preocupación es que el ejercicio en exceso puede aumentar la temperatura del útero o restringir la disponibilidad de oxígeno para tu bebé. Como siempre, tu pediatra te puede aconsejar sobre la cantidad de ejercicio que debes hacer en estas etapas finales. Cuando llegas al tercer trimestre, tus niveles de reserva de oxígeno son bastante bajos, entonces es un buen momento para disminuir las actividades vigorosas de cara al parto. La natación es uno de los mejores ejercicios en las etapas finales; el agua ayuda a alejar el calor excesivo del útero.

¿Cuál es el equilibrio perfecto? En cuatro palabras: ejercicio aeróbico moderado regular. Para la mayoría de las mujeres, esto significa mantener el ritmo cardíaco debajo de 70 por ciento de su nivel más alto (igual a 220 latidos por minuto menos tu edad), para después bajar el paso conforme se acerca el día del parto. Pero debes hacer ejercicio. Siempre y cuando no tengas complicaciones obstétricas u otros problemas médicos, el American College of Obstetricians recomienda mínimo 30 minutos de ejercicio moderado *por día*.

Es un buen consejo, aunque no seamos ñus.

TODO CUENTA

Tal vez no estés acostumbrada a hacer ejercicio todos los días. A lo mejor ya te sientes culpable por tomarte ese segundo café del día cuando estás embarazada. Si es así, entonces es posible que el mundo de la investigación te pueda ofrecer un consuelo: como especie, el *Homo sapiens* lleva más de 250 000 años haciendo bebés exitosamente. Lo hemos hecho bien aún sin contar con todo el conocimiento sofisticado de ahora, gracias, y hemos sido tan exitosos que conquistamos el mundo. Tus mejores intenciones —más allá de mandar mensajes en clave Morse a tu vientre– servirán para crear un gran entorno para el desarrollo de tu bebé.

Puntos clave

- Los bebés prefieren que los dejemos en paz durante la primera mitad del embarazo.
- No desperdicies tu dinero en productos que prometen mejorar el ci, temperamento o personalidad de un bebé que no ha nacido. No hay nada comprobado.
- En la segunda mitad del embarazo, los bebés empiezan a percibir y procesar una gran cantidad de información sensorial. Hasta pueden oler el perfume que llevas puesto.
- Para impulsar el desarrollo cerebral durante el embarazo: hay que aumentar la cantidad correcta de peso, llevar una dieta balanceada, hacer ejercicio moderado y reducir el estrés.

TU RELACIÓN

Regla para el cerebro de tu bebé:

Empieza con la empatía

TU RELACIÓN

 Recuerdo el agobio casi total que sentí cuando llevamos a nuestro primer hijo, Joshua, a casa después del hospital. Colocamos a nuestro recién nacido en el asiento especial para bebés con la esperanza de haberle colocado correctamente el cinturón de seguridad. Me fui manejando del hospital a paso de caracol —algo milagroso para mí—. Mi esposa iba en el asiento trasero, nada más para asegurarse de que todo marchara bien. Sin problemas, hasta ahí.

Cuando el pequeño entró a la casa, su diminuta cara de pronto se arrugó como si estuviera molesto. Empezó a gritar. Le cambiamos el pañal. Seguía gritando. Mi esposa lo alimentó. Aceptó un poco de alimento y siguió gritando, trató de liberarse de los brazos de mi esposa, de escaparse. Esto no había ocurrido en el hospital. ¿Estábamos haciendo algo mal? Lo cargué. Mi esposa lo cargó. Finalmente, se calmó. Entonces pareció quedarse dormido. Sentimos un gran alivio. «Sí podemos», nos dijimos una y otra vez. Era tarde y decidimos seguir el ejemplo de nuestro bebé. En cuanto tocamos la almohada, Joshua empezó a llorar otra vez. Mi esposa se levantó y le dio de comer. Luego me dio a Josh para que lo cargara. Esperé a que eructara, le cambié el pañal y lo volví a acostar. Se quedó tranquilo y nosotros nos regresamos a la cama. No había ni sentido el calor de nuestra sábana cuando Josh empezó a gritar y a chillar otra vez. Mi esposa estaba agotada, recuperándose de un parto de 21 horas, y no estaba en condiciones para ayudar. Me levanté, lo cargué un momento y lo volví a recostar en su cuna. Se calmó. ¡Lo logré! Me fui lentamente a mi cama. Apenas alcancé la almohada cuando el llanto volvió a comenzar. Escondí mi cabeza debajo de las cobijas, esperando que pasara el llanto. Pero no paraba de llorar. ¿Qué se suponía que debía hacer?

Esta rutina desconcertante y mi forma de reaccionar se repitieron un día tras otro. Sentía algo muy fuerte por mi hijo —y siempre lo voy a sentir—, pero me preguntaba en ese momento por qué decidí tener un bebé. No tenía idea de que algo tan maravilloso sería al mismo tiempo tan difícil. Aprendí una lección dura pero importante: cuando llega un niño al mundo, el cálculo de la vida diaria arroja nuevas ecuaciones. Soy bueno para las matemáticas, pero no era bueno para esto. No tenía ni idea de cómo resolver estos problemas.

Para la mayoría de las madres y padres primerizos, la primera gran sorpresa es la naturaleza abrumadoramente incesante de este nuevo contrato social. El bebé *pide*. Los padres *dan*. Fin de la historia. Lo que sorprende a muchas parejas es el enorme efecto que puede tener sobre su calidad de vida —especialmente, sus matrimonios—. El bebé llora, el bebé duerme, el bebé vomita, lo cargas, hay que cambiarle el pañal, hay que darle de comer, todo antes de las 4:00 a.m. Luego tienes que ir a trabajar. O tu cónyuge tiene que ir a trabajar. Esto se repite día tras día sin descanso. Los padres solo quieren un momento de silencio, un segundo para sí mismos, y generalmente no reciben ni uno ni el otro. Ni siquiera puedes ir al baño cuando quieres. Tienes el sueño alterado, has perdido amigos, tus deberes en casa se triplicaron, tu vida sexual deja de existir y casi no tienes la energía para preguntarle a tu cónyuge si tuvo un buen día.

¿Realmente sorprende que las relaciones maritales se deterioren?

Casi nadie lo menciona, pero es un hecho: las interacciones hostiles entre las parejas aumentan considerablemente en el primer año del bebé. A veces el bebé trae un período de luna de miel provocado por las hormonas. (Unos padres que conozco intercambiaban citas de Tagore:

«¡Cada niño que nace es un mensaje de Dios, que no ha perdido la fe en la humanidad!»). Hasta en esos casos, las cosas se deterioran rápidamente. La hostilidad puede ser tan severa que, en algunos matrimonios, un bebé puede ser un factor de riesgo que conduce al divorcio.

¿Por qué toco este tema en un libro sobre el desarrollo del cerebro de los bebés? Porque tiene serias consecuencias para el cerebro del bebé. Aprendimos en el capítulo de «El embarazo» que el cerebro del bebé es enormemente sensible a los estímulos exteriores. Una vez que el bebé abandona su incubadora acuosa y cómoda, su cerebro se vuelve aún más vulnerable. Estar expuesto constantemente a la hostilidad puede erosionar el CI del bebé y su habilidad para manejar el estrés, de manera dramática en algunos casos. La necesidad de estabilidad entre sus cuidadores es tan importante para un bebé que es capaz de *reconfigurar* su sistema nervioso en desarrollo de acuerdo con la turbulencia que percibe. Si quieres que tu hijo o hija esté equipado con el mejor cerebro posible, debes saber sobre este tema antes de llevarte a tu pequeño paquete de alegría a casa.

Cuando doy conferencias sobre la ciencia de los cerebros jóvenes, los papás (casi siempre son los papás) exigen saber cómo hacer para que sus hijos entren a Harvard. La pregunta invariablemente me molesta. Les respondo, casi gruñendo: «¿Quieres que tu hijo vaya a Harvard? ¿*Realmente* quieres saber lo que dicen los datos? ¡Te voy a decir lo que sabemos! ¡Vete a casa y ama a tu esposa!». Este capítulo es justamente sobre esa respuesta: por qué ocurre la hostilidad marital, cómo altera al cerebro del bebé que se está desarrollando y cómo puedes contrarrestar la hostilidad y minimizar sus efectos.

LA MAYORÍA DE LOS MATRIMONIOS SUFREN

Cuando se embarazan, la mayoría de las parejas no se imaginan tanta turbulencia marital. Después de todo, los bebés supuestamente aportan felicidad infinita e incesante. Ésa es la visión idealista que abunda entre nosotros, especialmente si nuestros padres crecieron a finales de la década de los 50 –una era marcada por su perspectiva tradicional del matrimonio y la familia–. Los programas de TV como *Leave It to Beaver* y *Ozzie & Harriet* retrataban a los padres trabajadores como hombres sabios; a las madres amas de casa como afectuosas y acogedoras; a los niños como sorprendentemente obedientes, y si no eran así, las crisis que causaban se manejaban y resolvían en 23 minutos. Los protagonistas eran en su mayoría de clase media, blancos, y, ahora sabemos, estaban casi siempre equivocados.

El sociólogo E. E. LeMasters vertió un balde de agua fría sobre esta percepción típica de la época de Eisenhower. En lugar de traer el nirvana a los matrimonios, él demostró que los bebés traen justo lo contrario. En 1957, publicó un estudio que exponía que 83 por ciento de los matrimonios vivían *más* turbulencia en sus relaciones con el nacimiento del bebé –en algunos casos, de manera severa–. Por supuesto, sus hallazgos fueron recibidos con enorme escepticismo.

El tiempo y el análisis posterior le dieron la razón a LeMasters. La investigación, armada con mejores metodologías y períodos más largos de estudio, demostró de manera consistente que tener un bebé estresa a los matrimonios de casi todas las parejas. LeMasters había descubierto algo.

Para finales de la década de los 80 y principios de la de los 90, las investigaciones en diez países industrializados, incluyendo a Estados Unidos, indicaron que la satisfacción marital para la mayoría de los hombres y mujeres decayó después del primer hijo –y seguía en descenso durante los siguientes 15 años–. Las cosas no mejoraban para la mayoría de las parejas hasta que los hijos se iban de casa.

Ahora sabemos que esta erosión de largo plazo es una experiencia regular en la vida matrimonial, que comienza con la transición hacia la maternidad y paternidad. La calidad marital, que llega a la cima en el último trimestre del primer embarazo, desciende entre 40 y 67 por ciento en el primer año del bebé. Los estudios más recientes, que plantean preguntas diferentes, calcularon que la cifra se acerca a 90 por ciento. Durante esos 12 meses, los resultados de los índices de hostilidad —medidas de conflicto marital— se disparan. Aumenta el riesgo de depresión clínica, para madres y padres por igual. De hecho, entre un tercio y la mitad de los padres primerizos exhiben grados de estrés iguales a los de las parejas en conflicto que ya están en terapia para salvar su relación. La insatisfacción comienza normalmente con la madre y luego migra hacia el padre. Para citar un fragmento de un estudio reciente publicado en el *Journal of Family Psychology*: «En resumen, tener hijos apura el declive matrimonial, incluso entre parejas relativamente satisfechas que se eligen entre sí para esta transición».

Un abogado británico especializado en divorcios recordaba un caso ejemplar. El esposo de Emma está obsesionado con el futbol, particularmente con el Manchester United, conocido como los Diablos Rojos. Esta condición empeoró con la llegada de su bebé. Emma llegó a citarlo como justificación para pedir el divorcio. Su esposo respondió: «Debo reconocer que nueve de diez veces prefiero ver al Manchester que tener sexo, pero no es por faltarle al respeto a Emma».

Gracias a estos hallazgos, parecería que cualquier matrimonio que piensa en tener hijos debe someterse primero a una evaluación psiquiátrica y luego optar por la esterilización voluntaria. ¿Qué vamos a hacer?

La semilla de la esperanza

Hay esperanza. Hemos identificado a cuatro de las principales causas de conflicto en la transición hacia los hijos: pérdida de sueño, aislamiento social, cargas de trabajo disparejas y depresión. Vamos a analizar a cada una. Las parejas que están conscientes de estos factores pueden estar más atentos a su comportamiento y suelen mejorar. También sabemos que no todos los matrimonios entran en esta secuencia deprimente.

Las parejas que llegan al embarazo con lazos maritales fuertes resisten la tempestad del primer año del bebé mejor que aquellas que no. También aquellas que planean cuidadosamente la llegada de sus hijos antes del embarazo. Es más, desde un principio, tomar la decisión conjunta de tener hijos es uno de los grandes indicadores de felicidad marital. Un estudio amplio comparó a las parejas en las que ambos miembros querían hijos contra aquellas parejas en las que solo una de las partes deseaba tenerlos. Cuando ambas partes querían tener un bebé, los casos de divorcio fueron pocos, y la felicidad marital siguió igual o aumentó en el primer año de vida. *Todas* las parejas en conflicto en las que uno de los cónyuges había cedido (normalmente el hombre) terminaban separadas o divorciadas antes de que el niño cumpliera cinco años.

Los datos detrás de esta afirmación vienen del estudio del *Journal of Family Psychology* que mencioné antes. La cita completa es mucho más esperanzadora. «En resumen, tener hijos apura el declive matrimonial —incluso entre parejas relativamente satisfechas que se eligen para esta transición—, *pero la planeación y la satisfacción marital antes del embarazo generalmente protegerá a los matrimonios de este declive*».

En la transición hacia la paternidad, cada matrimonio sufre a su manera; algunos no sufren nada. Aunque según demostrarían LeMasters y los investigadores subsecuentes, para la mayoría este no es el caso. Las consecuencias sociales bastaban para justificar una investigación. Los investigadores empezaron a preguntar cuáles son las causas de los conflictos entre las parejas cuando el bebé llega a casa y cuáles son los efectos del conflicto sobre el bebé.

LOS BEBÉS BUSCAN SEGURIDAD POR ENCIMA DE TODO

Lo que descubrieron los investigadores es que la ecología emocional que encuentra un bebé al nacer puede tener una gran influencia sobre el desarrollo de su sistema nervioso. Para entender esta interacción, debemos hablar de la increíble sensibilidad que tienen los bebés hacia el entorno que los rodea cuando están creciendo. Es una sensibilidad con fuertes raíces en nuestra evolución.

Los primeros indicios de esta vulnerabilidad aparecieron en el laboratorio de Harry Harlow, quien estaba observando el comportamiento de monos bebés en la Universidad de Wisconsin en Madison. La prueba de la profundidad de nuestras raíces evolutivas está en que sus hallazgos aplican también para infantes humanos. Harlow se parecía a casi todos los científicos de la década de los 50, incluso tenía los mismos lentes de *nerd* del tamaño de *frisbees*. Él mismo reconoció que su preocupación era el «amor», aunque tenía una forma extraña de demostrarlo, tanto profesional como personalmente. Se casó con su primera esposa, quien fue su alumna, se divorció de ella después de dos hijos; se casó con una psicóloga, presenció cómo murió de cáncer, y luego, en sus últimos años, se casó de nuevo con su exalumna.

Harlow también diseñó una serie de experimentos innovadores con monos Rhesus, que fueron tan brutales que algunos investigadores acreditan a Harlow por haber iniciado de manera inadvertida el movimiento de derechos de los animales. Estos experimentos involucraron cámaras de aislamiento y madres sustitutas metálicas. El propio Harlow describía su trabajo con un lenguaje colorido al decir que sus cámaras eran «hoyos de desesperación» y sus madres postizas «doncellas de hierro» (*iron maidens*). Pero descubrió la idea del apego emocional infantil casi por cuenta propia. Y al mismo tiempo, estableció las bases para entender cómo el estrés de los padres influye sobre el comportamiento de los bebés.

Los experimentos de apego clásicos de Harlow involucraban a dos de estas «doncellas de hierro» —estructuras como muñecas que hacían el papel de reemplazos maternales—. Una estaba hecha de alambre duro, la otra de toalla suave. Separó a monos Rhesus recién nacidos de sus madres biológicas y los colocó en jaulas que contenían ambas muñecas. Existen muchas variaciones de este experimento, pero el hallazgo inicial fue sorprendente. La muñeca de alambre frío proveía alimento por medio de un biberón adjunto. La muñeca de toalla no ofrecía comida. Sin embargo, los animales preferían por mucho a la madre de toalla. El bebé se alimentaría de la madre de alambre, pero al mismo tiempo se agarraba con fuerza de la madre de toalla. Si colocaban a los bebés en un lugar desconocido, se abrazaban con fuerza de la muñeca de toalla hasta tener la confianza para explorar la jaula por su cuenta. Si los colocaban en ese mismo lugar sin la madre de toalla, los animales se congelaban del terror, luego lloraban, gritaban y corrían de un lado a otro, al parecer buscando a su madre perdida.

La preferencia de los monos fue siempre la misma sin importar cuántas veces hicieran el experimento y sin importar las variaciones. Son experimentos desgarradores —he visto películas viejas— y las conclusiones son inolvidables. No fue la presencia de alimento lo que consolaba a los pequeños, aunque esa fuera la idea conductual que dominaba en el momento. Fue la presencia o ausencia de un lugar seguro.

Los bebés humanos, con todas sus complejidades, buscan lo mismo.

Hacemos lo que vemos

Los bebés están muy sintonizados con estas ideas de seguridad, aunque no parezca. Al principio, los bebés parecen más preocupados por los procesos biológicos más mundanos, como comer y defecar y vomitar en tu camisa. Esto engañó a muchos investigadores que creyeron que los bebés simplemente no pensaban. Los científicos acuñaron el término «tabula rasa» —hoja en blanco o mente en blanco— para describir a estas criaturas «vacías». Veían a los infantes como porciones indefensas de potencial humano adorable y controlable.

La investigación moderna ha revelado un punto de vista radicalmente distinto. Ahora sabemos que la preocupación biológica más fuerte de los bebés tiene que ver con el órgano que tienen encima del cuello. Los infantes llegan con una gran cantidad de software preprogramado en sus discos duros neurales, la mayoría relacionado con el aprendizaje. ¿Quieres conocer algunos ejemplos sorprendentes?

En 1979, Andy Meltzoff, psicólogo de la Universidad de Washington, le sacó la lengua a un bebé de 42 minutos de edad, luego se recostó para ver qué ocurría. Tras algunos esfuerzos, el bebé le devolvió el gesto, sacando la lengua lentamente. Meltzoff le sacó la lengua de nuevo. Y el infante respondió otra vez. Meltzoff descubrió que los bebés son capaces de imitar desde el inicio de sus jóvenes vidas (o al menos a los 42 minutos después del inicio de su joven vida). Es un hallazgo extraordinario. La imitación propicia muchos descubrimientos sofisticados para los bebés, desde entender que hay otras personas en el mundo, hasta darse cuenta de que su cuerpo tiene partes que funcionan, iguales a las tuyas. No es una hoja en blanco. Es una hoja cognitiva impresionante y completamente funcional.

Aprovechando este hallazgo, Meltzoff diseñó una serie de experimentos revelando que los bebés están precableados para aprender y lo sensibles que son a las influencias externas en la búsqueda de ese objetivo. Meltzoff construyó una caja de madera, cubierta por un panel plástico de color naranja en el que insertó una luz. Si él tocaba el panel, la luz se encendía.

Lo que ocurrió después ha sido capturado en el libro *The Scientist in the Crib* (*El científico en la cuna*): «[Andy] le enseñaría a los bebés una manera completamente inesperada de usar un objeto nuevo: tocaría la parte superior de una caja con su frente y la caja se iluminaría. Los bebés observaban fascinados, pero no tenían permitido tocar la caja». Mamá y bebé entonces saldrían del laboratorio y se preguntarían probablemente qué acababa de ocurrir. Pero el experimento no había concluido: «Una semana después, los bebés regresaban al laboratorio. Esta vez Andy les entregaba la caja, sin hacerle nada. Pero los bebés inmediatamente tocaron la parte superior de la caja con *sus* frentes».

¡Los bebés se acordaban! Después de presenciar un evento una sola vez, ocho de 12 bebés lograron recordarlo perfectamente una semana más tarde. Ninguno de los 24 bebés del grupo de control intentó el movimiento por su cuenta.

Estos son apenas dos ejemplos para ilustrar que los infantes vienen equipados con una impresionante variedad de habilidades cognitivas —y han sido bendecidos con muchos aparatos intelectuales que ayudan a extender esas habilidades—. Entienden que el tamaño de las cosas es constante incluso cuando la distancia cambia la apariencia de ese tamaño. Demuestran que pueden predecir la velocidad. Entienden el principio del destino común; por ejemplo, la razón por la cual se mueven las líneas negras de un balón de básquetbol cuando este rebota es porque las líneas son parte del balón. Los infantes al nacer pueden discriminar entre rostros humanos y no humanos, y parecen preferir los humanos. Desde una perspectiva evolutiva, este último comportamiento representa una poderosa característica de seguridad. Los rostros nos interesarán durante casi todas nuestras vidas.

¿Cómo es que los bebés obtienen todo este conocimiento antes de estar expuestos al planeta? Nadie lo sabe, pero lo tienen, y le dan buen uso con una velocidad e intuición sorprendentes. Los bebés pueden crear hipótesis, ponerlas a prueba, y luego evaluar sus hallazgos implacablemente con el vigor de un científico experimentado. Esto quiere decir que los infantes son aprendices encantadores y sorpresivamente dinámicos. Aprenden de todo.

Aquí tengo un ejemplo simpático. Una pediatra había llevado a su hija de tres años a la guardería. La buena doctora había dejado su estetoscopio en el asiento trasero y vio que la niña estaba jugando con él, incluso insertando los extremos correctamente en sus orejas. La pediatra se emocionó: ¡su hija estaba siguiendo sus pasos! La niña tomó la campana del estetoscopio, se lo acercó a la boca y declaró en voz alta: «Bienvenido a McDonald's. ¿Puedo tomar su orden, por favor?».

Sí, tus hijos te están observando todo el tiempo. Todo lo que registran tiene una influencia profunda sobre ellos. Y *eso* puede pasar de cómico a serio cuando mamá y papá se empiezan a pelear.

Poco tiempo para establecer la percepción de seguridad

Si la supervivencia es la gran prioridad del cerebro, la seguridad es la expresión más importante de esta prioridad. Esta es la lección que nos enseñan las «doncellas de hierro» de Harlow. Los bebés están completamente a la merced de la gente que los trajo al mundo. Este entendimiento tiene un radio de explosión conductual en los infantes que opaca sus demás prioridades conductuales.

¿Cómo manejan los bebés estas preocupaciones? Tratan de establecer relaciones productivas con las estructuras locales de poder —es decir, contigo— lo más pronto posible. Esto se conoce como apego. Durante el proceso de apego, el cerebro del bebé vigila meticulosamente los cuidados que recibe. Básicamente se pregunta: «¿Me están tocando? ¿Me están alimentando? ¿Quiénes son personas de confianza?». Si las necesidades del bebé están satisfechas, su desarrollo se encamina en una dirección; si no, las instrucciones genéticas hacen que se desarrolle en otro sentido. Puede ser un poco desconcertante descubrirlo, pero los infantes observan el comportamiento de sus padres prácticamente desde el momento en el que entran en este mundo. Es por interés evolutivo propio, desde luego; es decir, no lo pueden evitar. Los bebés no saben mirar en otra dirección.

Existe una ventana de varios años durante los cuales los bebés buscan crear estas conexiones y establecer percepciones de seguridad. Si esto no ocurre, pueden sufrir daño emocional a largo plazo. En casos extremos, las cicatrices duran toda la vida.

Lo sabemos gracias a una poderosa y desgarradora historia descubierta por reporteros occidentales en la Rumania comunista cerca de 1990. En 1966, con la intención de levantar la decaída taza de natalidad del país, el dictador Nicolae Ceaucescu prohibió tanto los anticonceptivos como el aborto, y ordenó un impuesto para aquellos que no tuvieran hijos después de cumplir 25 años —sin importar que estuvieran casados, solteros o padecieran infertilidad—. Conforme aumentaron las tasas de natalidad, se incrementó la pobreza y la gente sin hogar. A los niños simplemente los abandonaban. Ceaucescu respondió con un *gulag* de orfanatos estatales, donde miles de niños fueron colocados en bodegas.

Los orfanatos perdieron sus recursos cuando Ceaucescu empezó a exportar casi toda la industria y alimentos de Rumania para pagar la sofocante deuda del país. Las escenas en los orfanatos fueron impactantes. Los bebés casi nunca habían sido cargados y rara vez recibieron estimulación sensorial deliberada. Muchos fueron encontrados atados a sus camas, abandonados por horas o días, con botellas de gachas metidas descuidadamente en sus bocas. Muchos infantes tenían la mirada perdida. Es más, se podía entrar a algunos de estos orfanatos de 100 camas y no escuchar ni un sonido. Las cobijas estaban cubiertas de orina, materia fecal y piojos. La tasa de mortalidad en estas instituciones era realmente horrorosa, incluso algunas personas occidentales las llamaban un «Auschwitz pediátrico». Con todo y los horrores de estos casos, crearon una verdadera oportunidad para investigar —y tal vez tratar— a grupos grandes de niños severamente traumatizados.

Un estudio sobresaliente tuvo que ver con familias en Canadá que adoptaron a algunos de estos niños y los criaron en casa. Cuando los niños adoptados empezaron a madurar, los investigadores pudieron dividirlos fácilmente en dos grupos. Un grupo parecía extraordinariamente estable. Su comportamiento social, sus respuestas ante el estrés, sus problemas médicos, todos parecían indistinguibles de los del saludable grupo de control canadiense. El otro grupo parecía extraordinariamente dañado. Tenían más problemas alimenticios, se enfermaban más seguido y demostraban comportamientos antisociales cada vez más agresivos. ¿Cuál fue la variable independiente? La edad de adopción.

Si los niños habían sido adoptados antes del cuarto mes de vida, se comportaban como cualquier otro niño feliz. Si habían sido adoptados después del octavo mes de vida, se comportaban como pandilleros. Está claro que la incapacidad para encontrar seguridad a través de lazos familiares antes de una edad específica de la infancia causaba una enorme cantidad de estrés sobre sus sistemas. Y con el paso del tiempo ese estrés afectó su comportamiento. A pesar de haber salido de los orfanatorios hacía muchos años, nunca lograron ser plenamente libres.

El estrés activa nuestra respuesta contra el peligro, conocida como reacción de «lucha o huida». Aunque, en realidad, deberían llamarla nada más «reacción de huida». La respuesta típica del ser humano al estrés ocurre con un solo objetivo: abastecer los músculos con suficiente sangre para alejarnos del peligro. Normalmente nos defendemos solo cuando nos sentimos arrinconados. Y en ese caso, entramos en combate solo lo necesario para escapar. Bajo una amenaza, el cerebro manda señales para liberar dos hormonas, epinefrina (conocida también como adrenalina) y cortisol, que pertenece a una clase de moléculas conocidas como glucocorticoides.

Estas respuestas son tan complejas que se necesita tiempo para afinar cada conexión debidamente. Para eso sirve el primer año de vida. Si el infante se marina en un entorno seguro —en una casa emocionalmente estable— el sistema se cocinará a la perfección. Si no, los procesos para enfrentar el estrés fallarán. El niño entrará en un estado de alerta máxima o en un estado de colapso total. Si el bebé experimenta un entorno social hostil y emocionalmente violento, sus pequeños procesadores de estrés, tan vulnerables, se vuelven hiperreactivos, y esa condición se llama hipercortisolismo. Si el bebé sufre negligencia severa, como los huérfanos rumanos, el sistema se vuelve subreactivo, en una condición que se llama hipocortisolismo (causa de las miradas perdidas). La vida, citando a Bruce Springsteen, puede parecer una larga emergencia.

CUANDO LOS PADRES PELEAN

No hace falta criar niños en condiciones de campo de concentración para ver cambios negativos en el desarrollo del cerebro de un bebé. Basta con tener padres que, de manera regular, despiertan con ganas de intercambiar golpes emocionales. El conflicto marital puede afectar el desarrollo cerebral de un bebé. Los efectos comienzan temprano y, aunque existe cierta controversia al respecto, puede durar hasta la edad adulta.

Todos los padres saben que los niños se estresan cuando los ven pelear. Pero los investigadores no se esperaban que los niños pudieran reaccionar desde una edad tan temprana. Los infantes menores de seis meses normalmente pueden detectar que algo no está bien. Pueden sufrir cambios fisiológicos —como cambios en la presión arterial, en el ritmo cardíaco y en las hormonas del estrés— igual que los adultos. Algunos investigadores afirman que pueden diagnosticar la cantidad de peleas en un matrimonio simplemente tomando una muestra de la orina de 24 horas del bebé. Los bebés y los niños pequeños no pueden entender el motivo del pleito, pero están muy conscientes cuando algo anda mal.

Dificultades para regular las emociones y muchos problemas más

El estrés aparece también en el comportamiento. Los bebés que crecen en casas emocionalmente inestables tienen menor capacidad para responder positivamente a nuevos estímulos, calmarse y recuperarse del estrés —en pocas palabras, regular sus propias emociones—. Incluso sus piernitas pueden reflejar problemas de desarrollo pues las hormonas del estrés interfieren con la mineralización de los huesos. Cuando llegan a los cuatro años, sus niveles de hormonas del estrés pueden ser casi el doble de los niveles de los niños que viven en casas emocionalmente estables.

Y es una tristeza, porque los efectos son completamente reversibles. Los infantes menores de ocho meses que son extraídos de hogares severamente traumatizados para ser colocados en entornos empáticos y acogedores pueden mejorar en su regulación de hormonas del estrés tan solo a la edad de diez meses. Lo único que debes hacer es quitarte los guantes de box, dejar de pelear.

Si la hostilidad marital no cede, los niños muestran todas las señales desafortunadas del estrés prolongado en su comportamiento. Tienen mayor riesgo de sufrir trastornos de ansiedad y depresión. Se enferman más seguido porque el estrés afecta el sistema inmunológico. Son más antagónicos con sus compañeros. Tienen menor capacidad para enfocar su atención o regular sus emociones. Algunos de estos niños tienen cocientes intelectuales hasta ocho puntos por debajo de los niños que crecen en hogares estables. Como es de esperarse, tienen menor probabilidad de terminar la preparatoria que sus compañeros y obtienen menores logros académicos cuando sí terminan.

Si buscamos el alcance de esta inestabilidad —el divorcio podría ser un objetivo conveniente—, observamos que los niños siguen padeciendo los efectos años después. Los niños de hogares divorciados tienen 25 por ciento más probabilidad de abusar de las drogas antes de los 14 años. Tienen mayor riesgo de embarazarse fuera del matrimonio. Tienen el doble de posibilidades de divorciarse. En la escuela, obtienen calificaciones menores a las de los niños de hogares estables. Y tienen probabilidades muy inferiores de recibir apoyo para la universidad. Cuando los matrimonios no se separan, 88 por ciento de los niños que van a la universidad reciben apoyo constante para su educación universitaria. Cuando los matrimonios se desmoronan, esa cifra cae a 29 por ciento.

Se acabó Harvard.

Reconciliarse frente a los niños

También pueden surgir conflictos en los hogares emocionalmente estables que no tienen hostilidad marital regular. Afortunadamente, la investigación demuestra que las peleas que ocurren frente a los hijos son menos dañinas que la falta de reconciliación que perciben. Muchas parejas se pelean enfrente de sus hijos, pero se reconcilian en privado. Esto puede distorsionar la perspectiva de los niños, incluso en las edades tempranas, porque el niño siempre ve las heridas, pero nunca los vendajes. Los padres que ayudan a limpiarse las heridas después de una pelea, deliberadamente y explícitamente, permiten que sus hijos modelen cómo pelear de manera justa y cómo reconciliarse.

LAS CUATRO RAZONES PRINCIPALES DE TUS CONFLICTOS

¿Por qué van a discutir? He mencionado cuatro causas consistentes de conflicto marital cuando se empieza a tener hijos. Si no se atienden, todas pueden influir en el curso de tu matrimonio, y por ello pueden afectar el cerebro en desarrollo de tu hija o hijo. Las llamo las «cuatro uvas de la ira». Son:

- Falta de sueño
- Aislamiento social
- Cargas de trabajo disparejas
- Depresión

Si tienes un hijo, es estadísticamente probable que te afecten algunas de estas causas cuando llegue tu bebé a casa. La batalla comienza en la cama —y no, no tiene que ver con el sexo.

1. Falta de sueño

Si conoces a alguien que acaba de ser madre o padre, pregúntale si esta queja de «Emily» les parece conocida:

> Le tengo rencor a mi esposo porque él sí duerme toda la noche. Mi hija tiene nueve meses y sigue despertándose dos o tres veces por noche. Mi esposo no se despierta, y en la mañana se levanta «muy cansado». No he dormido más de cinco a seis horas por noche en los últimos diez meses, tengo una hija irritante y un bebé que cuidar todo el día ¡¿¿¿y *él* está cansado???!

Ya estudiaremos la disparidad marital en este pequeño retrato, pero primero analizaremos lo poco que duerme Emily y cómo está afectando su matrimonio.

Es difícil sobreestimar el efecto que tiene la falta de sueño sobre las parejas que transitan hacia la vida de padres. La mayor parte de los futuros padres saben que las noches serán diferentes. Pero la mayoría no se dan cuenta de las dimensiones de este cambio. Escribe lo siguiente sobre tu corazón: *los bebés nacen sin horarios para dormir*. Tú sí tienes horario, pero a ellos no se les ocurre tenerlo. Los horarios de comida y sueño no tienen un patrón fijo en el cerebro del recién nacido; son comportamientos que están aleatoriamente distribuidos a lo largo de un período de 24 horas. Ahí está ese contrato social otra vez. Ellos piden. Tú les das.

Esto puede durar meses. Puede tardar medio año en seguir un horario predecible, tal vez más, aunque muchos bebés empiezan a mostrar un patrón organizado alrededor de los tres meses. Entre 25 y 40 por ciento de los infantes tienen problemas de sueño en ese lapso, y estadísticamente se puede observar en cualquier parte del mundo. Los bebés a la larga adquieren un horario de sueño; pensamos, de hecho, que está inscrito en su ADN. Pero el mundo post-uterino seco e incómodo, está plagado de alteraciones —algunas internas, algunas externas— capaces de mantener a los bebés despiertos en la noche. Sus cerebros inexpertos solo necesitan tiempo para ajustarse. Incluso después de un año, 50 por ciento aún requiere algún tipo de intervención parental en la noche. La mayoría de los adultos necesitan cerca de media hora para volver a dormirse después de asistir a un bebé despierto, y por ello mamá y papá logran apenas la mitad de las horas de sueño que requieren por noche. No es lo más sano para sus cuerpos. Y tampoco para sus matrimonios.

Las personas con falta de sueño se vuelven más irritables —mucho *más* irritables— que aquellos que duermen bien. Aquellos que padecen déficit de sueño típicamente pierden 91 por ciento de sus capacidades para regular emociones fuertes, en comparación con grupos de control. El declive en las habilidades cognitivas generales es igualmente dramático (y por ello, las personas crónicamente cansadas tienen mal desempeño en el trabajo). La capacidad para resolver problemas cae diez por ciento en comparación con su desempeño cuando no están cansados e incluso las habilidades motoras sufren las consecuencias. Estos números aparecen con tan solo una semana de falta de sueño moderada. Los cambios de humor ocurren primero; luego siguen los cambios cognitivos, seguidos por alteraciones en el desempeño físico.

Si no tienes mucha energía, y tienes que atender a tu bebé más pequeño varias veces por minuto (según los psicólogos conductuales, los niños de preescolar exigen algún tipo de atención hasta 180 veces por hora), tus reservas de buena voluntad hacia tu cónyuge se acabarán rápidamente. La falta de sueño por sí sola puede ser un pronóstico de los aumentos en las interacciones hostiles entre padres primerizos.

2. Aislamiento social

Lo siguiente casi nunca ocurre en las visitas al pediatra, pero debería ocurrir más seguido. El buen doctor te pregunta por la salud de tu bebé y después le hace una revisión rutinaria a tu pequeño cúmulo de alegría. Luego te mira a los ojos y te hace preguntas realmente invasivas sobre tu vida social. «¿Tienes muchos amigos?», preguntaría el pediatra. «¿A qué grupos sociales pertenecen tú y tu cónyuge? ¿Qué tan importantes son esos grupos para ustedes? ¿Qué tan diversos son? ¿Cuántas horas de contacto tienen tú y tu cónyuge con estos grupos?». El doctor nunca hace estas preguntas porque tu vida social no es asunto suyo. El problema es que sí es un asunto de mucho interés para el bebé.

El aislamiento social puede conducir a la depresión clínica en los padres, y puede entonces afectar la salud física de estos, incluyendo un mayor riesgo de contraer enfermedades infecciosas y sufrir paros cardíacos. Los estudios demuestran que esta es una de las principales quejas en la mayoría de los matrimonios cuando empiezan a tener hijos. Una madre escribió:

> Nunca me he sentido más sola de lo que me siento ahora. Mis hijos no se dan cuenta y mi esposo me ignora. No hago más que limpiar, cocinar, cuidar a los hijos... Ya no soy una persona. No puedo esperar para tener un minuto para mí misma, pero estoy completamente aislada.

La soledad, dolorosa y ubicua, es algo que viven hasta 80 por ciento de los nuevos padres. Después del nacimiento de un hijo, apenas tienen una tercera parte del tiempo para estar juntos en comparación con el tiempo que tenían antes de tener hijos. La emoción de tener un bebé se acaba, pero el incesante trabajo de criarlo permanece. Ser madre o padre se convierte en un deber, y luego en una tarea. La falta de sueño, noche tras noche, desgasta la energía de la familia; el aumento en los conflictos maritales termina con las reservas.

Estas pérdidas se deben a que las actividades sociales de las parejas se quedan sin combustible. Mamá y papá han sufrido para mantenerse siendo amigos, por no mencionar lo que pasa con sus otras amistades. Los amigos dejan de venir. Los padres no tienen energía para buscar nuevas amistades. Además de sus parejas, los padres primerizos típicos tienen menos de 90 minutos de contacto por día con otros adultos. Un abrumador 34 por ciento pasa sus días enteros en aislamiento.

Como es de esperarse, muchos padres primerizos se sienten atrapados. Una madre que se quedaba en casa a cuidar a sus hijos dijo: «Algunos días quisiera meterme a mi recámara a platicar con mi mejor amiga por teléfono todo el día en lugar de atender a mis hijos. Quiero a mis hijos, pero quedarme en casa a cuidarlos no ha sido el sueño que yo esperaba». Otra simplemente dijo, respecto a la soledad: «Lloro en el auto. Mucho».

Pertenecer a una diversidad de grupos sociales es una importante forma de sentirse arropado. Pero muchas de esas amistades pueden colapsarse cuando uno empieza a tener hijos. Las mujeres viven este aislamiento con una intensidad desproporcionada y existen motivos biológicos por los cuales puede resultar particularmente tóxico para ellas. Ésta es la teoría:

El parto —antes de la medicina moderna— causaba frecuentemente la muerte de la madre. Aunque nadie conoce la cifra verdadera, las estimaciones indican que pudo llegar a ser hasta una de cada ocho mujeres. Las tribus que tenían mujeres que podían relacionarse y confiar rápidamente en las otras mujeres aumentaban sus probabilidades para sobrevivir. Las mujeres de mayor edad, con la sabiduría de sus experiencias de parto previas, podían cuidar a las nuevas madres. Las mujeres con hijos podían ofrecer su valiosa leche al recién nacido si la madre moría.

La convivencia y las interacciones sociales que la acompañaban ofrecían entonces una ventaja para la supervivencia, de acuerdo con la antropóloga Sarah Hrdy (no, su apellido no lleva la letra *a*). Llama a esto *alloparenting* (crianza alternativa). Para apoyar este concepto, cabe destacar que somos los únicos primates que permitimos que otros cuiden a nuestros hijos de manera regular.

Una madre resumió su necesidad de conexiones sociales de manera atinada: «A veces cuando tengo a mi hermosa bebé en mis brazos y nos miramos amorosamente, deseo en secreto que se quede dormida para que pueda irme a leer mi correo electrónico».

¿Por qué se trata de la convivencia entre mujeres y no la de entre hombres? La razón, en parte, puede ser molecular. Las mujeres liberan oxitocina como parte de su respuesta natural ante el estrés, y es una hormona que aumenta una serie de comportamientos conocidos como «cuidar a los hijos y hacer amistades» (*tend and befriend*). Los hombres no lo hacen. Su permanente testosterona crea demasiada interferencia y opaca los efectos de su oxitocina endógena. Esta hormona, que también actúa como neurotransmisor para ambos sexos, ofrece sensaciones de confianza y calma, que son ideales si necesitas crear una relación con alguien que podría convertirse en madre o padre adoptivo. De manera sorprendente, conveniente y absolutamente consistente con la noción anterior, la oxitocina también tiene que ver con la estimulación de la lactancia.

Resulta que las relaciones sociales están profundamente arraigadas en nuestro proceso evolutivo. Nadie se salva de necesitar un amigo en algún momento de su vida. La psicoterapeuta Ruthellen Josselson, que ha estudiado las relaciones de «cuidar a los hijos y hacer amistades», subraya su enorme importancia: «Cada vez que nos encontramos demasiado ocupados con el trabajo y la familia, lo primero que hacemos es desprendernos de nuestras amistades con otras mujeres. Las pasamos a un plano secundario. Es un gran error porque las mujeres se dan mucha fuerza entre sí».

3. Carga dispareja de trabajo

La tercera «uva de la ira» ha sido perfectamente ilustrada en este doloroso testimonio de una madre primeriza, a quien llamaré Melanie.

Si mi esposo me vuelve a decir que necesita descansar porque «trabajó todo el día», voy a arrojar toda su ropa a la calle, poner su coche en neutral para ver cómo se va rodando sin conductor y voy a vender todos sus preciados objetos deportivos en eBay por un dólar. Y luego lo voy a matar. ¡Realmente no entiende! Sí, trabajó todo el día, pero trabajó con adultos capaces que hablan su propio idioma y saben ir al baño.

No tuvo que cambiarles el pañal, acostarlos y limpiar su almuerzo de las paredes. No tuvo que contar hasta diez para calmarse, no tuvo que ver Barney 303 243 243 veces y no tuvo que sacar su pecho seis veces para alimentar a un bebé hambriento y *estoy segura* de que su almuerzo no fue un simple pan con mermelada y crema de cacahuate. Él sí tuvo *dos* descansos de 15 minutos para «caminar», una hora para ir al gimnasio y un viaje en tren de una hora de regreso a casa para leer o tomarse una siesta.

Así que tal vez a mí no me pagan por mi trabajo, tal vez me quedo todo el día en ropa deportiva, tal vez solo me baño cada dos o tres días, tal vez me toca «jugar» con los niños todo el día... Aún así, trabajo mucho más duro en una hora que él en todo el día. Así que toma tu salario, métalo en el banco y déjame ir a hacerme un *pedicure* una vez al mes sin decirme: «A lo mejor si tuvieras un trabajo... y tu propio dinero».

Ay. Y debo agregar que le dio al clavo. Te voy a ofrecer una advertencia justa. La siguiente sección no va a ser muy placentera para los hombres. Pero quizá sea lo más importante que leas en este libro.

Además de la falta de sueño y el aislamiento social, existe una avasallante disparidad en la repartición de los quehaceres del hogar cuando uno empieza a tener hijos. Por decirlo de manera simple, la mayoría termina en manos de las mujeres. No importa si la mujer también está trabajando ni cuántos hijos tenga un matrimonio. Incluso con los cambios de actitud en el siglo XXI, las mujeres todavía se ocupan más de las labores domésticas. Como dijo la activista de derechos civiles Florynce Kennedy: «Cualquier mujer que todavía cree que el matrimonio es una propuesta de 50 por ciento por ambas partes solo prueba que no entiende ni de hombres ni de porcentajes».

La queja de Melanie ilustra que este desequilibrio tiene un efecto corrosivo sobre la calidad del matrimonio. Y esto quiere decir que es totalmente capaz de afectar negativamente el desarrollo cerebral del bebé. Te dije que no sería una lectura placentera. Los números están así: las mujeres con familias hacen 70 por ciento de todos los deberes domésticos. Lavar platos, limpiar, cambiar pañales, hacer reparaciones menores, todo. Estos datos suelen interpretarse como una buena noticia porque hace 30 años la cifra era de 85 por ciento. Pero no hace falta un título en Matemáticas para saber que estas cifras no son equitativas. Los deberes de casa aumentan tres veces más para las mujeres que para los hombres cuando llega un bebé. La falta de contribución es tan grande que tener un esposo incluso agrega siete horas extra de trabajo por semana para las mujeres. Una madre joven dijo: «A veces fantaseo con divorciarme nada más para tener un fin de semana libre cada dos semanas».

Las mujeres dedican el doble de tiempo que los hombres a cuidar a los hijos: 66 minutos contra 26, por día. El reporte de 2013 de la Oficina de Estadísticas Laborales de Estados Unidos se basó en hogares con niños menores de seis años. Esto es más del doble de tiempo que los hombres dedicaban a los hijos en 1985, entonces se presenta como una buena noticia. Pero nadie diría que es equitativo.

Este desequilibrio en la carga de trabajo —junto con los conflictos financieros que pueden estar relacionados— es una de las causas más citadas de conflicto marital. Es un factor importante cuando una mujer se forma una opinión del hombre con quien se casó, especialmente cuando él se jacta de ser «el que paga las cuentas» como hizo el marido de Melanie. Los datos financieros son bastante escandalosos en este caso. Una madre que se queda en casa trabaja 94.4 horas por semana. Si le pagaran por sus esfuerzos, ganaría 117 000 dólares al año. (Éste es un cálculo del pago por hora y el tiempo dedicado a las diez labores que las madres en hogares estadounidenses desempeñan típicamente, incluyendo limpiar la casa, conducir la camioneta, servicio de guardería, atención psicológica para el personal y directora ejecutiva). La mayoría de los hombres no pasan 94.4 horas a la semana en su trabajo. Y 99 por ciento de los hombres gana menos de 117 000 al año.

Tal vez esto sirva para explicar por qué, en la gran mayoría de los casos, el incremento en interacciones hostiles normalmente empieza con la mujer y luego se extiende al hombre.

Llegamos así a un pequeño libro que puede ofrecernos indicios de una posible solución. Mi esposa lo recibió como obsequio de una amiga. Se llama *Porn for Women* (*Pornografía para mujeres*). Es un libro de galanes, fotografiados en toda su gloria musculosa, esculpida, marinada en testosterona y apta para todo público. Muchos pechos descubiertos y pantaloncillos de mezclilla, cabelleras despeinadas y miradas sugerentes. Y *todos* están haciendo labores domésticas. Un fornido Adonis llena la lavadora; y el encabezado dice: «Cuando termine de lavar, iré a hacer la compra. Y me llevo a los niños para que te puedas relajar». Otro galán, el de la portada, está aspirando el piso. Un hombre particularmente atlético tiene el rostro asomado por encima de la sección de deportes del periódico y declara: «Ooh, mira, hoy son las finales del futbol americano. Apuesto a que no tendremos problemas para estacionarnos en la feria de manualidades».

Pornografía para mujeres. Próximamente disponible en un matrimonio cercano.

4. Depresión

¿Qué podemos concluir sobre la transición hacia la vida con hijos? Hasta ahora hemos esbozado una experiencia que puede requerir tres respuestas de los padres hacia el hijo por minuto, te permite la mitad del sueño que necesitas, ofrece poca energía para las amistades y convierte asuntos, como sacar la basura, en riesgos de divorcio. Si estas no son las condiciones perfectas para fermentar nuestra última «uva de la ira», entonces no sé cuáles serían. Nuestro cuarto tema es la depresión. Afortunadamente, la mayoría de ustedes no la padecerán, pero es lo suficientemente seria como para dedicarle nuestra atención.

Cerca de la mitad de las madres nuevas experimentan una tristeza temporal posparto que desaparece al cabo de unos días. Esta melancolía del bebé es típica. Pero entre diez y 20 por ciento de las madres experimentan algo mucho más profundo e infinitamente más preocupante. Estas mujeres viven con sentimientos de desesperanza profunda, tristeza y futilidad, incluso cuando sus matrimonios están bien. Tales sentimientos desconcertantes y dolorosos pueden durar semanas y hasta meses. Las madres afligidas lloran todo el tiempo o miran simplemente por la ventana. Es posible que dejen de comer. O pueden comer demasiado. Son madres que están cayendo en una depresión clínica, o depresión posparto, según se conoce a esta condición. Aunque sus orígenes y los criterios para diagnosticarla todavía son un tema de controversia, no hay controversia con respecto a la solución.

Las mujeres que experimentan ansiedad, tristeza y mal humor de manera abrumadora necesitan intervención terapéutica. Sin tratamiento, las consecuencias de la depresión posparto pueden ser trágicas, desde una caída severa en la calidad de vida hasta el infanticidio y el suicidio. Sin tratamiento, la depresión posparto también debilitará los lazos vivos e interactivos que deben desarrollarse entre padres e hijos durante los primeros meses. En cambio, el bebé empieza a reflejar las acciones depresivas de la madre. Se conoce en algunos casos como retiro recíproco. Estos bebés se vuelven más inseguros, socialmente inhibidos, tímidos y pasivos —el doble de temerosos que los niños criados por madres que no están deprimidas—. Los daños se observan aún 14 meses después de nacer.

La depresión no es un riesgo únicamente para las mujeres. Entre una décima y una cuarta parte de todos los padres nuevos suelen deprimirse cuando nace el bebé. Si la madre también está deprimida, esa cifra aumenta a 50 por ciento. No es la imagen bonita que imaginamos cuando llevamos un bebé a casa.

Afortunadamente, este no es el panorama completo.

Las buenas noticias

Un comentario que escucho comúnmente entre los padres cuando doy conferencias sobre el desarrollo cerebral es: «Nadie me dijo que iba a ser tan difícil». No quisiera minimizar las dificultades de tener hijos, pero quisiera ofrecer un poco de perspectiva al respecto.

Una de las razones por las cuales los padres no se fijan en la dificultad de tener hijos es que «difícil» no es el cuadro completo. Ni siquiera es la parte principal. El tiempo que realmente pasas con tus hijos es sorprendentemente corto. Ellos cambiarán rápidamente. En poco tiempo, tu hija encontrará un horario para dormir, te buscará para recibir consuelo y aprenderá de ti lo que debe y no debe hacer. Luego tu hijo o hija te dejará y buscará e iniciará una vida independiente.

Lo que tú te llevarás de esa experiencia no será que tener hijos es difícil, sino que tener hijos te hace muy vulnerable. La autora Elizabeth Stone dijo: «Decidir tener un hijo es muy importante. Es decidir para siempre que tu corazón andará afuera de tu cuerpo».

Los padres veteranos han vivido noches sin sueño, pero también han vivido la emoción de la primera vez que su hijo anduvo en bici solo, de la primera graduación, y algunos, del primer nieto. Han vivido el resto de la historia. Saben que vale la pena.

Hay más buenas noticias.

CÓMO PROTEGER TU RELACIÓN

Las parejas que conocen las «cuatro uvas de la ira» y saben cómo prepararse por adelantado tienen menos posibilidad de tropezarse con ellas cuando el bebé llegue a casa. Y cuando hay conflicto entre estas parejas, los efectos suelen ser más moderados.

Yo lo puedo verificar. Crecí en un hogar militar en la década de los 50. Cuando salíamos en coche, mi madre se apuraba para preparar a sus dos niños menores de tres años para la excursión, juntaba cobijas, biberones, pañales y ropa limpia. Mi padre nunca ayudaba y se impacientaba si los preparativos tardaban demasiado. Se salía de la casa, se sentaba en el asiento del conductor y hacía rugir el motor para transmitir su irritación. Muchas emociones fuertes, y tan útiles como un infarto.

Como adulto apenas me acordaba de este comportamiento. Pero seis meses después de casarnos, mi esposa y yo estábamos retrasados para una cena para conocer los programas y profesores de una escuela de posgrado. Ella se estaba tardando bastante en prepararse y yo me impacienté. Salí de la casa, me subí al auto y metí la llave para encender el motor. De pronto me di cuenta de lo que estaba haciendo. Recuerdo que tomé aire, impresionado por la profunda influencia que los padres tienen sobre los hijos, *todavía* a mi edad, y también me vino a la mente la cita del novelista James Baldwin: «Los niños nunca han sido buenos para escuchar a sus padres, pero siempre han sido buenos para imitarlos». Lentamente, quité las llaves del motor, regresé con mi nueva esposa y me disculpé. Nunca más he repetido ese espectáculo. Años después, cuando nos preparábamos para viajar en auto con nuestros propios hijos, estaba subiendo a nuestro hijo más pequeño en su silla cuando de pronto estalló su pañal. Me sonreí a mí mismo al sentir que mis llaves estaban en la bolsa de mi pantalón y me fui tatareando de regreso a casa para cambiar a mi hijo. No iba a hacer rugir el motor. La lección fue duradera y el cambio resultó realmente fácil de mantener.

Esta historia no tiene nada de heroica. Lo único que cambió fue que tomé conciencia de algo en específico. Pero esta toma de conciencia es lo que quiero compartir, porque sus mecanismos internos tienen consecuencias muy positivas. Los investigadores saben cómo hacer que la llegada de los hijos sea una transición más tranquila para las parejas, y no quiero simplemente decirles cómo se hace, sino convertirme en testigo de su efectividad. Siempre y cuando estés dispuesto a comprometerte, los bebés no tienen por qué convertirse en una enfermedad terminal que ningún matrimonio puede superar. Cuando estaba escribiendo esto, cumplí 30 años de casado y mis hijos son casi adolescentes. Han sido los mejores años de mi vida.

Lo que es obvio para ti es obvio para ti y nadie más

La historia de las llaves del auto representa un cambio de perspectiva, que me gusta describir de la siguiente manera: «Lo que es obvio para ti es obvio para ti y nadie más». Mi padre no veía lo que había que hacer para preparar a los hijos antes de salir (y si sabía, no quería ayudar). Pero mi madre tenía muy claro lo que había que hacer. Había una «asimetría de perspectivas» en sus puntos de vista. Y fue la causa de pleitos realmente desagradables.

En 1972, los sociólogos Richard Nisbett y Edward Jones se preguntaban si esa asimetría de perspectivas es el fondo de casi todos los conflictos. Propusieron incluso que emparejar esta asimetría ayudaría a resolver casi todos los conflictos. Estaban en lo correcto. Su observación principal fue la siguiente: la gente cree que su propio comportamiento se origina en situaciones que están fuera de su control, pero ven los comportamientos de otros como si tuvieran su origen en sus rasgos inherentes de personalidad. Digamos que un hombre llega tarde a una cita. Es probable que le eche la culpa de su retraso a factores externos (como el tráfico). Es probable que ella diga que su retraso se debe a que es una persona descuidada (no tomar en cuenta el tráfico). Una persona recurre a una restricción situacional para explicar su retraso. La otra recurre al insulto.

Nisbett y sus colegas llevan décadas catalogando estas asimetrías. Nisbett encontró que la gente suele tener conceptos inflados de sí mismos y de sus futuros. Piensan que tienen más probabilidad de la que realmente tienen de volverse ricos y tener un futuro laboral más brillante, y que de alguna manera tienen menos probabilidad de contraer enfermedades infecciosas (una razón por la cual el cáncer es tan emocionalmente devastador es porque la gente nunca cree que les va a ocurrir a ellos, solo a «los demás»). La gente sobreestima cuánto puede aprender sobre los demás a partir de encuentros breves. Cuando se pelean, las personas creen que *ellos* no tienen ningún prejuicio, que son objetivos e informados, y al mismo tiempo creen que sus *oponentes* están irremediablemente prejuiciados, que no tienen ni idea y son demasiado subjetivos.

Tales asimetrías originan un fenómeno bien establecido en las neurociencias cognitivas. Todo comportamiento humano tiene muchas partes móviles, divisibles a grandes rasgos en elementos de primer y segundo planos. Los componentes de segundo plano incluyen nuestra historia evolutiva, composición genética y entorno fetal. Los componentes de primer plano incluyen niveles agudos de hormonas, experiencias previas y detonantes inmediatos ambientales. En la soledad de nuestros cráneos, tenemos acceso privilegiado a ambos juegos de componentes, con acceso a información detallada de nuestros interiores psicológicos, nuestras motivaciones y nuestras intenciones. Se conoce formalmente como introspección, y se refiere a que sabemos lo que queremos decir o comunicar de un minuto a otro. El problema es que nadie más lo sabe. Los otros no pueden leer nuestros pensamientos. La única información que tienen los demás sobre nuestro estado interior y nuestras motivaciones es lo que dicen nuestras palabras y lo que expresan nuestras caras y cuerpos. A esto se le llama formalmente extrospección.

Somos sorprendentemente ciegos cuando se trata de reconocer los límites de la información extrospectiva. Sabemos cuándo nuestras acciones no representan nuestros pensamientos y sentimientos, pero a veces se nos olvida que los demás no cuentan con esta información. Tal disparidad puede dejarnos desconcertados o sorprendidos cuando descubrimos cómo nos ven los demás. Como escribió el poeta Robert Burns: «Que Dios nos diera ese regalo / de vernos como nos ven los demás».

Cuando el conocimiento introspectivo choca con la información extrospectiva ocurre el *big bang* de la mayoría de los conflictos humanos. Ha sido directamente observado entre personas que buscan darle instrucciones a un alma perdida o entre países en guerra que quieren negociar un acuerdo de paz. Es la base de la mayoría de las debacles comunicativas, incluyendo los conflictos maritales.

¿Ganarías un concurso de empatía?

Si la asimetría es la causa de la mayoría de las dificultades, se sobreentiende que entre mayor simetría menos hostilidad. Es difícil creer que un niño de cuatro años en un cursi concurso de empatía haya sido capaz de demostrar que esta noción es esencialmente correcta, pero así fue. El finado autor Leo Buscaglia cuenta de que una vez le pidieron que ejerciera de juez en un concurso para encontrar al niño más solidario. El niño que ganó contó una historia sobre su vecino de al lado, un hombre mayor. El hombre acababa de perder a su esposa de muchos años. El niño de cuatro años escuchó que el vecino lloraba en su patio trasero y decidió investigar. Se sentó en las piernas del vecino y permaneció un rato mientras el hombre lloraba a su esposa. Resultó reconfortante para el vecino. La madre del niño le preguntó a su hijo qué le dijo al vecino. «Nada», dijo el chico. «Nada más le ayudé a llorar».

Esta historia tiene muchas capas, pero su esencia es fácil de destilar: es la respuesta ante una relación asimétrica. El viejo estaba triste. El niño no. Sin embargo, la disposición de este consejero inadvertido para entrar en el espacio emocional del viejo, para *sentir empatía*, cambió el equilibrio de su relación. La empatía —que en el fondo es una simple decisión— es tan poderosa que puede cambiar el desarrollo del sistema nervioso de los infantes cuyos padres deciden ejercerla regularmente.

Definir la empatía

Antes pensaba que temas melosos como la empatía tenían el mismo respaldo científico que la línea telefónica para hablar con psíquicos. Si hace diez años alguien me hubiera dicho que la empatía estaría empíricamente tan bien descrita como, digamos, el mal de Parkinson, me hubiera reído a carcajadas. Hoy no me río. Existe una creciente y abundante cantidad de literatura para describir la empatía, y la define con tres ingredientes principales:

- *Detectar un afecto.* Primero, una persona debe detectar un cambio en la disposición emocional de otra persona. En las ciencias conductuales, «afecto» quiere decir la expresión externa de una emoción o estado de ánimo, generalmente asociado con una idea o acción. Los niños autistas normalmente no llegan a este punto; como resultado, casi nunca demuestran empatía.
- *Transposición imaginativa.* Cuando una persona detecta un cambio emocional, transmite lo que observa hacia su propio interior psicológico. «Prueba» algunos de los sentimientos percibidos como si fueran prendas, luego observa cómo reaccionaría en circunstancias similares. Para los que trabajan en el teatro, este es el meollo del método de actuación de Stanislavski. Para aquellos que están a punto de tener hijos, acaban de aprender a pelear de manera justa con ellos, sin olvidar a su cónyuge también.
- *Formación de límites.* La persona que muestra empatía se da cuenta en todo momento que la emoción le está ocurriendo a la otra persona y no al que observa. La empatía es poderosa, pero también tiene límites.

La empatía como reflejo en dos pasos sencillos

Las parejas que practican la empatía obtienen resultados sorprendentes. Es la variable independiente capaz de pronosticar el éxito de un matrimonio, según el conductista John Gottman, quien, más allá de las críticas consecuentes, es capaz de pronosticar la probabilidad de divorcio con un grado de precisión de casi 90 por ciento. En los estudios de Gottman, si la esposa consideraba que su esposo la escuchaba —al punto de que él aceptaba la buena influencia de ella sobre su comportamiento—, el matrimonio estaba esencialmente blindado contra el divorcio. (Como dato interesante, si el esposo sentía que lo escuchaban o no, no estaba entre los factores de las tasas de divorcio). Si ese intercambio de empatía estaba ausente, el matrimonio se hundía.

La investigación demuestra que 70 por ciento de los conflictos maritales no tienen solución; el desacuerdo permanece. Si los participantes estaban dispuestos a vivir con sus diferencias —uno de los grandes retos del matrimonio—, eso no tiene que ser mala noticia. Pero las diferencias tienen que asumirse, incluso si los problemas no se resuelven. Una de las razones por las cuales la empatía funciona tan bien es porque no exige soluciones. Exige comprensión. Es muy importante reconocerlo. Si hay espacio para negociar únicamente en 30 por ciento de los casos, entonces la empatía se convierte en el gran ejercicio de la rutina de control de conflictos de cualquier matrimonio. Probablemente por ello su ausencia es una señal tan poderosa de un posible divorcio. Gottman, entre otros investigadores, descubrió un efecto similar en la crianza de los niños. Dijo: «La empatía importa; pero además es el cimiento de la crianza efectiva».

¿Qué puedes hacer para lograr el tipo de éxito marital que reportó Gottman? Tienes que cerrar esa brecha que mencionaba, el desequilibrio entre lo que sabes sobre tus sentimientos internos y lo que puedes deducir sobre los sentimientos de tu cónyuge. Se logra creando un «reflejo de empatía» —que debe ser tu primera respuesta ante cualquier situación emocional—. Los investigadores definieron el reflejo de empatía mientras intentaban socializar con niños autistas funcionales. Es sorprendentemente sencillo y sorprendentemente efectivo, algo así como el niño que se sentó en las piernas del vecino que lloraba. Prueba los siguientes pasos, cuando te encuentres con los sentimientos «calientes» de alguien más:

1. Describe los cambios emocionales que percibes.

2. Intenta adivinar la causa de esos cambios emocionales.

Y si no lo logras, entonces puedes responder con los malos, desagradables y reactivos hábitos que son normales para ti. Sin embargo, debo anteponer una advertencia. Si el reflejo de empatía se convierte en una estrategia activa en tu resolución de conflictos, te costará mantenerte desagradable y reactivo. Aquí tengo un ejemplo de la vida real que encontré en uno de mis archivos de investigación.

La hija de 15 años de una mujer recibió permiso para salir los sábados siempre y cuando obedeciera estrictamente su hora de llegada a la medianoche. Un fin de semana desobedeció este acuerdo y llegó a las 2:00 a.m. La hija entró en silencio a la casa y encontró la temida luz de la sala aún encendida y a su madre enfadada esperando en el sillón. Por supuesto, la chica estaba muerta de miedo. También parecía afligida. Su mamá se dio cuenta de que había pasado una noche difícil. Esa escena normalmente sería el inicio de una confrontación emocional, un evento desgastante y familiar para ambas. Pero la mamá había escuchado de una amiga sobre el reflejo de empatía, y decidió mejor ponerlo en práctica.

Empezó con una simple descripción afectiva y dijo:

—Te ves realmente asustada. —La adolescente se detuvo, asintió—. No nada más asustada —continuó—, te ves alterada. Muy alterada. Es más, pareces avergonzada.

La adolescente se detuvo de nuevo. No era lo que esperaba. La madre entonces siguió con el segundo paso: adivinar el motivo.

—Tuviste una mala noche, ¿verdad?

La hija estaba impactada. Efectivamente, fue una noche difícil. Sus ojos se llenaron repentinamente de lágrimas. Mamá adivinó lo que probablemente había ocurrido.

—Te peleaste con tu novio.

La chica estalló en llanto.

—¡Terminó conmigo! ¡Tuve que buscar cómo llegar a casa! ¡Por eso llegué tarde!

La hija se derrumbó en los brazos afectuosos de su madre, ambas lloraban. No habría conflicto esa noche. Casi nunca hay conflicto cuando se usa el reflejo de empatía, ya sea con los hijos o con tu cónyuge.

Mamá no le perdonó el castigo a su hija; las reglas son las reglas y estuvo castigada una semana. Pero cambiaron las dimensiones de su relación. Su hija incluso empezó a imitar el reflejo de empatía, en correspondencia con un hallazgo común de la investigación en hogares donde el reflejo de empatía se ejerce activamente. A principios de la siguiente semana, la hija vio que su madre estaba apurada preparando tarde la cena, visiblemente alterada después de un día largo en el trabajo. En lugar de preguntar a su madre qué iban a cenar, la hija dijo:

—Te veo molesta, mamá. ¿Es porque estás cansada y es tarde y no quieres hacer de cenar?

La madre no lo podía creer.

UN POCO DE PREVENCIÓN

Las parejas que tienen relaciones sólidas definidas por la empatía y que se preparan para la transición de tener hijos evitan la peor parte de las «cuatro uvas de la ira». Prepararse ayuda a crear la mejor ecología doméstica para el desarrollo sano del cerebro de los hijos.

Estos padres tal vez no logren que su hijos vayan a Harvard, tal vez sí, pero al menos no los someterán a una batalla legal para determinar con quién van a vivir. Tienen la máxima probabilidad de criar hijos inteligentes, contentos y moralmente conscientes.

Puntos clave

- Más del 80 por ciento de las parejas experimentarán una caída notable en la calidad marital cuando empiezan a tener hijos.
- La hostilidad entre los padres puede dañar el cerebro y sistema nervioso en desarrollo de un recién nacido.

- Las cuatro causas de turbulencia marital más comunes son: falta de sueño, aislamiento social, distribución desigual de los trabajos domésticos y depresión. Estar consciente de estas situaciones ayuda a las parejas a protegerse de ellas.
- Ejerce regularmente el reflejo de empatía. Como primera respuesta ante cualquier situación emocional, describe los cambios emocionales que percibes y luego trata de adivinar por qué ocurren.

Recordatorio: referencias en www.brainrules.net/references

BEBÉ INTELIGENTE: LAS SEMILLAS

Regla para el cerebro de tu bebé:

Sentirse seguro activa el aprendizaje

BEBÉ INTELIGENTE: LAS SEMILLAS

Si REVISÁRAMOS los primeros años de vida del presidente Theodore Roosevelt, no encontraríamos siquiera una ligera sugerencia de su futura grandeza. Era un niño enfermizo, nervioso y tímido, y tan asmático que tenía que dormir sentado en su cama para no asfixiarse. Estaba demasiado enfermo para asistir a una escuela normal y por ello sus padres tuvieron que educarlo en casa. Debido a una condición cardíaca severa, sus doctores le sugirieron que eligiera una profesión que lo atara a un escritorio y no requiriera en absoluto actividad física ardua.

Afortunadamente, la mente de Roosevelt no cooperó con su cuerpo ni con su doctor. Armado de un intelecto voraz, una memoria fotográfica y una incesante hambre de logros, escribió su primer artículo científico «The Natural History of Insects» («La historia natural de los insectos») a la edad de nueve años. Fue aceptado en Harvard a la edad de 16 años, se graduó Phi Beta Kappa (con altísimos honores), fue candidato legislativo estatal a los 23 años y al año siguiente publicó su primer libro académico, una historia de la Guerra de 1812. En su papel de historiador se le conocía por invitar a la reflexión y, finalmente, se ganó una reputación de político capaz. Y fue zoólogo. Y filósofo, geógrafo, guerrero y diplomático. Roosevelt se convirtió en comandante en jefe a la edad de 42 años, el más joven de la historia. A la fecha es el único presidente que ha recibido la Medalla de Honor y fue el primer estadounidense que ganó el Premio Nobel de la Paz.

¿Por qué fue Roosevelt tan inteligente, a pesar de sus inicios tan poco prometedores? Está claro que la genética ayudó al 26° presidente de Estados Unidos. La naturaleza controla la mitad de nuestros caballos de fuerza intelectual y el entorno determina lo demás. Para los padres, esto tiene dos implicaciones: primero, no importa cuánto se esfuercen sus hijos, su cerebro tendrá límites. Segundo, esa es solo la mitad de la historia. Algunos aspectos de la inteligencia de sus hijos serán influidos en gran medida por su entorno, especialmente lo que hagan ustedes como padres. Veremos tanto la semilla como la tierra. Este capítulo discutirá las bases biológicas de la inteligencia de los niños. El siguiente capítulo explicará cómo optimizarla.

CÓMO ES UN CEREBRO INTELIGENTE

Si pudieras ver qué hay en el cerebro de tu bebé, ¿encontrarías pistas de su grandeza intelectual futura? ¿Cómo se ve la inteligencia en los giros y capas de la complicada arquitectura del cerebro? Una forma obvia, aunque tenebrosa, de responder estas preguntas es mirando los cerebros de personas inteligentes después de su muerte para buscar la clave de su inteligencia en su estructura neural. Los científicos lo han hecho con una variedad de cerebros famosos, desde el matemático German Carl Gauss, hasta el del ruso no tan matemático Vladimir Lenin. También han estudiado el cerebro de Albert Einstein, con resultados sorprendentes.

El típico genio promedio

Einstein murió en Nueva Jersey en 1955. Su autopsia fue realizada por Thomas Stoltz Harvey, quien debe pasar a la posteridad como el patólogo más posesivo de la historia. Extirpó el cerebro del famoso físico y lo fotografió desde muchos ángulos. Luego lo cortó en pedacitos. Entonces se metió en problemas. Al parecer, Harvey no tenía permiso de Einstein o de su familia para rebanar el famoso cerebro del físico. Los administradores de Hospital de Princeton exigieron que Harvey devolviera el cerebro de Einstein. Harvey se negó, abandonó su trabajo, se fue a Kansas y guardó las muestras preservadas durante más de 20 años. De vez en cuando, Harvey tentaba a otros investigadores con fragmentos del cerebro de Einstein que les mandaba para analizar. Finalmente, Harvey decidió devolver el cerebro de Einstein, o al menos lo que quedaba de él, al jefe de patología del Hospital de Princeton. Entonces los tejidos pudieron ser sometidos a un estudio más sistemático por científicos que buscarían la clave para revelar el genio de Einstein.

¿Qué encontraron? El hallazgo más sorprendente fue que no encontraron nada sorprendente. Einstein tenía un cerebro promedio. El órgano tenía una arquitectura interna normal, con unas cuantas anomalías estructurales. Las regiones responsables de la cognición visual-espacial y del procesamiento de las matemáticas las tenía un poco más grandes: 15 por ciento más grandes que el promedio. También le faltaban algunas secciones que poseen los cerebros menos ágiles, y tenía más glías que la mayoría de la gente (las células gliales ayudan a estructurar el cerebro y asisten en el procesamiento de información).

Desafortunadamente, ninguno de estos resultados es demasiado instructivo. La mayoría de los cerebros tienen anomalías estructurales: algunas regiones son más pequeñas que otras, algunas están más hinchadas. Debido a esta individualidad, actualmente es imposible demostrar que algunas diferencias en la estructura del cerebro conducen al genio. El cerebro de Einstein sin duda era inteligente, pero ninguno de sus pedacitos nos diría definitivamente por qué.

¿Y qué pasa si observamos cerebros vivos y funcionales? En estos tiempos no hace falta esperar a que alguien muera para poder establecer las relaciones función-estructura. Se pueden usar tecnologías de imagen no invasivas para estudiar al cerebro mientras desempeña alguna tarea.

¿Podemos detectar la inteligencia mientras observamos a un órgano haciendo lo que siempre hace? De nuevo, la respuesta es no. O al menos todavía no. Cuando examinamos genios vivos mientras resuelven problemas complejos, no encontramos similitudes reconfortantes, encontramos individualidades desconcertantes. No existen dos cerebros que reflejen la resolución de problemas y el procesamiento sensorial de la misma manera.

Por ello, los hallazgos son contradictorios y han generado mucha confusión. Algunos estudios sostienen que las personas «inteligentes» tienen cerebros más eficientes (usan menos energía para resolver problemas difíciles), pero otros investigadores han encontrado justo lo contrario. La materia gris en algunas personas es más espesa, en otras la materia blanca es más espesa. Los científicos han encontrado 14 regiones distintas que controlan diversos aspectos de la inteligencia humana y están regados por el cerebro como polvo de hada cognitiva. Estas regiones mágicas han sido aglomeradas en una idea conocida como P-FIT en inglés, que significa Teoría de la Integración Parieto-Frontal. Cuando se examinan las regiones del P-FIT de personas que están pensando profundamente, los investigadores han encontrado que, de manera frustrante, existen muy pocos patrones generales. Cada persona usa una variedad de combinaciones de estas regiones para resolver problemas complejos. Estas combinaciones probablemente explican la gran diversidad de habilidades intelectuales que podemos observar en la gente.

Tenemos todavía menos información sobre la inteligencia de los bebés. Con la banda de los pañales es muy difícil obtener imágenes experimentales de manera no invasiva. Para poder obtener una imagen por resonancia magnética funcional (IRMf), por ejemplo, la cabeza tiene que permanecer perfectamente quieta durante períodos prolongados. ¡Suerte, si vas a tratar de hacerle una resonancia a un inquieto bebé de seis meses! Y aunque fuera posible, debido a nuestro conocimiento actual, la arquitectura del cerebro no puede predecir si tu hijo o hija va a ser inteligente.

La búsqueda de un «gen de inteligencia»

¿Qué tal en el nivel del ADN? ¿Los investigadores habrán descubierto un «gen de inteligencia»? Las distintas variantes de un gen famoso conocido como COMT (catecol-O-metiltransferasa, ya que preguntaste) parecen estar asociadas con puntuaciones elevadas en pruebas de memoria de corto plazo para algunas personas, pero no para otras. Otro gen, catepsina D, también fue relacionado con la alta inteligencia. Era una variante de un gen receptor de la dopamina, de una familia de genes normalmente involucrada con la sensación del placer. El problema es que la mayoría de estos hallazgos son difíciles de repetir. Incluso cuando han sido exitosamente confirmados, la presencia de la variante se tradujo normalmente en un aumento de solo tres o cuatro puntos de CI. A la fecha, nadie ha logrado aislar un gen de inteligencia. Por la complejidad de la inteligencia, dudo que exista.

Lotería: una prueba de CI para bebés

Si las células y los genes no ayudan, ¿qué hay entonces con el comportamiento? Aquí sí los investigadores han encontrado oro. Ahora tenemos en nuestras manos una serie de pruebas para infantes que pueden predecir cuál será su cociente intelectual en la vida adulta. En una prueba, se permite a infantes preverbales sentir un objeto metido en una caja, de tal manera que no lo pueden ver. Si los infantes después pueden identificar el objeto con la vista —esto se llama transferencia transmodal— en el futuro obtendrán marcas más altas en pruebas de CI que aquellos que no lograron identificar el objeto. En otra prueba, que evaluaba una habilidad conocida por investigadores como memoria visual de reconocimiento, colocan a los infantes frente a un tablero de ajedrez. Puede parecer una simplificación excesiva, pero entre más tiempo pasen los bebés observando la tabla, más elevado sería su CI. ¿Parece poco probable? Estas medidas, tomadas entre los dos y ocho meses de edad, predijeron correctamente resultados de CI que lograrían los niños ¡a la edad de 18 años!

¿Qué quiere decir esto en realidad? Por un lado, significa que cuando estos niños lleguen a la edad escolar, tendrán buenos resultados en las pruebas de ci.

LA INTELIGENCIA DEL CI

A muchos les importa el cociente intelectual, personas como oficiales de admisión para jardines de niños privados de élite y escuelas primarias. A veces exigen que los niños presenten exámenes de inteligencia; el wisc-iv, que significa Wechsler Intelligence Scale for Children, Version Four (Escala de Inteligencia Infantil de Wechsler, Versión Cuatro), es bastante común. Muchas escuelas aceptan únicamente a niños que están arriba del ridículamente alto 97° percentil. Estas pruebas con valor de 500 dólares a veces se las practican a niños de seis años o aún más jóvenes y sirven como examen de admisión ¡para el jardín de niños!

Aquí tenemos dos preguntas típicas en exámenes de ci:

1. «¿Cuál de los siguientes se parece menos a los otros cuatro?: vaca, tigre, serpiente, oso, perro».

¿Dijiste serpiente? Felicidades. Los examinadores que diseñaron la pregunta están de acuerdo contigo (los demás animales tienen patas; son mamíferos).

2. «Toma 1000 y súmale 40. Ahora súmale otros 1000. Ahora agrégale 30. Y otros 1000. Ahora agrega 20. Ahora agrega otros 1000. Ahora agrega diez. ¿Cuál es el total?».

¿Respondiste 5000? Si sí, entonces estás bien acompañado. Los estudios demuestran que 98 por ciento de las personas que enfrentan esta pregunta llegan a esa respuesta. Pero está mal. La respuesta correcta es 4100.

Las pruebas de CI están llenas de preguntas similares. Si contestas bien, ¿quiere decir que eres inteligente? Tal vez. Pero tal vez no. Algunos investigadores creen que las pruebas de CI no miden más que tu capacidad para presentar pruebas de CI. El hecho es que los investigadores no han llegado a un acuerdo sobre *qué* miden las pruebas de CI. Debido a la variedad de habilidades intelectuales que existen, probablemente sea buena idea descartar esta calificación estándar como la última palabra sobre el poder cerebral de tu bebé. Con un poco de historia sobre estos temas, puedes decidir por ti mismo.

El nacimiento de la prueba de CI

La definición de la inteligencia humana ha sido estudiada por muchas personas listas, con frecuencia como parte de un esfuerzo por averiguar el alcance de sus propios dones. Uno de los primeros fue Francis Galton, medio primo de Charles Darwin. Armado de enormes y novedosas patillas como chuletas, y al mismo tiempo calvo, sir Francis era un hombre firme, brillante y un poco loco. Venía de un famoso linaje de cuáqueros pacifistas, cuyo giro familiar, aunque parezca extraño, era la manufactura de armas. Galton era prodigioso y leía y citaba a Shakespeare desde los seis años y hablaba tanto griego como latín desde una edad temprana. Parecía interesarse por todo, tanto que en su vida adulta contribuyó a la meteorología, psicología, fotografía e incluso a la justicia criminal (abogó por el análisis científico de huellas dactilares para identificar criminales). De paso, inventó los conceptos estadísticos de desviación estándar y regresión lineal, y los usó para estudiar el comportamiento humano.

Una de sus fascinaciones principales fue el motor que impulsa al intelecto humano —especialmente la herencia—. Galton fue el primero en darse cuenta de que la inteligencia tenía a la vez características heredables y la fuerte influencia del entorno. Fue él quien acuñó la frase «*nature* versus *nurture*» (se traduce, más o menos como «naturaleza *versus* crianza»). Por estas ideas, Galton probablemente sea el responsable de motivar a los científicos a buscar las raíces específicas de la inteligencia humana. Pero cuando los investigadores empezaron a estudiar el tema de manera sistematizada, desarrollaron una curiosa compulsión por describir la inteligencia humana con un solo número. Las pruebas se usaban –y se usan ahora– para arrojar esos números. La primera es nuestra tan mencionada prueba de ci, que quiere decir cociente intelectual.

Las pruebas de ci fueron diseñadas originalmente por un grupo de psicólogos franceses, entre ellos Alfred Binet, que inocentemente buscaban identificar a los niños que podrían requerir apoyo en la escuela. El grupo diseñó 30 ejercicios que variaban desde tocarse la nariz hasta dibujar patrones por medio de la memoria. El diseño de estas pruebas contaba con escaso apoyo empírico del mundo real y Binet advertía constantemente contra la interpretación literal de estas pruebas. Sentía, de manera profética, que la inteligencia era bastante plástica y que sus pruebas tenían verdaderos márgenes de error. Pero el psicólogo alemán William Stern empezó a usar las pruebas para medir la inteligencia de los niños y cuantificó los resultados con el término «ci». El resultado representaba la proporción de la edad mental de un niño con respecto a su edad cronológica, multiplicada por 100. Entonces, una niña de diez años que pudiera resolver problemas que normalmente resolvían niños de 15 años tenía un ci de 150: (15 / 10) × 100. Las pruebas se volvieron muy populares en Europa y luego cruzaron el Atlántico.

En 1916, el profesor de Stanford Lewis Terman removió algunas de las preguntas y agregó otras nuevas –sin contar con razones empíricas para hacerlo–. Desde entonces, la configuración ha sido bautizada como la prueba Stanford-Binet. Finalmente, la proporción ha cambiado por un número distribuido sobre una curva de campana, donde el promedio se califica como 100. Una segunda prueba, desarrollada en 1923 por el oficial del Ejército Británico convertido en psicólogo, Charles Spearman, medía lo que él llamaba «cognición general», ahora conocida simplemente como «g». Spearman observó que las personas que obtenían puntajes por encima del promedio en una categoría de pruebas escritas a mano solían salir bien en el resto de las pruebas. Esta prueba mide la tendencia en el desempeño de un gran número de tareas cognitivas que después se correlacionan.

Durante décadas se ha discutido qué significan estas pruebas y cómo se deben usar. Esto es positivo porque las medidas de inteligencia son más plásticas de lo que mucha gente cree.

Aumentar y disminuir un kilogramo de CI

Recuerdo la primera vez que vi a la actriz Kirstie Alley en la pantalla, haciendo el papel de un personaje *sexy* e inteligente de una película de *Star Trek*. Después de haber sido porrista, Kirstie estelarizó una serie de programas, entre ellos un papel que le proporcionó dos premios Emmy, en la legendaria comedia *Cheers*. Pero también es posible que sea mejor conocida por sus problemas de peso. En 2005, Kirstie pesaba supuestamente más de 90 kilos, principalmente por sus malos hábitos alimenticios. Se convirtió en portavoz para un programa de pérdida de peso y en algún momento salió en un programa sobre una actriz con sobrepeso que buscaba trabajo en Hollywood. Finalmente, perdió 34 kilos. Sin embargo, su peso todavía fluctúa.

¿Qué tiene que ver este número inestable con nuestra discusión sobre la inteligencia? Al igual que la talla de Kirstie, el CI es maleable. Se ha demostrado que el CI varía a lo largo de nuestras vidas y es sorprendentemente vulnerable a las influencias ambientales. Puede cambiar si uno esta estresado, viejo, o si uno vive en una cultura distinta de la mayoría que hace la prueba. La familia también puede influir sobre el CI de los niños. Por ejemplo, crecer en la misma casa suele ser un factor que aumenta las similitudes entre el CI de los hermanos. La gente pobre suele tener un CI significativamente más bajo que la gente rica. Y si tu nivel de ingreso está por debajo de cierto punto, algunos factores económicos pueden ejercer mayor influencia sobre el CI de tus hijos, que serían distintos si tu hijo fuera de clase media. Los niños que nacen en la pobreza pero son adoptados por familias de clase media suelen aumentar entre 12 y 18 puntos de CI.

Algunas personas no quieren creer que el CI sea tan maleable. Quieren pensar que los números como el CI y el «g» son permanentes, como la fecha de nacimiento en lugar de la talla de una persona. Los medios suelen hablar de nuestra capacidad intelectual con términos demasiado permanentes y nuestra propia experiencia suele confirmar lo que dicen. Algunas personas nacen inteligentes, como Theodore Roosevelt, y otras no. La simpleza de esta afirmación es reconfortante. Pero la inteligencia y nuestra capacidad para medirla no son nada simples.

> **Es recomendable rechazar que una calificación estándar tenga la última palabra sobre el poder cerebral de tu bebé.**

Más inteligente con los años

Una pieza de evidencia condenatoria es que, de alguna manera, los cocientes intelectuales han aumentado con las décadas. Entre 1947 y 2002, el cociente intelectual colectivo de los niños estadounidenses aumentó 18 puntos. James Flynn, un viejo filósofo de cabellera salvaje de Nueva Zelanda, descubrió este fenómeno (un hallazgo polémico bautizado como el «Efecto Flynn»). Flynn armó el experimento siguiente: Tomó el CI estadounidense promedio de 100, y luego revisó los números de la tasa observada desde 2009 hacia atrás. Encontró que el CI promedio en Estados Unidos en 1900 estaba entre 50 y 70. Es el mismo resultado que obtienen la mayoría de las personas con síndrome de Down, y está clasificado como «retraso mental leve». La mayoría de nuestros ciudadanos en el cambio de siglo no tenían síndrome de Down. Entonces, ¿el problema son las personas o la métrica? Obviamente, la noción de permanencia del CI debe ser revisada.

Definitivamente creo en el concepto de inteligencia y pienso que el CI y el «g» pueden evaluarla en cierta medida. Lo mismo piensan muchos de mis colegas que en 1997 firmaron una editorial en la publicación científica *Intelligence* que decía: «El ci está fuertemente relacionado, probablemente más que cualquier otra característica humana medible, con una serie de factores económicos, sociales, educativos y ocupacionales». Estoy de acuerdo. Pero me encantaría saber qué es lo que se está midiendo entonces.

¿Qué significa ser inteligente?

La variabilidad de estas pruebas de ci puede ser frustrante. Los padres quieren saber si su hijo es inteligente. Y quieren que su hijo *sea* inteligente. Tiene cierto sentido, considerando que en el siglo xxi nuestra economía está basada en el conocimiento. Sin embargo, cuando buscas un poco más, muchos padres realmente se refieren a que quieren que sus hijos sean académicamente exitosos porque es mejor garantía para su futuro. ¿Hay una relación entre «inteligencia» y «promedio de calificaciones»? Sí, pero no son lo mismo y la relación no es tan fuerte como uno pensaría.

Los números por sí solos –o incluso las correlaciones entre números sencillos– simplemente no cuentan con la flexibilidad para describir la gran variedad de complejidades que conforman la inteligencia humana. El psicólogo de Harvard, Howard Gardner, quien publicó su última teoría de inteligencias múltiples en 1993, dijo que existe evidencia fuerte para sostener que «la mente es un instrumento multifacético compuesto de varios elementos, que no pueden ser legítimamente capturados por un instrumento de lápiz y papel». ¿Te das por vencido? ¿Será que la inteligencia provocará comentarios como: «No sé qué es, pero la reconozco cuando la veo»? No, pero para ver el tema con mayor claridad, vamos a tener que dejar de pensar que un número estándar representa lo mismo para todos en términos de inteligencia.

La inteligencia humana se parece más a los ingredientes de un estofado que a los números de una hoja de cálculo.

EL ESTOFADO DE CARNE DE MAMÁ:
CINCO INGREDIENTES PARA LA INTELIGENCIA

El olor en la cocina por el estofado de res de mi madre en días de invierno es, sin duda, mi mejor recuerdo reconfortante de comida. El sonido de la carne sobre el fuego lento; el dulce y fuerte olor de la cebolla picada; la hermosa imagen de la zanahoria rebanada en medallones flotando en la olla eléctrica Crock-Pot... El estofado de mamá era un abrazo cálido servido en un plato hondo.

Una vez me hizo entrar a la cocina para aprender a preparar su famoso estofado de res. No fue nada fácil, mamá cambiaba de receta cada vez que lo preparaba. «Depende de quién va a venir a cenar», explicaba mi mamá, «o de lo que tengamos en casa». Según ella, solo dos ingredientes eran realmente críticos para lograr su obra maestra. Uno era la calidad de la carne. El otro era la calidad de la salsa o caldo que cubría la carne. Si esos dos puntos quedaban resueltos, el estofado sería un éxito, sin importar los otros ingredientes que entraban en la olla.

Al igual que el estofado de mamá, la inteligencia humana tiene dos componentes esenciales, ambos relacionados fundamentalmente con nuestra necesidad evolutiva de supervivencia. El primero es nuestra capacidad para registrar información. A veces esto se conoce como «inteligencia cristalizada». Tiene que ver con los diversos sistemas de memoria del cerebro, que se combinan para crear una base de datos bien estructurada.

El segundo componente es la capacidad para adaptar esa información en situaciones únicas. Esto se refiere a la habilidad para improvisar y se basa parcialmente en la habilidad para ubicar y recombinar partes de la base de datos. Esta capacidad para razonar y resolver problemas se conoce como «inteligencia fluida». Desde una perspectiva evolutiva, la potente combinación de memorización e improvisación nos otorgó dos comportamientos importantes para sobrevivir: la habilidad para aprender rápidamente de nuestros errores y la habilidad para aplicar ese aprendizaje en combinaciones únicas que respondían al cambiante y brutal mundo de nuestra cuna en el Este de África.

A través del lente evolutivo, la inteligencia es simplemente la capacidad para ser mejor que los demás en estas actividades.

Aunque la memoria y la inteligencia fluida son obligatorias, no son los únicos ingredientes para la inteligencia humana. Al igual que la cambiante receta de mi madre, cada familia tiene combinaciones de talentos en las ollas cerebrales. Un hijo puede tener mala memoria y habilidades cuantitativas notables. Una hija puede tener una extraordinaria inclinación hacia el lenguaje y al mismo tiempo quedarse perpleja ante una división simple. ¿Cómo podemos decir que uno es más inteligente que el otro?

El estofado de la inteligencia humana tiene muchos ingredientes y me gustaría describir los cinco que a mi parecer harías bien en considerar entre las dotes intelectuales de tus hijos.

Son:

- Deseo de explorar
- Autocontrol
- Creatividad
- Comunicación verbal
- Interpretación de la comunicación no verbal

La mayoría de las características anteriores están fuera del espectro de los sospechosos comunes que componen al cociente intelectual. Pensamos que muchos de estos ingredientes tienen raíces genéticas; los recién nacidos exhiben casi todos. A pesar de las raíces evolutivas de estos cinco ingredientes, no existen si uno está aislado del mundo exterior. La crianza y el entorno —incluso para Teddy Roosevelt— tienen un papel importante para determinar si los niños pueden maximizar su inteligencia.

1. El deseo de explorar

Este es uno de mis ejemplos favoritos para ilustrar el gusto de los niños por la exploración. Me encontraba en el bautizo presbiteriano de un bebé de nueve meses. Todo marchaba en relativo orden. El bebé reposaba tranquilo en los brazos de su padre, esperando su turno para ser bautizado frente a la congregación. Cuando lo voltearon hacia el pastor, el bebé se fijó en el micrófono. Rápidamente trató de quitárselo al pastor y trataba de lamer la parte redonda del micrófono. El pequeño parecía creer que el micrófono era algún tipo de helado y decidió probar su hipótesis.

Su comportamiento no fue el apropiado para un presbiteriano. El pastor alejó el micrófono y de inmediato se dio cuenta de su error: incluso entre la multitud de los que aún no empiezan hablar, no hay furia en el infierno que se compare con la de un científico que no puede acceder a sus datos. El bebé chilló, trató de liberarse y alcanzar el micrófono, y al mismo tiempo quería lamerlo. Estaba explorando, maldita sea, y no le gustó que lo interrumpieran en su búsqueda de conocimiento. Especialmente si había azúcar de por medio.

Dudo que los padres hayan pensado lo mismo, pero a mí me dio gusto ver tan buen ejemplo de entusiasmo pediátrico por la investigación. Los padres han sabido de la existencia de científicos naturales desde tiempos muy anteriores a la invención del micrófono. Pero no fue sino hasta la segunda mitad del siglo xx que pudimos aislar los componentes de sus maravillosos hábitos de exploración.

Miles de experimentos han confirmado que los bebés aprenden sobre su entorno a través de una serie de ideas cada vez más autocorrectoras. Realizan observaciones sensoriales, hacen predicciones sobre lo que observan, diseñan y ponen en marcha experimentos para probar sus predicciones, evalúan las pruebas y agregan este conocimiento a su base de datos autogenerada, que se encuentra en constante expansión. Su estilo es dinámico por naturaleza, maravillosamente flexible y tan persistente que puede desesperar a sus cuidadores. Usan su inteligencia fluida para extraer información y después la cristalizan en la memoria. Nadie enseña a los bebés cómo hacerlo, y aún así todos lo hacen. Es una indicación de las fuertes raíces evolutivas de este comportamiento. Ellos son *científicos*, como sospechaban sus padres desde el principio. Y el mundo entero es su laboratorio, incluyendo los micrófonos en una iglesia.

El ADN de un innovador

El comportamiento exploratorio —la disposición para experimentar, para hacerse preguntas extraordinarias sobre cosas ordinarias— es también un talento de mucho valor para el mundo laboral. Las buenas ideas suelen atraer dinero. Este rasgo parece ser una estrategia de supervivencia tan valiosa en la actualidad como lo fue en los tiempos del Serengueti.

¿Cuáles son los rasgos que separan a los visionarios que de manera consistente conciben ideas exitosas en términos financieros de los tipos gerenciales menos imaginativos que las llevan a cabo? Un par de investigadores de negocios exploraron esa simple pregunta. Condujeron un avasallante estudio de seis años con más de 3000 ejecutivos innovadores, desde farmacéuticos hasta ingenieros de *software*. Tras su publicación en 2009, el estudio recibió un premio de parte de *Harvard Business Review*.

Los visionarios tenían cinco habilidades en común, que los investigadores llamaron el «ADN de un innovador». Éstas son las primeras tres:

- La habilidad inusual para asociar. Podían ver conexiones entre conceptos, problemas o preguntas que a otros no les resultaban obvias.
- El desesperante y consistente hábito de preguntar «qué pasaría si». Y «por qué no» y «por qué lo haces así». Estos visionarios exploraron los límites del *statu quo*, lo pincharon, lo empujaron, lo observaron desde 12 000 metros de altura para ver si tenía sentido y luego volvieron a la tierra con nuevas sugerencias.

- El deseo insaciable de experimentar y jugar. Los emprendedores pueden llegar a una idea, pero su primera reacción es tratar de desbaratarla, incluso si fue autogenerada. Demostraron una necesidad incesante de poner las cosas a prueba: de encontrar sus alcances, sus bases, su área superficial, su tolerancia, el perímetro de las ideas —las suyas, las tuyas, las mías, las de *cualquiera*—. Emprendieron una misión y esa misión fue el descubrimiento.

¿Cuál es el denominador más común de estas características? El gusto por la exploración. El enemigo más grande fueron los sistemas que no estaban orientados a la exploración donde trabajaban muchos innovadores. Hal Gregersen, uno de los autores principales del estudio, dijo en *Harvard Business Review*: «Podemos resumir todas las habilidades que hemos visto en una sola: ‹ser inquisitivo›. Dediqué 20 años al estudio de los grandes líderes globales, y ése fue el común denominador». Siguió hablando sobre los niños: «Si te fijas en los niños de cuatro años, no paran de preguntar. Pero a los seis años y medio dejan de preguntar porque aprenden rápidamente que los maestros valoran respuestas correctas por encima de preguntas provocadoras. Los alumnos de preparatoria casi no demuestran características inquisitivas. Y cuando han crecido y se encuentran en escenarios corporativos, ya han perdido toda la curiosidad. Ochenta por ciento de los ejecutivos dedica menos de 20 por ciento de su tiempo al descubrimiento de ideas nuevas».

Es una tristeza. Nunca he entendido por qué hemos diseñado escuelas y lugares de trabajo así. Pero tú, como padre o madre de familia, puedes fomentar el deseo de explorar que tus hijos tienen por naturaleza, empezando por entender cómo ese espíritu inquisitivo contribuye al éxito intelectual de tu hijo.

2. Autocontrol

Un niño de preescolar saludable y equilibrado se sienta en una mesa con dos enormes galletas de chispas de chocolate recién horneadas. No es una cocina, es el laboratorio de Walter Mischel en Stanford a finales de la década de los 60. Huele como el mismo cielo. «¿Ves las galletas?», dice Mischel. «Te puedes comer una ahora si quieres, pero si te esperas, te puedes comer las dos. Tengo que salir cinco minutos. Si regreso y no te has comido nada, te puedes comer *las dos* galletas. Si te comes una cuando me vaya, entonces se acaba el trato y no te puedes comer la segunda. ¿Estamos de acuerdo?». El niño asiente. El investigador se va.

¿Qué hace el niño? Mischel tiene películas encantadoras y simpáticas de las reacciones de los niños. Se retuercen en sus sillas. Le dan la espalda a las galletas (o malvaviscos o alguna otra golosina, dependiendo del día). Se sientan sobre sus manos. Cierran un ojo, luego los dos, luego los abren para dar un vistazo. Quieren ambas galletas, pero la prueba es dura. Si los niños van en el jardín de niños, 72 por ciento caen y se comen la galleta. Si van en cuarto grado de primaria, en cambio, apenas 49 por ciento cae en la tentación. Para sexto año, el número cae a 38 por ciento, más o menos la mitad de los niños de preescolar.

Bienvenidos al interesante mundo del control de impulsos. Es parte de una serie de comportamientos agrupados bajo el término colectivo «funciones ejecutivas». Las funciones ejecutivas controlan la planeación, la previsión, la resolución de problemas y el establecimiento de metas. Involucra a varias partes del cerebro, entre ellas una forma de memoria de corto plazo conocida como memoria de trabajo. Mischel y sus colegas descubrieron que las funciones ejecutivas son un componente crítico de la habilidad intelectual de los niños.

Ahora sabemos que las funciones ejecutivas ofrecen una mejor predicción del éxito académico que el cociente intelectual. Y la diferencia no es tan pequeña: Mischel encontró que los niños capaces de retrasar la gratificación por 15 minutos obtenían 210 puntos más en sus pruebas SAT que aquellos que solo lo hacían por un minuto.

¿Por qué? Las funciones ejecutivas dependen de la habilidad de los niños para filtrar pensamientos distractores (en este caso, tentadores), y esto es crítico en entornos que están sobresaturados con estímulos sen-

Las funciones ejecutivas son mejores indicadores del éxito académico que el cociente intelectual.

soriales e innumerables opciones ins-tantáneas. Ese es nuestro mundo, como te habrás dado cuenta seguramente, y será el de tus hijos también. Una vez que el cerebro ha elegido los estímulos relevantes entre un ruidoso cúmulo de opciones irrelevantes, las funciones ejecutivas permiten que el cerebro se mantenga enfocado y rechace distracciones improductivas.

En el nivel neurobiológico, el autocontrol viene de las «señales de valor común» (medidas de actividad neural) generadas por una región específica del cerebro que tienes detrás de la frente. Se llama –y debo advertirles que voy a usar un lenguaje muy cerebral– corteza prefron-tal ventromedial. Otra región del cerebro, la corteza prefrontal dorso-lateral, dispara los rayos eléctricos a su pariente ventromedial. Entre más práctica tengan los niños con esa forma de retrasar la gratificación, más acertados serán los rayos, y más control tendrán sobre su compor-tamiento. Los investigadores lo descubrieron originalmente con adul-tos cautelosos con sus dietas que miraban fotos de zanahorias y luego cambiaron las fotos por imágenes de barras de chocolate. Sus cerebros mandaron fuertes señales que decían «No-me-importa-si-es-azúcar-no-puedes-comer-eso» cuando apareció el chocolate.

Es posible entrenar al cerebro de los niños para afinar el autocon-trol y otros aspectos de las funciones ejecutivas. Pero sin duda los genes también están involucrados. Parece que nacemos con un calendario de desarrollo que explicaría por qué el experimento de las galletas reve-la diferencias en los resultados entre los niños de jardín de niños y los de sexto año de primaria. Algunos niños exhiben los comportamien-tos antes que otros. Algunos batallan toda la vida. Es una prueba más que demuestra que cada cerebro es diferente. Pero los niños que logran filtrar las distracciones, según los datos, logran mejor desempeño en la escuela.

3. Creatividad

Rembrandt era el artista preferido de mi madre. Le fascinaba su uso de la luz y del espacio, que la transportaban fácilmente al mundo del siglo xvii. Estaba mucho menos enamorada del arte del siglo xx. Recuerdo que despotricaba cuando la *Fuente* –un simple mingitorio– de Marcel Duchamp fue colocada en el mismo firmamento artístico que su adorado van Rijn. ¿Los retretes son arte? ¿Y lo *odiaba*? ¡Para mí, a la edad de 11 años, era la cumbre del arte!

Mi madre, a quien debo cada átomo de mi curiosidad, reaccionó con su típica gracia y perspectiva parental: hizo a un lado sus preferencias y fomentó mi curiosidad. Llegó a casa con dos imágenes envueltas en papel café y me dijo que me sentara.

–Imagínate –empezó con cierto sarcasmo en su mirada–, que quieres expresar toda la información de un objeto de tres dimensiones en solo dos dimensiones. ¿Cómo lo harías?

Lo pensé un rato, buscando la respuesta correcta o cualquier respuesta, pero no avancé mucho. Mi mamá me interrumpió:

–¡Tal vez harías algo así!

Con la gracia de una actriz –de hecho fue actriz por un período breve–, mi madre les arrancó las envolturas a los paquetes y reveló imágenes de dos obras maestras de Picasso: *Los tres músicos* y *Violín y guitarra*. Fue amor a primer cubo. No es por demeritar a Rembrandt, pero *Los tres músicos* fue una revelación para mí, al igual que la mente creativa que lo concibió.

¿Por qué tuve ese pensamiento? ¿Cómo reconocemos la creatividad? Es una pregunta difícil, saturada de subjetividad cultural y experiencia individual, como lo comprobarían las diferencias entre mi madre y yo. Sin embargo, los investigadores sí creen que la creatividad tiene algunos componentes centrales. Entre ellos están la capacidad para percibir nuevas relaciones entre cosas viejas, para concebir ideas o cosas o *lo que sea* que actualmente no existe. (Por ejemplo, intentar retratar un mundo de tres dimensiones en dos dimensiones). La creatividad debe evocar emociones, positivas o negativas, en otras personas. Algo —un producto, un resultado— tiene que ocurrir con este proceso. Y tiene que ver con una dosis saludable de riesgos. Fue muy valiente pintar un cuadro de músicos que parecían haber estallado. Fue muy valiente llegar a una exhibición en Nueva York en 1917 con un mingitorio y declarar que era una obra de arte.

La creatividad humana involucra muchos grupos de aparatos cognitivos, incluyendo la memoria episódica y los sistemas de memoria autobiográfica. Al igual que un TiVo que graba una comedia, estos sistemas hacen posible que el cerebro lleve la cuenta de los eventos de tu vida, y te permiten referir tus experiencias personales en tiempo y espacio. Puedes recordar que fuiste al supermercado y lo que compraste, sin olvidar al idiota que te atropelló el talón con un carrito de súper, gracias a estos sistemas de memoria episódica. Funciona aparte de los sistemas de memoria que te permiten calcular el impuesto sobre alguna compra o siquiera recordar qué es el impuesto. Pero eso no es lo único que hacen los sistemas episódicos.

La científica Nancy Andreasen encontró que estos TiVo entran en acción cuando las personas innovadoras empiezan a hacer conexiones asociativas: las conexiones reveladoras a través de nociones que aparentemente no tienen relación y que les permiten *crear*. Los TiVo de las regiones del cerebro se llaman cortezas, y en los seres humanos son enormes —más grandes que en cualquier otro primate— y se estiran como telarañas a través de los lóbulos frontal, parietal y temporal.

Otros hallazgos asociaron la creatividad con tomar riesgos. No es el tipo de tonterías que hiciste como universitario cuando te comiste dos pizzas de 16 pulgadas nada más porque alguien llamado Tom-Tom te retó a que lo hicieras (mejor no me pregunten). Tomar riesgos de manera anormal, que también está asociado con abuso de sustancias y trastorno bipolar, no te hace más creativo. Sin embargo, existe un tipo de riego que sí te hace más creativo, y la comunidad de investigadores lo llama «impulsividad funcional». Los investigadores descubrieron dos sistemas de procesamiento neural distintos que manejan nuestra impulsividad funcional. Una gobierna los comportamientos de decisión «fría», o de bajo riesgo; la otra gobierna los comportamientos de decisión «caliente», o de alto riesgo. Una decisión fría podría ser cuando un niño decide ir a un restaurante favorito con su amigo. Una decisión caliente podría ser cuando pide la botana con *picante inferno-nuclear* porque el amigo lo retó a hacerlo.

Con todas las locuras que hacen los niños, ¿cómo podemos distinguir la impulsividad funcional de los riesgos anormales? Desafortunadamente, no tenemos una prueba para distinguir entre «productivo» y «estúpido» en los niños (y para el caso, tampoco en los adultos).

La investigación sobre el riesgo demuestra algunas diferencias entre los sexos. Por ejemplo, los niños son menos precavidos. Las diferencias empiezan a aparecer en el segundo año de vida y, a partir de entonces, las cosas se disparan: los niños tienen 73 por ciento más probabilidad que las niñas de morir en un accidente entre el día que nacen y la pubertad, y rompen las reglas con mayor frecuencia. Pero en décadas recientes las diferencias entre los sexos han disminuido, quizá por el cambio de expectativas. En estos temas, es muy difícil distinguir entre la influencia de la crianza y la de la naturaleza.

Sin importar su género, los emprendedores creativos tienen instintos de impulsividad funcional por montones. Obtienen puntajes altísimos en pruebas que miden su forma de tomar riesgos y tienen una fuerte habilidad para asumir la ambigüedad. Cuando sus cerebros están en pleno proceso creativo, el sector medial y el orbitofrontal de la corteza prefrontal, justo detrás de los ojos, se iluminan desenfrenadamente cuando se observan a través de una imagen de resonancia magnética funcional (IRMf). Las personas más «gerenciales» (así les dicen los investigadores) no logran estos puntajes, ni esta actividad neural.

¿Es posible predecir la creatividad en los niños? El psicólogo Paul Torrance creó un examen de 90 minutos llamado Torrance Tests of Creative Thinking (Tests de Pensamiento Creativo de Torrance). Son pruebas compuestas por una serie de problemas realmente encantadores. A los niños se les puede mostrar, por ejemplo, una foto de un conejo de peluche y entonces se les dice que tienen tres minutos para mejorar el diseño de tal manera que sea más divertido. Tal vez se les muestre un garabato y se les pida que hagan una narrativa a partir de lo que ven. Torrance probó el examen por primera vez en 1958 con cientos de niños, y después los siguió hasta la edad adulta evaluando su producción creativa en el camino: por ejemplo, las patentes que registraron, los libros que escribieron, los artículos publicados, becas y financiamientos que recibieron y negocios que iniciaron. El estudio continúa a la fecha y los participantes fueron bautizados «Torrance's Kids» (Niños de Torrance). Torrance falleció en 2003 y ahora el estudio lo llevan sus colegas.

La prueba, como herramienta de investigación, ha sido evaluada varias veces. Aunque no faltan los críticos, el hallazgo más importante sigue siendo la precisión de los resultados de los niños para predecir su producción creativa en el futuro. Es más, las pruebas pueden calcular la producción creativa vitalicia con un grado de correlación tres veces más fuerte que las predicciones de una prueba de cociente intelectual nato. La prueba ha sido traducida a más de 50 idiomas y millones de personas han sido evaluadas. Es la prueba estándar para medir la creatividad de los niños.

4. Comunicación verbal

La experiencia más memorable en mi primer año como padre de nuestro hijo menor, Noah, fue cuando pronunció su primera palabra de más de una sílaba. Sus primeros seis meses fueron muy felices para nuestra familia. Es un niño de energía positiva, con una sonrisa tan efervescente como la cerveza de raíz y una risa como burbujas, y con esa misma felicidad empezó a desarrollar sus habilidades de lenguaje. Tenía una preocupación particularmente precoz por las criaturas marinas, pienso que por culpa de *Buscando a Nemo* y en igual proporción por *National Geographic*. Colocamos imágenes de animales marinos en el techo encima de la mesa donde lo cambiábamos, incluyendo una caricatura de un gigante pulpo rojo del Pacífico. A los seis meses aún no pronunciaba palabras completas, pero estaba a punto de hacerlo.

Una mañana le estaba cambiando el pañal antes de irme a trabajar. Noah de pronto dejó de sonreír y se quedó mirando directamente hacia el techo mientras yo lo limpiaba. Lentamente pero con intención señaló hacia arriba, me miró directamente a los ojos y dijo con claridad:

—Oct-o-pus —(pul-po), y luego se rio. Volvió a señalar hacia arriba y dijo, aún más fuerte—: *oct-o-pus* —y se volvió a reír.

Casi me da un infarto.

—¡Sí! —exclamé—, ¡*octopus*!

Él respondió:

—Octo, octo, octopus —riéndose a carcajadas.

Los dos cantábamos la palabra juntos. Se me olvidó lo que iba a hacer esa mañana —creo que llamé a la oficina y dije que estaba enfermo— y pasamos el día felices, celebrando todo aquello que tuviera ocho patas. En los días siguientes, pronunció más palabras. (Y aumentaron mis ausencias en el trabajo).

Es indiscutible que las habilidades verbales son una parte importante de la inteligencia humana. Incluso aparecen en las pruebas de cociente intelectual. Una de las grandes alegrías de cualquier madre o padre es observar cómo sus hijos forcejean con este talento humano único durante los primeros meses de vida. ¿Qué habrá sucedido en el cerebro de Noah para que tantas cosas funcionaran al mismo tiempo mientras le cambiaba el pañal —o en el cerebro de cualquier niña o niño cuando el lenguaje los ilumina como un amanecer—? Realmente no lo sabemos. Existen muchas teorías para explicar cómo adquirimos el lenguaje. El aclamado lingüista Noam Chomsky cree que nacemos con un *software* de lenguaje preprogramado en nuestras mentes, una paquetería que él llama gramática universal.

El lenguaje suele desarrollarse rápidamente una vez que los bebés empiezan a adquirirlo. Al año y medio, la mayoría de los niños pueden pronunciar 50 palabras y entienden otras 100. Esa cifra asciende hasta 1000 palabras antes del tercer cumpleaños y llega hasta 6000 justo antes de que cumplan seis años. Si lo calculamos a partir del nacimiento, aprendemos tres palabras nuevas por día. Es un proyecto que tarda muchos años en completarse. El inglés requiere que uno domine cerca de 50 000 palabras y eso ni siquiera incluye modismos como «batear un jonrón» ([*hitting a home run*] es decir, que algo fue un éxito, a grandes rasgos]) u «olla con oro» ([*pot of gold*] tiene varios sentidos, pero en general se refiere a encontrar la fortuna o el éxito). Son cosas bastante complejas. Además del vocabulario, los niños tienen que aprender los sonidos del lenguaje (fonemas) y el sentido social de las palabras (connotación).

Los infantes pueden percibir estas características del lenguaje desde una edad sorprendentemente temprana. Al nacer, tu bebé puede distinguir los sonidos de todos los lenguajes que han existido. La profesora Patricia Kuhl, codirectora del Institute for Learning and Brain Sciences en la Universidad de Washington, descubrió este fenómeno. A los niños de esta edad les llama «ciudadanos del mundo». Chomsky lo dice de la siguiente manera: «No nacemos con la capacidad para hablar un lenguaje específico. Nacemos con la capacidad para hablar *cualquier* lenguaje».

Lenguas extranjeras

Pero esto se acaba pronto. Kuhl encontró que para el primer cumpleaños, los bebés dejan de distinguir los sonidos de cada lenguaje que existe en el planeta. Solo pueden distinguir entre aquellos idiomas que han escuchado en los seis meses previos. Los bebés japoneses que no hayan conocido las palabras *rake* y *lake* en su segundo semestre de vida dejarán de distinguir esos sonidos antes de cumplir un año. Como siempre, hay excepciones. Los adultos que han sido entrenados pueden todavía distinguir entre los sonidos del habla en otros lenguajes. Pero, en general, parece que el cerebro tiene una ventana de oportunidad limitada en un espacio de tiempo sorprendentemente temprano. La puerta cognitiva empieza a cerrarse a los seis meses, y entonces, si no encuentra resistencia, la puerta se cierra. A los 12 meses, el cerebro de tu bebé ha tomado decisiones que afectarán toda su vida.

Kuhl y otros investigadores se han preguntado cómo se puede impedir que la puerta se cierre. Digamos que en la etapa crítica expones a tu bebé a grabaciones de alguien hablando un idioma extranjero. ¿El cerebro permanecerá abierto para asuntos fonémicos? La respuesta es no. ¿Qué tal un DVD que muestra a alguien hablando otro idioma? La puerta se sigue cerrando. Solo una cosa puede mantener la puerta abierta para otro idioma. Tienes que usar las palabras en una interacción social. Una persona de carne y hueso tiene que entrar al cuarto y hablarle el idioma directo al niño o niña. Si su cerebro detecta interacción social, sus neuronas empezarán a grabar ese segundo idioma, con todo y sus fonemas. Para lograr estas tareas cognitivas, el cerebro necesita el vaivén de estimulaciones cargadas de información que le pueden ofrecer otros seres humanos.

Entre todos estos datos yace una idea explosiva que tiene apoyo empírico a lo largo de las ciencias del desarrollo: El aprendizaje humano en su estado más natural es primordialmente un ejercicio de relacionarse con otros. La inteligencia no se desarrolla en el crisol de máquinas frías y sin vida, sino en los brazos de personas cálidas y cariñosas. Literalmente, es posible cambiar el cerebro de los niños si se relacionan con otras personas.

La inteligencia no se desarrolla en el crisol de las máquinas, sino en los brazos de personas cálidas y cariñosas.

¿Puedes escuchar las risas? Es el sonido de mi hijo Noah, demostrando a su padre la importancia de participar franca y activamente en la crianza de los hijos para enseñarles algo tan maravilloso y tan humano como aprender idiomas.

5. Interpretar la comunicación no verbal

Aunque el habla es una característica única de los humanos, es parte de un mundo enorme de comportamientos comunicativos que muchos otros animales también usan. Pero no siempre estamos comunicando lo mismo, como ha señalado el legendario encantador de perros César Millán.

Si alguna vez has visto *El encantador de perros* en el canal National Geographic, sabrás que Millán es un campeón en el arte de entrenar perros. Su secreto es que piensa como perro, y no como persona, cuando interactúa con un perro. Millán declaró a la revista *Men's Health*: «Mucha gente ve a un perro y quieren acercarse para hablarle y tocarlo». Por supuesto, esa es nuestra costumbre cuando conocemos a una persona. Pero, dice Millán: «En el lenguaje de los perros, es un comportamiento agresivo y los confunde». Más bien, dice Millán, cuando conozcas a un perro nuevo, ignóralo como un amante distante y abandonado. No hagas contacto visual. Deja que el perro se acerque a inspeccionarte, a olerte. Una vez que el perro demuestre que no eres una amenaza para él —como hacerse para atrás y frotar su cuerpo contra el tuyo—, entonces puedes hablarle, tocarlo y hacer contacto visual. Cuando los perros atacan a las personas en algunos casos es por un antiguo reflejo conductual que ocurre, sorprendentemente, como reacción al rostro de una persona».

La comunicación cara a cara en el mundo animal tiene muchos significados y la mayoría no son demasiado agradables. El acto de mirar un rostro para extraer información social es una parte muy poderosa de la historia evolutiva de los mamíferos. Pero nosotros los humanos usamos nuestros rostros, incluyendo el contacto visual, por una variedad de motivos además de comunicar una amenaza. Tenemos los sistemas de mensajería no verbal más sofisticados del planeta. Desde que somos bebés, constantemente comunicamos información social con nuestros cuerpos en coordinación con nuestras sonrisas y expresiones de tristeza. En conjunto, son las joyas de la corona de la información extrospectiva —¿recuerdas ese término?— y es una forma de transmitir un mensaje rápidamente.

Aunque el significado del lenguaje corporal está rodeado de mitos (a veces las personas cruzan o estiran sus piernas nada más porque sus piernas están cansadas), el estudio del lenguaje ha arrojado hallazgos verdaderos, y algunos están relacionados con la crianza de los hijos. Dos de los estudios más interesantes tienen que ver con la interacción del habla humana con los gestos y el lenguaje corporal.

Aprender el lenguaje de señas puede aumentar la cognición hasta 50 por ciento

En nuestra historia evolutiva, los gestos y el habla ocuparon circuitos neurales similares cuando empezaban a desarrollarse. David McNeill, psicolingüista de la Universidad de Chicago, fue el primero en sugerir esta idea. Pensaba que las habilidades verbales y las no verbales podrían mantener lazos fuertes aunque hubieran divergido en dos esferas conductuales separadas. Tenía razón. La investigación lo ha confirmado con un hallazgo desconcertante: las personas que no podían mover sus extremidades por una lesión también perdían la capacidad para comunicarse verbalmente. Los estudios de los bebés han demostrado la misma asociación directa. Ahora sabemos que los infantes no logran un vocabulario más sofisticado hasta que no mejora su control de la habilidad motriz fina de sus dedos. Es un hallazgo excepcional. Los gestos son «ventanas hacia los procesos del pensamiento», dice McNeill.

Los bebés necesitan ver rostros

Como te podrás imaginar, un importante subconjunto de expresiones son las expresiones faciales. A los bebés les encanta mirar rostros. El de mamá es el favorito, pero prefieren cualquier rostro humano por encima de rostros de monos, llamas, gatos o perros. ¿Qué es lo que buscan en tu cara? Información emocional. ¿Estás contenta, triste, en peligro?

Todos dedicamos bastante tiempo a la lectura de rostros. La comunicación no verbal de una persona puede confirmar o debilitar su comunicación verbal, o incluso contradecirla. Nuestras relaciones dependen de nuestra capacidad de interpretación. Los humanos leen los rostros de los demás por reflejo y es algo que se puede observar incluso en las horas más tempranas de la vida de un infante. La habilidad se desarrolla con el tiempo, pero el comportamiento más sofisticado se puede percibir entre cinco y siete meses después del nacimiento. Algunas personas lo hacen mejor que otras. Y a veces nos equivocamos. Los investigadores lo llaman el Error de Otelo.

En la obra trágica de Shakespeare, el moro Otelo piensa que su esposa lo está engañando. Otelo, enfurecido, la confronta en su habitación. Naturalmente, ella está muerta de miedo. Otelo ve el rostro de pánico de su esposa y lo interpreta como culpabilidad, la única evidencia que necesita para comprobar su infidelidad. Antes de matarla en su cama, pronuncia las siguientes palabras de amor y odio:

> ¡Sí, que se pudra! ¡Que perezca y baje al infierno esta noche! ¡Porque no vivirá! ¡No; mi corazón se ha vuelto de piedra! ¡Lo golpeo, y me hiere la mano!... ¡Oh! ¡El mundo no contiene más adorable criatura! ¡Podría yacer al lado de un emperador y dictarle órdenes!

Decodificar el rostro de una manera competente puede requerir años de experiencia; al igual que Otelo, los adultos a veces cometen errores. La única forma de mejorar esta precisión es interactuando con otras personas. Por eso los bebés necesitan tiempo con humanos en sus primeros años. No necesitan tiempo en la computadora. Tampoco tiempo de televisión. El cerebro de tu bebé necesita interactuar contigo, en persona, de manera consistente.

Eso, o aprender directamente del psicólogo Paul Ekman.

Qué hay en un rostro
Paul Ekman, profesor emérito de la Universidad de California en San Francisco, rara vez malinterpreta los rostros de la gente. Ha catalogado más de 10 000 combinaciones de expresiones faciales posibles, y ha creado un inventario conocido como Facial Action Coding System (FACS) [Sistema de Codificación Facial de Acciones]. Este instrumento de investigación permite a un observador entrenado diseccionar una

expresión en términos de todas las acciones musculares que la produjeron.

Con esta herramienta, Ekman ha logrado varios hallazgos sorprendentes sobre el reconocimiento facial en los humanos. Primero, la gente en todo el mundo expresa emociones similares por medio de músculos faciales similares. Estas emociones básicas son alegría, tristeza, sorpresa, asco, ira y miedo. (El hallazgo original fue sorprendente; la investigación hasta entonces adjudicaba las expresiones faciales a costumbres culturales). Segundo, el control consciente que podemos ejercer sobre nuestros rasgos conscientes es limitado: es decir, mostramos involuntariamente mucha información. Por ejemplo, no podemos controlar conscientemente los músculos que rodean nuestros ojos. Tal vez por ello les creemos más.

Uno de los videos de investigación de Ekman, muestra una interacción entre una psiquiatra y su paciente, «Jane», que padece varios problemas. Jane sufría de una depresión tan severa que fue hospitalizada y se encontraba bajo observación por si intentaba suicidarse. Cuando parecía que empezaba a mejorar, le pidió permiso a su médico para irse a casa un fin de semana. La cámara está sobre el rostro de Jane, en una toma completa, cuando el doctor le pregunta sobre sus planes futuros. Cuando Ekman reduce la velocidad del video para revisarlo cuadro por cuadro, se percibe una ráfaga de desesperación profunda en el rostro de Jane. Parece que ella no la puede controlar. Resulta que Jane pensaba quitarse la vida cuando llegara a casa y afortunadamente lo reconoció antes de salir. Ekman usa la cinta para entrenar a policías y profesionales de la salud mental. Detiene la grabación y les pregunta a sus estudiantes si pueden ver el instante de desesperación, que dura apenas un doceavo de segundo. Una vez que saben qué están buscando, lo pueden distinguir.

Estas ráfagas se llaman microexpresiones, gestos faciales que duran una fracción de segundo, pero suelen revelar nuestros sentimientos más verdaderos en respuesta a una sesión de preguntas rápidas. Ekman encontró que algunas personas podían detectar e interpretar esas microexpresiones mejor que otras. La gente miente con frecuencia, y aquellos que lograban detectar esas microexpresiones eran excelentes detectores de falsedades. Ekman encontró que podía entrenar a la gente a leer estas microexpresiones y mejorar su capacidad para captar señales no verbales.

¿Cómo podemos saber que las habilidades para leer rostros son tan importantes? En parte porque el cerebro dedica una gran cantidad de terreno neural, incluyendo una parte importante llamada giro fusiforme, a la tarea única de procesar rostros. Un territorio neural de ese tamaño es bastante costoso; el cerebro no reserva un área para una función tan restringida si no es por un motivo de peso.

Sabemos que el cerebro tiene regiones específicas dedicadas a los rostros porque se pueden dañar esas regiones y perder la capacidad para reconocer a las personas y sus rostros. El trastorno se llama prosopagnosia, o ceguera de rostros. Los padres de hijos que padecen esta condición tienen que darles instrucciones como: «Acuérdate, Drew es el que tiene la camisa naranja; Madison lleva un vestido rojo». Si no, pierden la pista de los niños con los que están jugando. El problema no son sus ojos, sino sus cerebros.

Jugar en equipo

Saber interpretar gestos y expresiones faciales habría sido una habilidad invaluable en el inclemente Serengueti. Se debe a que la coordinación social es una gran habilidad de supervivencia, útil tanto en la cacería de animales más grandes que nosotros como en la buena convivencia con los vecinos. Junto con muchos otros dones, la coordinación social permite el concepto de trabajo en equipo. La mayoría de los investigadores coinciden en decir que la habilidad para trabajar en equipo nos ha permitido imponernos por encima de la debilidad física que nos caracteriza.

¿Cómo ayuda la interpretación de los rostros en el trabajo de equipo? La capacidad para cooperar en situaciones de alto riesgo requiere un conocimiento íntimo y progresivo de las intenciones y motivaciones de los demás. Conocer el progreso del interior psicológico de alguien permite predecir su comportamiento con mayor precisión (basta con preguntarle a cualquier mariscal de campo en la NFL). Leer la información emocional en el rostro de alguien es una de las maneras más rápidas de lograr este entendimiento. Y los que pudieran hacerlo mejor, ayudaban más al Equipo Serengueti. En la actualidad, cuando la gente tiene dificultad para leer la información grabada en los rostros, les decimos autistas. Para estos niños, el trabajo en equipo es difícil.

Los innovadores son expertos en la comunicación no verbal

¿La habilidad de tu hijo para leer rostros y gestos podrá predecir su éxito en la fuerza laboral del siglo XXI? Los investigadores que estudiaron a emprendedores exitosos piensan que sí. Ya exploramos tres de las cinco características que aparecen en el estudio del ADN del innovador. Las otras dos tienen un origen increíblemente social:

- *Eran muy buenos para crear redes sociales específicas.* Los emprendedores exitosos se sentían atraídos por personas inteligentes con antecedentes educativos muy distintos de los suyos. Esto les permitía adquirir conocimiento sobre temas que de otra manera no hubieran aprendido. Desde una perspectiva social, esta pirueta conductual no es fácil de ejecutar. ¿Cómo lo hicieron de esa manera tan consistente? Por medio de la perspicacia que resultó de este último rasgo común.
- *Observaban de cerca las características del comportamiento ajeno.* Los emprendedores eran expertos naturales en el arte de interpretar pistas extrospectivas: gestos y expresiones faciales. La interpretación precisa y consistente de estas señales no verbales probablemente los ayudó a extraer información de fuentes cuyos recursos académicos eran tan distintos de los suyos.

¿Quieres que tu bebé se convierta en una persona innovadora exitosa cuando crezca? Asegúrate de que domine las habilidades no verbales, y sea igualmente inquisitiva.

LO QUE NO APARECE EN LAS PRUEBAS DE CI

Desde la exploración, hasta el autocontrol, la creatividad y las habilidades verbales y no verbales, está claro que el estofado de la inteligencia tiene muchos ingredientes. Los pruebas típicas de ci no alcanzan a medir todos estos elementos, incluso cuando ejercen un papel poderoso en el éxito futuro de tus hijos. No es tan sorprendente si consideramos que estos elementos son únicos. Algunos son tan inesperados que parecen inverosímiles (¿las oportunidades de tu hijo para convertirse en gran empresario están relacionadas con su capacidad para decodificar *rostros*?). Si tu hijo no resulta estar en el 97° percentil de ciertas pruebas, no pierdas la esperanza. Puede tener otros aspectos intelectuales en abundancia que las pruebas de ci, por definición, no pueden detectar.

Eso no quiere decir que todos somos Einstein en potencia. Estos dones fueron repartidos de manera muy dispareja entre nuestros hijos y la mayoría tienen componentes genéticos. Por ejemplo, tu hijo autista tal vez no tendrá la calidez de un pastor, por más que lo intentes. Pero como bien sabes, la complejidad de la inteligencia no depende únicamente de una semilla.

Es el momento de ensuciarnos las manos un poco, vamos a cultivar algunos hallazgos sorprendentes sobre la tierra que hará que nuestros hijos tengan toda la inteligencia que sus semillas pueden ofrecer.

Puntos clave
- Algunos aspectos de la inteligencia de tu hijo no se pueden mejorar; la contribución genética es de 50 por ciento.

- El ci se relaciona con varios resultados de la infancia, pero solo es una medida de habilidad intelectual.
- La inteligencia tiene muchos ingredientes, como autocontrol, creatividad, habilidades de comunicación y el deseo de explorar.

BEBÉ INTELIGENTE: LA TIERRA

Regla para el cerebro de tu bebé:

Tiempo con personas, no con pantallas

BEBÉ INTELIGENTE: LA TIERRA

THEODORE ROOSEVELT estaba tan enfermo de niño que sus padres tuvieron que educarlo en casa. Quizás haya sido lo mejor que le pudo pasar. La enfermedad del joven Teddy lo puso en contacto con uno de los padres más cariñosos que un futuro presidente podría haber tenido; si existiera un salón de la fama para los padres de niños vulnerables, Theodore padre merecería ser el socio fundador. En su diario, Teddy Roosevelt recordaba que cuando era niño su padre lo cargaba frecuentemente entre sus brazos. De un lado del pasillo a otro, el mayor de los Roosevelt caminaba cargando a su hijo erguido durante horas, asegurándose de que el niño pudiera respirar. Exploraron el mundo exterior cuando el clima lo permitía, las bibliotecas cuando no se podía salir. Gradualmente, el hijo empezó a fortalecerse. En cada momento precioso, papá alentaba a Teddy a esforzarse. Y a esforzarse más. Y luego todo lo que pudiera. El presidente diría en su diario personal, décadas después:

> No solo me cuidó de manera incansable..., se negaba, sabiamente, a mimarme y me hizo sentir que debía obligarme a mí mismo a seguir el paso de los otros muchachos y prepararme para hacer el trabajo duro del mundo.

Roosevelt padre no tenía forma de saberlo, pero estaba ejerciendo principios sólidos de neurociencia cognitiva en la crianza de su famoso hijo. Teddy nació inteligente y creció en la abundancia, dos factores que no todos los padres pueden ofrecer. Pero Teddy también nació en un entorno de amor y fue guiado con atención, dos elementos que *todos* los padres son capaces de ofrecer. Es más, existen muchos comportamientos sobre los cuales tú, al igual que Roosevelt padre, puedes desempeñarte con enorme autoridad. Sin importar sus genes, tú puedes ayudar a tus hijos a desarrollar su inteligencia tan plenamente como Theodore Roosevelt, Albert Einstein, o los innovadores más exitosos de nuestro tiempo. ¿Pero cómo hacemos que un bebé crezca y sea inteligente?

Si estamos pensando en términos de la tierra, entonces tiene sentido formular un fertilizante. Lo que uno agrega es tan importante como lo que uno descarta. Tu fórmula conductual requeriría cuatro nutrientes, que puedes ajustar cuando tu bebé empiece a crecer: amamantar, hablar con tu bebé, juego controlado y elogiar sus esfuerzos en lugar de sus logros. La investigación sobre el cerebro nos indica que existen varias toxinas: presionar a tu bebé para que haga tareas sin que su cerebro esté suficientemente desarrollado para hacerlas; estresar a tu hijo al punto en que llegue a un estado psicológico llamado «indefensión aprendida»; y, para el grupo de menores de dos años, la televisión. Algunos aditivos, promocionados por especialistas en *marketing*, podrían ser catalogados entre opcionales e irrelevantes. Lo que descubriremos es la profunda necesidad de encontrar un equilibrio entre la libertad intelectual y el rigor bien disciplinado.

EL TRABAJO DEL CEREBRO NO ES EL APRENDIZAJE

Primero, necesito corregir un malentendido. Muchas madres y padres bienintencionados piensan que el cerebro de su bebé está interesado en aprender. No es lo más preciso. Al cerebro no le interesa aprender. Al cerebro le interesa *sobrevivir*. Cada habilidad en nuestra caja de herramientas intelectuales fue diseñada para escapar de la extinción. El aprendizaje existe solo para cumplir los requisitos de este objetivo primario. Resultó ser una coincidencia positiva que nuestras herramientas intelectuales pueden hacer una doble labor en un aula de clase, y nos confirieron la habilidad para crear hojas de cálculo y hablar francés. Pero este no es el trabajo principal del cerebro. Es un producto derivado incidentalmente de una fuerza mucho más profunda: nuestro insaciable deseo de vivir otro día. No sobrevivimos para aprender. Aprendemos para sobrevivir.

Este objetivo general es un pronóstico de muchas cosas, y la más importante es la siguiente: si quieres un hijo bien educado, debes crear un entorno de seguridad. Cuando las necesidades de seguridad del bebé han sido satisfechas, sus neuronas podrán dedicarse también a las clases de álgebra. Si sus necesidades de seguridad no han sido resueltas, el álgebra se va por la ventana. El padre de Roosevelt ayudó primero a su hijo, lo hizo sentir seguro y entonces el futuro presidente pudo deleitarse con la geografía.

Un enfoque preciso sobre la seguridad

Un ejemplo sencillo de la fijación del cerebro sobre la seguridad ocurre cuando sufrimos un asalto. Se llama «enfoque en el arma» (*weapon focus*, en inglés). Las víctimas de un asalto suelen sufrir amnesia o confusión; normalmente no pueden recordar los detalles faciales del criminal. Pero generalmente recuerdan todos los detalles del arma de asalto. «Era una pistola barata, en la mano izquierda, culata de madera», podría decir un testigo. ¿Por qué recordamos el arma de un rufián, que casi no sirve a la policía, y no su rostro, que es mucho más útil? La respuesta revela la prioridad del cerebro: la seguridad. Potencialmente, el arma representa una amenaza más fuerte, y el cerebro se enfoca sobre el arma porque está construido para concentrarse en la supervivencia. El cerebro está aprendiendo en estas condiciones hostiles (el estrés tiene el efecto maravilloso de enfocar al cerebro); pero se está concentrando simplemente sobre el origen de la amenaza.

Un piloto de combate retirado, quien imparte clases en una universidad de aeronáutica, descubrió que esto ocurre en un salón de clases. Una de sus estudiantes había sido una estrella en la escuela en la tierra, pero le estaba costando aprender en el aire. Durante un vuelo de entrenamiento, malinterpretó la lectura de un instrumento y el profesor le gritó porque pensaba que la ayudaría a concentrarse. En cambio, ella empezó a llorar, y aunque quiso seguir leyendo los instrumentos, no podía concentrarse. Él aterrizó el avión, la clase se terminó. ¿Cuál fue el problema? Desde la perspectiva del cerebro, todo estaba bien. La mente del estudiante se estaba enfocando sobre el origen de la amenaza, como ha sido entrenado a lo largo de millones de años. El enojo del maestro no podía dirigir la atención de la alumna hacia el instrumento que tenía que aprender porque el instrumento no representaba un peligro. El maestro era el peligro. Es un ejemplo que ilustra cómo nos enfocamos en el arma, pero en este caso en lugar de una «pistola barata» se trataba de un «expiloto de combate».

Lo mismo ocurre si estás criando a un hijo en lugar de educando a un alumno. El cerebro nunca superará su preocupación por sobrevivir.

CUATRO NUTRIENTES PARA ESTIMULAR AL CEREBRO

Ahora podemos entrar en el tema del fertilizante, empezando por los cuatro ingredientes que vas a requerir en la tierra del desarrollo.

1. Amamantar durante un año

Recuerdo una vez que fui a comer con una amiga de hace muchos años que acababa de ser madre. Cuando entramos al restaurante, con todo y el bebé, ella insistió en que nos sentáramos en un apartado. Después de cinco minutos, descubrí el motivo: mamá sabía que cuando su bebé oliera comida, le daría hambre. Cuando ocurrió, ella se abrió la blusa, ajustó su brasier y empezó a amamantar a su bebé. El bebé se aferró.

Mamá tuvo que contorsionarse de mil maneras para ocultar esta actividad. «Me han expulsado de otros lugares por hacer esto», explicó. A pesar de haberse tapado con un suéter grande, se veía nerviosa cuando el mesero tomó su orden.

Si Estados Unidos supiera lo que la leche materna puede hacer por los cerebros de sus ciudadanos más jóvenes, las madres lactantes del país recibirían honores en lugar de ser humilladas. Aunque el tema ha generado mucho debate, entre la comunidad científica casi no hay controversia al respecto. La leche materna es el equivalente a una poción mágica para el desarrollo de un bebé. Tiene tipos de sal y vitaminas aún más importantes. Sus propiedades fortalecedoras del sistema inmune ayudan a prevenir infecciones respiratorias, gastrointestinales y del oído. Y, para la sorpresa de prácticamente todos, estudios alrededor del mundo han confirmado, en pocas palabras, que la leche materna hace bebés más inteligentes. Los bebés amamantados de Estados Unidos obtienen en exámenes cognitivos en promedio ocho puntos más que los bebés alimentados con leche de fórmula, y el efecto es notable hasta una década después de que los hayan dejado de amamantar. Esos niños obtienen mejores resultados, también, especialmente al leer y escribir.

¿Cómo funciona esto? Realmente no lo sabemos, aunque tenemos algunas ideas. La leche materna tiene ingredientes que el cerebro del bebé necesita para crecer después de nacer, pero que no puede obtener muy bien por su cuenta. Una de ellas es la taurina, un aminoácido esencial para el desarrollo neural. La leche materna también contiene ácidos grasos omega-3, cuyos beneficios para la cognición pediátrica ya mencionamos en el capítulo sobre el embarazo (véase «Comer a la medida»). La Academia Americana de Pediatría recomienda que todas las madres alimenten a sus bebés exclusivamente con leche materna durante sus primeros seis meses de vida, que sigan amamantando cuando sus hijos coman sólidos para después destetarlos al año. Si quisiéramos una población más inteligente en nuestro país, insistiríamos en cuartos o espacios de lactancia en todos los establecimientos públicos. En la puerta de cada uno habría un letrero que diga: «Silencio, por favor. Cerebro en desarrollo».

2. Habla con tu bebé… y mucho

Nos tomó mucho tiempo entender las palabras que emitía nuestro hijo de nueve meses. Cuando nos subíamos al auto, empezaba a decir la palabra «dah» y la repetía una y otra vez mientras lo abrochábamos en su silla: «Dah dah dah, goo, dah dah, big-dah, big-dah». A veces se parecía a una canción vieja de The Police. No podíamos decodificarla y a veces respondíamos, un tanto avergonzados: «¿Dah?». Y él repetía con entusiasmo: «Dah». A veces nuestra respuesta le daba gusto. A veces no pasaba nada. No fue hasta que íbamos por la autopista interestatal, una tarde soleada, con el quemacocos abierto y las nubes a la vista, que por fin pudimos entender lo que decía.

Josh vio un avión pasar por encima y gritó emocionado:

—¡Sky-dah! ¡Sky-dah!

Mi esposa de pronto entendió:

—¡Creo que quiere decir avión! (*Sky* en inglés significa «cielo»).

En ese momento nos rebasó un camión ruidoso y Josh lo señaló, preocupado.

—Big-dah, Big-dah —dijo (*Big* en inglés significa «grande»).

Mi esposa también señaló hacia el camión, que ahora se encogía en la distancia.

—¿Big-dah? —preguntó, y él respondió emocionado:

—¡Big-dah! —Y luego dijo—: dah, dah, dah.

Finalmente le entendimos. Por alguna razón «dah» era la palabra de Joshua para decir «vehículo». En otra ocasión Josh y yo vimos un barco que cruzaba el estrecho de Puget. Señalé hacia el cargador y adiviné:

—¿Water-dah? —(Agua-dah). Se enderezó y me miró como si fuera de Marte.

—Wet-dah —(mojado-dah), declaró, como un profesor ligeramente impaciente que se dirige a un alumno lento.

Pocas interacciones con los niños son tan divertidas como aprender a hablar su lenguaje. Cuando empiezan a aprender el nuestro, lo mejor que podemos hacer como padres para ayudar a sus cerebros es llenar sus mentes de palabras. Habla con tus hijos tan seguido como puedas. Es uno de los hallazgos más sólidos que hay en toda la literatura sobre el desarrollo.

La relación entre las palabras y la inteligencia fue descubierta a través de investigaciones un tanto invasivas. En un estudio, los investigadores visitaron el hogar de cierta familia una vez al mes durante tres años y anotaron cada aspecto de la comunicación verbal entre los padres y sus hijos. Midieron el tamaño del vocabulario, la diversidad y el crecimiento del vocabulario, la frecuencia de la interacción verbal y el contenido emocional del habla. Justo antes de terminar las visitas, los investigadores repartieron pruebas de cociente intelectual. Lo hicieron con más de 40 familias y le dieron seguimiento algunos años después. A través del análisis exhaustivo de este trabajo sorprendentemente difícil, llegaron a dos conclusiones claras:

- La variedad y el número de palabras sí importa.
- Hablar aumenta el cociente intelectual.

Entre más hablan los padres con sus hijos, incluso en los momentos más tempranos de la vida, mejor serán las habilidades lingüísticas de los niños y tendrán logros más pronto. Lo ideal son 2100 palabras por hora. La variedad de palabras pronunciadas (sustantivos, verbos y adjetivos, junto con la complejidad de frases y oraciones) es casi tan importante como el número de palabras pronunciadas. Y también importa que reciban retroalimentación positiva. Puedes reforzar las habilidades de lenguaje a través de la interacción: mirar a tu hija; imitando sus vocalizaciones, risas y expresiones faciales; recompensar sus intentos de lenguaje aumentando tu grado de atención. Los niños de padres que les hablaban de manera positiva, enriquecida y regular sabían el doble de palabras que aquellos que no recibían esta atención. Cuando entraban al sistema escolar, su lectura, ortografía y habilidades de escritura estuvieron muy por encima del nivel de aquellos niños que venían de casas menos verbales. Aunque los bebés no responden como adultos, sí están escuchando y les hace bien.

Hablar con los niños en la vida temprana también les ayuda a aumentar el cociente intelectual, incluso después de controlar variables importantes como el ingreso. A la edad de tres años, los hijos de padres que les hablaban de manera regular (llamado el grupo hablador) obtenían puntajes de cociente intelectual 1.5 veces más altos que aquellos cuyos padres les hablaban poco (llamado el grupo taciturno). Se cree que este aumento en el cociente intelectual es uno de los motivos detrás del repunte en las calificaciones del grupo hablador.

Recuerda: se necesita una persona de carne y hueso para beneficiar al cerebro de tu hijo, así que prepárate para ejercitar tus cuerdas vocales. No tu reproductor de DVD, ni el sonido de alta tecnología de tu televisión, sino *tus* cuerdas vocales.

Qué decir y cómo decirlo

Aunque 2100 palabras por hora puede parecer demasiado, en realidad es la tasa de una conversación moderada. Más allá del trabajo, una persona típica escucha o ve cerca de 100 000 palabras en un día. Entonces, no es necesario hablarle a tu hijo como si fuera un maratón de 24 horas al día, siete días a la semana. El exceso de estimulación puede ser tan peligroso para el desarrollo del cerebro como la falta de estimulación (acuérdate de Ricitos de Oro), y es importante estar atento a las muestras de cansancio de tu bebé. Pero no hay palabras que le puedas decir que sean demasiado ridículas. «Ahora vamos a cambiarte el pañal». «¡Mira qué árbol tan hermoso!». «¿Qué es eso?». Puedes contar tus pasos en voz alta cuando subas las escaleras. Simplemente acostúmbrate a hablarles.

Tu manera de pronunciar estas palabras también importa. Imagínate esta escena tomada de un DVD instructivo, desarrollado en el Talaris

Research Institute, cuando yo fui director de este instituto: un grupo de hombres grandes y fuertes están viendo un partido de futbol, compartiendo palomitas, con las miradas fijas en el televisor. Un bebé juega contento en un corralito que está a un costado. En un momento crítico del juego, uno de los hombres le dice al mariscal de campo:

—Vamos, tú puedes. Hazlo por mí. Lo necesito.

Luego ocurre una jugada importante y todos los hombres se ponen a brincar y a gritar. El ruido espanta al bebé y oyes que empieza a llorar. Resulta que el hombre más grande del sillón es su padre. Corre hacia su bebé, lo levanta y lo carga en sus brazos que son como troncos de árboles.

—Hola, grandulón —lo consuela con una voz aguda—. ¿Quieres festejar con nosotros?

Los hombres en el sillón se miran, haciendo gestos burlones con las cejas.

—¡Mira, al hijo de papá!

El padre continúa hablando con voz cantarina.

—¿Cómo está el hijo de pa-a-a-pá? ¿Tienes h-a-a-a-mbre? —Parece que al padre se le ha olvidado el partido—. Vamos por un poco de espa-a-a-agueeeeeeti —continúa, rumbo a la cocina. Sus amigos en el sillón lo observan incrédulos. El partido sigue y papá en el fondo alimenta con espagueti a su feliz hijo.

Acabamos de presenciar el efecto hipnótico de los bebés sobre sus padres atentos. ¿Pero qué le pasó a la voz de papá? Resulta que los padres y las madres de todo el mundo les hablan así a sus hijos, es una forma de hablar conocida en inglés como «*parentese*» (diálogo materno o paterno). Para el oído del bebé es irresistible.

El *parentese* se caracteriza por su sonido agudo y su voz cantarina con vocales estiradas. Aunque los padres no siempre se dan cuenta cuando lo hacen, hablar de esta manera ayuda al cerebro del bebé a aprender el lenguaje. ¿Por qué? Por un lado, es más fácil entender a una persona que habla despacio. En el *parentese*, el sonido de las vocales es más distintivo;

esta exageración permite al bebé escuchar las palabras como entidades particulares y lo ayuda a distinguir entre ellas. El tono melódico ayuda a los bebés a separar los sonidos en categorías contrastantes. Y el tono alto ayuda a los infantes a imitar las características del habla. Después de todo, su tracto vocal es un cuarto del tamaño del tuyo y no puede producir tantos sonidos, incluso al principio solo pueden hablar emitiendo sonidos con tonos altos.

¿Cuándo debes empezar a hablarles? La verdadera respuesta es que nadie lo sabe, pero tenemos indicios para decir que la respuesta será «cuando nace el bebé». Como vimos con el recién nacido que le sacó la lengua a Andy Meltzoff, se puede confiar en que los bebés son capaces de interactuar con los adultos apenas a los 42 minutos después de nacer. Y los infantes preverbales procesan mucha información verbal, incluso cuando no parece que la estén registrando. Leer en voz alta para los bebés de tres meses probablemente sea bueno, en especial si tienes a tu bebé cerca y le permites interactuar contigo.

El psicólogo educativo William Fowler entrenó a un grupo de padres para que hablaran con sus hijos de una manera particular, siguiendo algunos de los lineamientos mencionados arriba. Los niños pronunciaron sus primeras palabras entre los siete y nueve meses de edad, y algunos incluso empezaban a hablar en oraciones a los diez meses. A los dos años ya dominaban las reglas básicas de la gramática, mientras los niños del grupo de control lograron el mismo nivel hasta los cuatro años. Los estudios a más largo plazo demostraron que los niños habían sido excelentes estudiantes, incluso en matemáticas y ciencia. Al llegar a la preparatoria, 62 por ciento de ellos estaban inscritos en programas avanzados e incluso en clases para alumnos dotados. Aún falta revisar algunas partes críticas del programa de entrenamiento de Fowler con más detalle, pero su trabajo es magnífico. Contribuye a la enorme cantidad de evidencia que indica que hablar mucho es como fertilizar neuronas.

Resulta evidente que el habla ofrece una tierra fabulosa para el desarrollo de la mente de tu hijo. Cuando tu hijo empiece a crecer, otros elementos empezarán a ser igual de importantes. El siguiente nutriente en nuestro fertilizante es el juego autogenerado; y como muestra, un ejemplo encantador que viví cuando nuestros hijos tenían menos de cuatro años.

3. ¡Vivan los juegos!

Era la mañana de Navidad. Debajo del árbol había un juguete que era una pista de autos para nuestros dos hijos y yo estaba emocionado por ver cómo lo abrían. Sabía que se asombrarían de inmediato al descubrir su regalo. Abrieron la caja rápidamente y ocurrió un silencio desconcertante. Pasó un minuto. Entonces aventaron la pista hacia un costado y se pusieron la caja en la cabeza. Su entusiasmo regresó como regresa la inflación.

—¡Ya sé! —exclamó uno de ellos—. ¡Es un avión!

—No —gritó el otro—. ¡Es una nave espacial!

—Sí, es una nave espacial —aceptó el primero y los dos tomaron unos crayones que estaban en el suelo. Al poco tiempo, estaban dibujando figuras por toda la caja de la pista, círculos crípticos, líneas y cuadrados, y se habían olvidado por completo de las partes del juguete que tenían regadas a su alrededor. Me quedé preguntándome por qué había desperdiciado mi dinero.

El niño mayor subió las escaleras para buscar más crayones, luego soltó un grito de guerrero. Había encontrado una enorme caja de cartón desechada, que horas antes había servido para empaquetar una silla nueva que habíamos comprado mi esposa y yo.

—¡Yahoo! —exclamó, luchando para bajar las escaleras con la caja—. ¡Nuestra cabina!

Las dos horas siguientes se fueron en dibujar con crayones y pintar y pegar con cinta y dibujar con furia. Pegaron la pista de autos a la gran caja.

—Aquí ponemos a los extraterrestres —dijo uno de ellos de manera solemne.

Dibujaron pequeños diales. Inventaron cañones láser con tubos de papel para envolver. Dibujaron algo que parecía diseñado para hacer papas fritas. Durante el resto del día volaron su nave espacial, haciendo enemigos con nombres tan diversos como Castor Malvado de la Montaña y Reina de las Algas. Ya no estaban en Seattle. Estaban en el Cuadrante Alpha, el Capitán Infancia con el Niño Pañal en el Mundo del Mañana. Mi esposa y yo lloramos de tanto reír observándolos. Su creatividad hubiera sido la alegría de cualquier madre o padre.

Pero también había algo más profundo: este tipo de juego continuo y abierto estaba fertilizando sus cerebros con el equivalente conductual del producto de jardinería Miracle-Gro. Esta última frase puede parecer extraña. ¿*Juego* abierto y continuo? ¿No se trataba de «comprar juguetes electrónicos educativos abierta y continuamente»? ¿Y las clases de francés seguidas por horas de entrenamiento militarizado? De hecho, sí creo en ciertas formas de repetición disciplinada cuando los niños empiezan la escuela formal. Pero son tantos los padres que están tan preocupados con el futuro de sus hijos que transforman cada paso del camino en una especie de desarrollo de productos y rechazan la idea de hacer *cualquier* actividad abierta. Entre 1981 y 1997, la cantidad de tiempo libre que los padres le permitían a sus hijos se redujo cerca de 25 por ciento. En la publicación *Atlantic*, Esther Entin habla con más detalle del mismo estudio: los niños «pasan 18 por ciento más tiempo en la escuela, 145 por ciento más haciendo deberes escolares y 168 por ciento más de compras con sus padres. Los investigadores encontraron que, incluyendo horas de juego en la computadora, los niños en 1997 se dedicaban a jugar apenas 11 horas a la semana».

El tiempo libre de los niños no ha mejorado desde entonces. El investigador Peter Gray notó en 2011 que esa cifra ha disminuido a lo largo de medio siglo. La industria de «hacer inteligentes a los bebés» es una industria multimillonaria, pero diseña juguetes que son lo opuesto de un juego continuo y abierto (¿qué podría ser más claustrofóbico que un DVD para *infantes*?).

Ahora sabemos que las actividades abiertas y continuas son tan importantes para el crecimiento neural de los niños como la proteína. Es más, la caja que contiene tarjetas mnemotécnicas probablemente ofrezca más beneficios para el cerebro de un niño que las tarjetas mismas. Dependiendo del estudio y los criterios de medición, los beneficios son impresionantes. Los estudios han demostrado que, en comparación con grupos de control, los niños que tenían tiempo para participar en algún tipo de juego abierto y continuo resultaron:

- *Más creativos.* En pruebas de pensamiento divergente (que miden usos alternativos para objetos conocidos), encontraron tres veces más opciones creativas que los niños del grupo de control.
- *Mejores en el lenguaje.* El uso del lenguaje de los niños fue más natural. Demostraron un vocabulario más rico y un uso más variado de palabras.
- *Mejores para resolver problemas.* Esto es inteligencia fluida, uno de los principales ingredientes en el estofado de la inteligencia.
- *Menos estresados.* Los niños que tenían tiempo para estas actividades de manera regular exhibían grados de ansiedad 50 por ciento más bajos que el grupo de control. Esto podría ayudar a explicar por qué eran más capaces de resolver problemas, pues las habilidades de resolución de problemas son notablemente sensibles a la ansiedad.
- *Tener mejor memoria.* Las actividades de juego mejoraban los puntajes de memoria; por ejemplo, los niños que jugaban al supermercado recordaban el doble de palabras en la lista de productos que los grupos de control.
- *Tener mejores habilidades sociales.* Los beneficios sociales para los niños que juegan se reflejaron en las estadísticas criminales de los niños de centros urbanos. Si los niños de familias de bajo ingreso entraban en sus primeros años a escuelas preescolares orientadas al juego, menos de 10 por ciento llegaba a ser arrestado por co-

meter algún delito antes de los 23 años. Para los niños que fueron a las escuelas orientadas a la instrucción, esa cifra fue de más de 33 por ciento.

En esta información abundan preguntas como la del huevo y la gallina, así que debemos considerar el nivel del factor gruñón. ¿El juego es un método para aprender algo, por ejemplo, o es simplemente una forma de practicar o consolidar habilidades que ya se estaban desarrollando? Afortunadamente, tales controversias causaron un evento que llegaría al corazón de cualquier científico: recibieron más fondos para investigar. En los nuevos estudios, los investigadores se preguntaban: ¿había comportamientos específicos en el juego abierto y continuo que producían tales beneficios? La respuesta, inequívocamente, resultó ser que sí.

No todos los tipos de juego abierto condujeron a hallazgos extraordinarios. La salsa secreta no es el juego sin estructura donde los niños hacen cualquier cosa. La defensa de esta idea de un modelo de no intervención remonta a la noción romántica que considera que los niños nacen con imaginaciones efervescentes y perfectamente formadas y un instinto afinado para crear mundos imaginarios. De acuerdo con esta idea, se supone que si dejamos que los niños nos guíen, entonces todo saldrá bien. Soy adepto de algunas partes de esta noción. Los niños son ingeniosos y curiosos, y he aprendido más sobre la imaginación de mis hijos que de cualquier otra cosa en particular. Pero los niños no tienen experiencia. No tienen todas las llaves que abrirán su potencial; por eso necesitan tener padres.

No, el tipo de juego que brinda todos los beneficios cognitivos es un tipo que se enfoca sobre el control de impulsos y la autorregulación: esos comportamientos que evocan las funciones ejecutivas mencionadas en el capítulo anterior como ingredientes para la inteligencia, reveladas por el experimento de las galletas. Los datos son tan claros que podrías usarlos para diseñar el salón de juegos de la familia.

Herramientas de la mente: juego dramático maduro

Ese tipo de juego se llama juego dramático maduro o JDM. Para obtener los beneficios mencionados anteriormente, es importante participar en JDM varias horas al día. Esto ha sido codificado para un programa escolar llamado Herramientas de la Mente, uno de los pocos programas de este tipo que han sido estudiados en pruebas aleatorias.

Las ideas para Herramientas de la Mente proceden del psicólogo ruso Lev Vygotsky, un erudito de buen aspecto que se desgastó rápidamente en los primeros años de la era soviética. Fue una inspiración para los jóvenes genios que no lograban decir lo que querían hacer con su vida adulta. Empezó con análisis literarios, que a los 18 años lo llevó a escribir un ensayo famoso sobre Hamlet, y después decidió ir a la Escuela de Medicina de la Universidad de Moscú para convertirse en doctor. Al poco tiempo, cambió de parecer y se decidió mejor por la Escuela de Derecho, y al mismo tiempo se inscribió en una universidad privada para estudiar Literatura. Todavía insatisfecho, obtuvo un doctorado en Psicología. Unos años después, a la «avanzada» edad de 38 años, Vygotsky falleció. Pero los diez años en los que incursionó activamente en la psicología resultaron muy productivos y en su momento su trabajo fue revolucionario. Vygotsky fue uno de los pocos investigadores de su tiempo que estudió el juego dramático de los niños. Pronosticó que las habilidades de los niños menores de cinco años para participar en actividades imaginativas sería un mejor indicativo de su éxito académico que cualquier otra actividad —incluyendo capacidades verbales y cuantitativas—. Vygotsky pensaba que participar en los juegos servía para que los niños aprendieran a regular su comportamiento social.

No se parece en nada a la actividad despreocupada que nos imaginamos en Estados Unidos, porque Vygotsky veía el juego imaginativo como uno de los comportamientos más restringidos que los niños pueden experimentar. Si el pequeño Sasha iba a ser chef, entonces tendría que seguir las reglas, expectativas y limitaciones de «ser chef». Si este ejercicio imaginativo incluía a sus amigos, ellos también deberían seguir las reglas. Es posible que discutan y se peleen hasta decidir cuáles son las reglas que deben seguir y cómo deben ejecutarlas. Propuso que así se desarrolla el autocontrol. En un escenario de grupo, lograrlo es una tarea de alta exigencia intelectual, incluso para los adultos. Si esta idea parece un preludio para las nociones más modernas de funciones ejecutivas, estás en lo correcto. Los seguidores de Vygotsky demostraron que los niños que actuaban escenas imaginativas tenían mayor control de sus impulsos que cuando no se encontraban en situaciones de JDM. Aunque algunas partes del trabajo de Vygotsky comienzan a padecer artritis intelectual, sus ideas sobre autorregulación se han mantenido fuertes.

La cascada de investigaciones que buscaron confirmar estos hallazgos llevaron directamente al programa de Herramientas de la Mente. Tiene algunas variaciones, pero las tres más relevantes para esta discusión están relacionadas con la planeación del juego, la instrucción directa sobre los juegos de simulación y el tipo de entorno donde ocurre la instrucción. Lo que ocurre en un salón de Herramientas de la Mente es lo siguiente:

Plan de juego

Antes de comenzar el día de juegos imaginativos, los alumnos de preescolar usan plumones de colores para llenar un formulario impreso conocido como plan de juego. El formulario describe cuál será la actividad del día en términos explícitos: «Voy a tomar té con mis muñecas en el zoológico» o «Voy a armar un castillo de Lego y luego voy a hacer como si fuera el caballero». Los niños portan la libreta con las actividades anotadas.

Practicar los juegos de simulación

Los niños entonces entrenan para el juego dramático con una técnica llamada «práctica de juegos de simulación». ¡Los niños reciben instrucciones abiertas y directas sobre la mecánica de simular situaciones reales!

Aquí tenemos una frase del manual de entrenamiento: «Yo estoy hacien‑do como si mi bebé estuviera llorando. ¿Y el tuyo? ¿Qué les decimos?».

Los pequeños entonces pueden dejar volar su imaginación. Al final de cada semana, los niños participan en una breve «conferencia de aprendizaje» con el instructor donde enumeran sus vivencias y apren‑dizajes en el período. También tienen reuniones de grupo. Cualquier intervención disciplinaria normalmente se convierte en una discusión de grupo sobre resolución de problemas.

Una gran sala de juegos

La mayoría de los salones donde se imparte Herramientas de la Mente se parecen a una sala después de abrir los regalos en la mañana de Navidad. Hay Legos por todas partes. El contenido de los areneros está regado por el aula. Hay bloques para construir mundos nuevos. Ropa para jugar a los disfraces. Espacio para hacer obras de arte. ¡Cajas! Mucho tiempo —y espacio— para interactuar con otros niños. Las combinaciones de si‑tuaciones para desplegar la imaginación individual y la individualidad parecen infinitas.

También ocurren otras actividades durante un día de Herramientas de la Mente y no es claro cuáles combinaciones son las que funcionan mejor. Pero aún no conocemos los efectos del programa a largo plazo. A partir del momento en que este libro fue escrito, al menos cuatro es‑tudios distintos en gran escala y a largo plazo buscan responder estas preguntas. Lo que sí sabemos es que el programa *funciona*. Los niños del programa típicamente se desempeñan entre 30 y 100 por ciento mejor que los de los grupos de control en prácticamente cualquier prueba de funciones ejecutivas que se les ponga enfrente. Esto también significa calificaciones más altas porque, según la investigación, las funciones ejecutivas son uno de dos grandes factores que pueden predecir el éxito académico. Y significa que se obtendrán muchos de los beneficios que mencionamos antes, de los cuales la mayoría surge del estudio del pro‑grama de Herramientas.

Los datos irradian una luz que puede lastimar las miradas desacostumbradas. Desafían la noción típica que indica que los entornos de aprendizaje repetitivo siempre rinden mejores resultados. Estos datos afirman sin rodeos que la regulación *emocional* —controlar los impulsos— puede predecir un mejor desempeño *cognitivo*. Es una idea explosiva. Relaciona directamente la fuerza intelectual con el procesamiento emocional. No estoy descalificando a los ejercicios repetitivos porque tener una base de datos memorizada es una parte muy importante del aprendizaje humano, pero queda claro que Vygotsky no estaba equivocado.

4. Reconoce el esfuerzo de tus hijos en lugar de su cociente intelectual
Aunque sus vidas están separadas por muchos años, me imagino que a Vygotsky le hubiera agradado Evelyn Elizabeth Ann Glennie. Ella es la percusionista más importante del mundo y posiblemente la más versátil. También le encanta el juego imaginativo, aunque sus amistades varían entre orquestas sinfónicas enteras, como la Filarmónica de Nueva York, y grupos de rock como Genesis, hasta la artista del *performance* Björk. Glennie estudió en Ellon Academy en la Real Academia de Música de Londres, y obtuvo un Grammy en 1989. Aunque Glennie es una fuerza de la música y su carrera está llena de logros, su talento musical no es su característica más extraordinaria.

Glennie es sorda. Su obra debe requerir un esfuerzo imposible de imaginar. Al perder el sentido del oído a los 12 años, empezó a colocar sus manos sobre las paredes del aula para poder sentir las vibraciones que causaban sus maestros de música cuando tocaban. Nació con entonación perfecta y por ello ha podido traducir lo que eran solo sonidos aproximados, gracias a lo que siente en su cuerpo. Normalmente sale descalza al escenario porque dice que le ayuda a sentir la música. El genio de Glennie se nota en su determinación pura, que quedó a la vista en su forma de responder a una reportera que no dejaba de preguntarle por su pérdida del oído. «Si quieres saber sobre la sordera», dijo, «deberías entrevistar a un especialista en audiología. Mi especialidad es la *música*».

Sabemos que logros como los suyos se consiguen a través de esfuerzos descomunales, pero no tienen que ver necesariamente con el cociente intelectual. Como podrán entender los padres de familia experimentados, los niños dotados naturalmente de inteligencia no tienen un sitio garantizado de manera automática en la lista de nuevos ingresos de Harvard. Ni siquiera tienen asegurada una calificación alta en un examen de matemáticas. Aunque el cociente intelectual puede pronosticar un buen desempeño académico con cierta precisión, el CI mantiene una relación de amor y odio con los promedios de calificaciones de los estudiantes en una escala individual y mantiene una relación ambigua con otras actividades intelectuales (el ajedrez es un ejemplo sorprendente).

Lo que distingue a los buenos de los malos ejecutantes no es una chispa divina. Según la mayoría de los hallazgos recientes, los distingue un factor mucho más aburrido, pero finalmente más controlable. Si todas las habilidades existen en cantidades iguales, se distinguirán por su esfuerzo. «Echarle ganas», a la «antigüita». Práctica deliberada. Desde una perspectiva psicológica, el esfuerzo es en parte la disposición para concentrar nuestra atención y mantener esa concentración. El esfuerzo también está relacionado con el control de impulsos y la capacidad para retrasar la gratificación. Parece una función ejecutiva, salpimentada con ingredientes únicos.

> **Los niños que reciben reconocimiento por su esfuerzo completan problemas matemáticos 50 por ciento más difíciles que los niños que reciben elogios por su inteligencia.**

¿Cómo puedes lograr que tu hijo se esfuerce? Sorprendentemente, depende de cómo lo *reconozcas*. Es aquí donde los padres suelen cometer un error común, uno que a veces desencadena una de las situaciones más tristes que los maestros de escuela llegan a atestiguar: niños inteligentes que odian aprender.

Los padres de Ethan le decían constantemente que era muy inteligente. «¡Eres tan inteligente! Puedes lograr lo que tú quieras, Ethan. Estamos muy orgullosos de ti», decían cada vez que terminaba sin problemas un examen de matemáticas. O de ortografía. O cualquier examen. Tenían buenas intenciones, pero sin darse cuenta consecuentemente relacionaron los logros de Ethan con una característica innata de sus habilidades intelectuales.

Los investigadores le llaman «recurrir a una mentalidad fija». Los padres no sabían que este tipo de elogios son tóxicos.

El pequeño Ethan pronto aprendió que cualquier logro académico que *no requería ningún esfuerzo* era el comportamiento que definía su talento. Cuando llegó a la secundaria, se encontró con materias que sí requerían de esfuerzo. Ya no podía subsistir con el mínimo esfuerzo y, por primera vez, empezó a cometer errores. Pero no percibió estos errores como oportunidades para mejorar. Después de todo, era inteligente porque podía entender las cosas rápidamente. Y entonces ¿qué significaba si no podía entender las cosas rápidamente? Que ya no era inteligente. Como no conocía los ingredientes de su éxito, tampoco sabía qué hacer cuando fallara. No hace falta toparse muchas veces con un muro antes de perder el ánimo y luego deprimirse. Así de sencillo, Ethan dejó de intentar. Sus calificaciones se derrumbaron.

Qué pasa cuando dices: «Eres muy inteligente»

La investigación demuestra que la desafortunada historia de Ethan es típica de los niños que recibieron elogios por una característica fija. Si elogias a tus hijos de esta manera, está probado estadísticamente que tendrá tres probables consecuencias:

Primera, tu hijo empezará a ver sus errores como fracasos. Tú le dijiste que su éxito se debía a alguna habilidad estática sobre la cual no tenía ningún control y por ello también empieza a pensar en el fracaso (esa calificación terrible) como una característica estática, que ahora percibe como falta de habilidades. Los éxitos se entienden como un don en lugar de ser el producto de un esfuerzo que uno puede controlar.

Segunda, quizá como efecto de la primera, le preocupa más parecer inteligente que aprender algo nuevo (aunque Ethan era inteligente, le preocupaba más aprobar sin problemas y parecer inteligente ante la gente que le importaba. Desarrolló poco respeto por el aprendizaje).

Tercera, se vuelve menos dispuesto a confrontar los motivos detrás de cualquier deficiencia y menos dispuesto a esforzarse. A este tipo de niños les cuesta mucho reconocer sus errores. Se juegan mucho si fracasan.

Lo que sí debes decir: «Te esforzaste mucho»

¿Qué debían hacer los padres de Ethan? La investigación nos revela una solución simple. En lugar de aplaudirle su inteligencia, debieron haber elogiado sus esfuerzos. Cuando completaba un examen exitosamente, no debieron decir: «Estoy tan orgulloso de ti. Eres un muchacho brillante». Decir esto es recurrir a un rasgo intelectual fijo e incontrolable. Se llama reconocimiento de «mentalidad fija». Sus padres debieron decir: «Estoy muy orgulloso de ti. Seguramente estudiaste *mucho*». De esta manera, están alentando un esfuerzo controlable. Se conoce como reconocer una «mentalidad de crecimiento».

Más de 30 años de investigación han demostrado que los niños que crecen en hogares con una mentalidad de crecimiento superan en desempeño académico a sus compañeros de hogares de mentalidad fija. Los niños con mentalidad de crecimiento suelen mostrar una actitud fresca ante el fracaso. En lugar de ver sus errores como fracasos que conducen a la desesperación, ven los fracasos como problemas que deben simplemente resolver. En el laboratorio y en la escuela, dedican más tiempo a esforzarse en tareas difíciles que los estudiantes de mentalidad fija. Además, resuelven esos problemas con mayor frecuencia. Los niños recompensados por su esfuerzo completan problemas matemáticos entre 50 y 60 por ciento más difíciles que los niños reconocidos por su inteligencia.

Carol Dweck, una investigadora destacada en el campo, observaba a los alumnos que presentaban sus exámenes. Escuchaba comentarios como: «Debería tomarme mi tiempo para tratar de entender el problema», y la encantadora expresión: «¡Me encantan los retos!». Consideraban que sus errores ocurrían por falta de esfuerzo, no por falta de habilidad, y por ello los niños se daban cuenta de que los problemas se pueden remediar aumentando el esfuerzo cognitivo.

Si uno ya se fue por el camino del reconocimiento de mentalidad fija, ¿es demasiado tarde para cambiar? Aún falta investigar más la respuesta a esta pregunta, pero está comprobado que crecer expuesto parcialmente a elogios de mentalidad de crecimiento puede tener efectos positivos.

El elogio no es el único factor, claro. Estamos empezando a ver que los genes también son parte del esfuerzo. Un grupo de investigadores en Londres estudió las habilidades autopercibidas (spa en inglés, por *self-perceived habilities*) de casi 4000 gemelos. Las spa miden la habilidad que perciben los niños para enfrentar desafíos académicos. Los gemelos habían compartido el mismo entorno en casa, y pese a que los comportamientos de mentalidad de crecimiento serían presuntamente un factor, apenas explicaban el dos por ciento de variación en las spa. Los investigadores concluyeron que había una probabilidad superior a 50 por ciento de aislar un gen responsable de las spa. Estas observaciones necesitan ser investigadas con mayor detalle. Si este gen pudiera ser catalogado, no significaría que los padres no tienen ninguna responsabilidad. Simplemente cambiaría las estrategias necesarias para criar a ciertos niños. Algunos no requerirán demasiada instrucción; otros necesitarán supervisión constante, pero eso ya lo sabemos. Tal vez el esfuerzo permite simplemente a los niños echar a andar la inteligencia que recibieron al nacer. De cualquier manera, el esfuerzo es el cuarto ingrediente que requiere tu fertilizante.

Y luego están las cosas que debes limitar.

LA ERA DIGITAL: TV, VIDEOJUEGOS E INTERNET

Recién terminaba una conferencia con un grupo de educadores y docentes sobre el procesamiento visual y la manera del cerebro de priorizarlo.

Cuando me detuve para responder preguntas, una madre de unos 40 años dijo abruptamente:

—Entonces, ¿la televisión es buena para el cerebro?

El salón se llenó de bullicio. Un hombre mayor se unió a la discusión:

—¿Qué pasa con esos videojuegos de última moda (realmente dijo «última moda») y ese internet?

Un joven se puso de pie, un poco a la defensiva:

—Los videojuegos no son problema. Y no hay nada de malo con internet.

El intercambio se calentó: la gente mayor de un lado, los jóvenes del otro. Finalmente, alguien exclamó:

—¿Qué dice el científico del cerebro? —Volteó hacia mí—. ¿Qué opinas tú?

—Me gusta citar a mi viejo amigo del siglo xix, J. Watson —empecé, dudando un poco si debía entrar en la discusión. Siempre uso esas palabras cuando surgen controversias—. Era un integrante del Congreso, y diplomático de alguna manera. A Watson le preguntaron una y otra vez cómo iba a votar en alguna cuestión legislativa polémica. Su respuesta fue astuta: «Tengo amigos con ambas posturas y me gusta tomar partido por mis amigos».

Todos se rieron y de alguna manera desapareció la tensión en el salón. También sirvió para evitar la pregunta.

Sin embargo, no es una pregunta que debemos ignorar. Desde las televisiones inteligentes hasta los teléfonos celulares aún más inteligentes, la era digital ha afectado prácticamente a todos los estudiantes en el planeta, y el tiempo de pantalla es una parte de la experiencia de desarrollo de los niños. ¿Deben los padres preocuparse por la tele? ¿Por los videojuegos? ¿Por internet? Lo voy a decir sin rodeos: salvo algunos trabajos televisivos que discutiremos en un momento, nunca he visto tanto desorden en la investigación, particularmente tratándose de cerebros, comportamientos y videojuegos. Incluso una revisión somera del trabajo que hay en la actualidad revela diseños dudosos, intenciones prejuiciadas, falta de controles, cohortes que no son aleatorios, falta de ejemplos, experimentos insuficientes, y muchas opiniones fuertes e incluso enojadas. Los estudios más prometedores sobre videojuegos e internet están en proceso, pero, como suele ocurrir con cualquier nuevo esfuerzo de investigación, los primeros hallazgos revelan resultados mixtos. Eso quiere decir que hay suficiente material para que todos y nadie estén contentos.

El bebé en la caja de arena

La consideración más importante cuando trates de decidir si exponer a tus hijos al Mundo de las Pantallas es el contenido que van a consumir, por dos razones.

La primera es que los niños son muy buenos para imitar. ¿Recuerdas la caja de luz y el bebé que la tocaba con la frente? Esta habilidad para reproducir un comportamiento, después de presenciarlo una sola vez, se llama imitación diferida. La imitación diferida es una habilidad asombrosa que se desarrolla rápidamente. Un bebé de 13 meses puede recordar un suceso una semana después de presenciarlo una única vez. Cuando cumple año y medio, podrá imitar un evento *cuatro meses* después de presenciarlo una sola vez. Esta habilidad siempre acompaña a los niños y la industria de la publicidad lo ha sabido desde hace décadas. Las implicaciones son poderosas. Si los bebés logran conservar una serie de eventos complejos en su memoria después de verlos una vez, ¿qué pasará cuando pasan horas en línea y viendo la televisión? (Sin mencionar lo que los niños están asimilando cuando ven los comportamientos de sus padres 24 horas al día, 365 días al año). La imitación diferida ayuda explicar por qué somos tan propensos a imitar los comportamientos de nuestros padres cuando abandonamos el hogar, como hice yo con mi esposa y las llaves del auto.

Con los niños, la imitación diferida puede aparecer de maneras inesperadas, como revela la historia de esta madre joven.

Tuvimos una Navidad fabulosa. En algún momento, me di cuenta de que mi hija de tres años había desaparecido. Fui a buscarla y la encontré en la habitación principal. Le pregunté por qué estaba usando mi baño en lugar del suyo y me dijo: «Soy un gatito». ¡Miré la caja del gato y, tal cual, ella había hecho popó en la caja de arena! Me quedé sin palabras...

Esta historia revela mucho sobre la manera en que los niños consiguen información. La niña había aprendido la idea general de «lugares para hacer popó» y había creado una expectativa y un plan para su comportamiento resultante. Es un tema asqueroso. Pero material interesante.

La segunda razón por la cual el contenido es tan importante es que nuestras expectativas y suposiciones influyen profundamente sobre nuestra percepción de la realidad. Ocurre porque el cerebro tiene un gran deseo de opinar en todo lo que estás experimentando —y luego engañarte para que creas que este híbrido es la realidad—. Descubrirlo puede ser desconcertante, pero tu percepción de la realidad no es como una cámara de video que almacena la información tal como se presenta en algún celular. Tu percepción de la realidad es un acuerdo entre aquello que tus sentidos envían a tu cerebro y lo que tu cerebro piensa que debe existir en el mundo exterior. Y lo que tú esperas encontrar en el exterior está directamente relacionado con *lo que tú permitiste entrar a tu cerebro desde un principio*. Las experiencias se transforman en expectativas que al mismo tiempo influyen sobre tu comportamiento.

El psicólogo de Yale John Bargh hizo un experimento para ilustrar esta sensibilidad única. Le dijo a un grupo de universitarios saludables que iba a probar sus habilidades de lenguaje. Les presentó una lista de palabras y les pidió que hicieran una oración coherente. Lo puedes intentar aquí mismo. Escribe una oración con las siguientes palabras:

SE SENTÓ SOLITARIO EL HOMBRE AMARGAMENTE ARRUGADO CON EL ROSTRO VIEJO (DOWN SAT LONELY THE MAN WRINKLED BITTERLY THE WITH FACE OLD).

¿Está fácil? Por supuesto. «El hombre viejo solitario con el rostro arrugado se sentó amargamente» (*Bitterly, the lonely old man with the wrinkled face sat down*) es una sugerencia rápida. Pero en realidad no se trataba de una prueba de lingüística. ¿Cuántas de las palabras están relacionadas con la edad? A Bargh no le interesaba saber si sus sujetos hacían un uso creativo de la gramática. Le interesaba saber cuánto tiempo se tardaban sus estudiantes en abandonar el laboratorio y caminar por el pasillo después de ver las palabras. Su descubrimiento fue extraordinario. Los alumnos que habían hecho la prueba con una mezcla de palabras sobre «la vejez» se tardaron casi 40 por ciento más en recorrer el pasillo que aquellos que habían hecho la prueba con palabras «aleatorias». Algunos estudiantes incluso se arrastraban al salir, como si hubieran envejecido 50 años. Para citar las observaciones clínicas de Bargh, las palabras de la prueba «activaron el estereotipo de la vejez en la memoria y los participantes actuaban de manera consistente con el estereotipo activado».

El resultado de Bargh es apenas un ejemplo de una larga lista de datos que demuestran la poderosa fuerza de las influencias externas sobre el comportamiento interno. Todo lo que tú permites que llegue al cerebro de tus hijos influye sobre sus expectativas del mundo, que al mismo tiempo influyen sobre lo que es capaz de percibir y también sobre su comportamiento. Esto es cierto para bebés de un mes y para estudiantes de universidad 20 años después.

¿Cómo se manifiestan la imitación y la expectativa diferidas en el mundo digital? La mejor investigación viene de la televisión.

Nada de tele antes de los dos años

El debate de los niños y la televisión ya no genera tanta controversia como antes. El consenso general es que la interacción de los niños con la televisión debe ser limitada. También estamos de acuerdo en que estamos ignorando este consejo.

Recuerdo que cuando era niño esperaba con ansias la llegada del domingo en la noche para ver *Wonderful World of Color* (El mágico mundo del color) de Walt Disney y que me encantaba. También me acuerdo que mis padres apagaban la tele cuando terminaba el programa. Eso ya no lo hacemos. Los estadounidenses de dos años o más ahora dedican un promedio de cuatro horas y 49 minutos *por día* a ver televisión, 20 por ciento más que hace diez años. Y estamos expuestos a la televisión desde edades cada vez más tempranas, con la complejidad además de la gran variedad de pantallas digitales que usamos ahora. En 2003, 73 por ciento de los niños menores de seis años veían televisión todos los días. Y los niños menores de dos años tenían dos horas y cinco minutos de «tiempo de pantalla» entre televisiones y computadoras al día. Mencioné antes que el estadounidense promedio está expuesto a cerca de 100 000 palabras por día afuera del trabajo. La televisión emite 45 por ciento de esas palabras.

El hecho es que la cantidad de televisión que deben ver los niños antes de los dos años es cero.

La televisión puede causar hostilidad y problemas de concentración

Desde hace décadas sabemos que existe una conexión entre las interacciones hostiles que ocurren entre compañeros y la cantidad de horas que pasan los niños frente a la televisión. La conexión antes era polémica (¿tal vez las personas agresivas ven más televisión que los demás?), pero ahora vemos que es una combinación de nuestras habilidades de imitación diferida y la pérdida de control de impulsos. Un ejemplo personal:

Cuando iba al jardín de niños, mi mejor amigo y yo estábamos viendo *Los tres chiflados*, un programa de tele de la década de los 50. El programa mostraba mucha comedia física, personajes que le picaban los ojos a otros personajes. Cuando terminó el programa, mi amigo hizo una «V» con sus dedos y me picó los dos ojos. Durante una hora no pude ver nada y al cabo de un rato me llevaron a urgencias. Diagnóstico: córneas rasguñadas y daño muscular en un ojo.

Tenemos otro ejemplo en un estudio que analizó el fenómeno de intimidación de los compañeros y comportamiento antisocial conocido ahora como *bullying*. Por cada hora de TV que veían los niños menores de cuatro años al día, el riesgo de participar en comportamientos de este tipo antes de comenzar la escuela aumentaba en nueve por ciento. Es una muestra evidente de una regulación emocional deficiente. Incluso considerando la incertidumbre propia de problemas como el del huevo y la gallina, la Asociación Americana de Pediatría calcula que 20 por ciento de la violencia en la vida real se puede atribuir a la violencia en los medios.

La televisión también envenena la capacidad de atención y la habilidad de concentración, que son dos de los distintivos de las funciones ejecutivas. Por cada hora adicional de TV que ven los niños menores de tres años, la probabilidad de desarrollar problemas de atención antes de cumplir siete años aumenta en diez por ciento. Entonces un niño de preescolar que ve tres horas de tele por día tiene 30 por ciento más probabilidad de padecer problemas de atención que un niño que no ve televisión.

Simplemente tener la tele prendida aunque nadie la esté viendo —ver la televisión de manera pasiva— también parece causar daños, probablemente por crear una distracción. En los laboratorios de pruebas, los sonidos fuertes y las imágenes veloces distraían continuamente a los niños de cualquier actividad que estuvieran haciendo, incluso el tipo de juegos imaginativos tan positivos para el cerebro que discutimos antes. Los efectos fueron tan tóxicos para los niños en pañales que la Asociación Americana de Pediatría emitió una recomendación que a la fecha sigue estando vigente:

> Los pediatras deben recomendar a los padres que eviten prender la televisión frente a los niños menores de dos años. Aunque se promueven algunos programas para los grupos de esta edad, la investigación sobre el desarrollo temprano del cerebro demuestra que es crítico que los bebés y los niños pequeños interactúen con sus padres y otros cuidadores (por ejemplo, niñeras o niñeros) para que sus cerebros crezcan saludables y para desarrollar las habilidades sociales, emocionales y cognitivas correctas.

En la actualidad, los proyectos de investigación están estudiando el efecto de la TV sobre las calificaciones y los trabajos preliminares sugieren que afecta tanto habilidades de lectura como adquisición de lenguaje. Pero después de los dos años, los peores efectos de la TV sobre el cerebro pueden ocurrir por que la televisión aleja a los niños del ejercicio, un tema que veremos cuando hablemos de los videojuegos.

La TV dirigida a los bebés no es tan educativa

¿Y qué sucede con todos esos estantes en las tiendas llenos de videos y DVD educativos? Definitivamente proclaman que su contenido mejora el desempeño escolar de la población preescolar. Esta afirmación inspiró a un grupo de investigadores de la Universidad de Washington a hacer su propio estudio. Recuerdo haber leído una serie de boletines de prensa sobre su trabajo, un día soleado –que casi no ocurre en Seattle–. Al principio me reí a carcajadas y luego me quedé pasmado. El presidente de nuestra universidad acababa de recibir una llamada de parte de, nada más y nada menos, que Robert Iger, director de Disney Company. El ratón estaba enojado. Los científicos de la Universidad de Washington acababan de publicar una investigación que probaba un producto de Disney, una serie de DVD llamada *Baby Einstein* (Einstein bebé) y los resultados fueron condenatorios.

No te debe causar sorpresa, considerando todo lo que hemos discutido hasta ahora. Los productos no funcionaban. No causaban efectos positivos sobre el vocabulario de los destinatarios, niños de 17 a 24 meses de edad. Algunos incluso hacían daño. Por cada hora diaria que pasaban los bebés frente a ciertos DVD y videos, entendían entre seis y ocho palabras menos que los infantes que no los veían.

Disney exigió que se retractaran, acusando deficiencias en los estudios. Después de consultar a los investigadores originales, la universidad mantuvo su postura y lo publicó en un boletín. Después de este período de actividad, hubo un largo silencio. Dos años después, en octubre de 2009, Disney anunció que iba a retirar el producto y ofreció reembolsar a cualquier persona que hubiese comprado los materiales de *Baby Einstein*. De manera responsable, la compañía ha eliminado la palabra «educativo» del empaque.

Después de los cinco años, no hay veredicto

Desde los primeros estudios sobre televisión, los investigadores han descubierto que no todo en la tv es negativo. Depende del contenido del programa, la edad de la niña o el niño y quizás incluso de su composición genética. Es mejor evitar la tv por completo antes de los dos años. Pero después de los cinco años, el jurado está indeciso sobre este importante veredicto —muy indeciso, de hecho—. Algunos programas *mejoran* el desempeño del cerebro a esta edad. No es sorpresa que estos programas de televisión habitualmente sean del tipo interactivo (*Dora la exploradora* es bueno; *Barney y sus amigos* es malo, según algunos estudios). Entonces, aunque tenemos evidencia en cantidades abrumadoras para decir que se debe limitar el tiempo de televisión, la tv no puede ser catalogada de manera tajante. La siguiente es una lista de recomendaciones para regular el tiempo de televisión obtenidas a partir de los datos científicos:

1. Mantener la tele apagada hasta que los niños cumplan dos años. Sé que para los padres que necesitan un descanso, es difícil escuchar esta sugerencia. Si no la puedes apagar —si no has creado las redes sociales que te pueden permitir un descanso—, al menos trata de limitar el tiempo que pasa tu hijo o hija frente a la tv. Finalmente, vivimos en el mundo real, y tener padres cansados e irritados puede ser tan dañino para el desarrollo de los niños como un desesperante dinosaurio morado.

2. Después de los dos años, ayuda a tus hijos a elegir los programas (y otros usos de pantallas) que van a ver. Busca los medios que permitan una interacción inteligente.

3. Quédate con tus hijos a ver el programa elegido, interactúa con el medio y ayúdalos a analizar y pensar críticamente sobre lo que acaban de

experimentar. Y piénsalo dos veces antes de colocar una TV en la recámara de tus hijos: los niños que tienen sus propias televisiones obtienen
en promedio ocho puntos menos en pruebas de matemáticas y lenguaje
que los niños procedentes de hogares que tienen la TV en la sala familiar.

Videojuegos: no te quedes sentado

Antes que nada, debo confesar algo. Me encanta *Myst*, un viejo juego
de computadora. Antes de convertirme en científico fui animador profesional y artista gráfico, y *Myst* fue amor a primer *byte*. Me encontré
con este mundo hermoso, dibujado elegantemente con pintura digital,
que se escurría en lo que solo puedo describir como amor cartografiado
en un mapa de bits. Pasé horas en este mundo, explorando, resolvien-
do problemas, *leyendo* (¡en este juego hay libros!), examinando mapas
celestes, manipulando tecnologías visualmente inspiradas en Leonardo
da Vinci, Julio Verne y Gene Roddenberry en partes iguales. Incluso
ahora, cuando escucho el sonido de las olas suaves en la orilla del mar,
regreso a ese onírico mundo digital donde descubrí por primera vez el
verdadero poder de la computación. Si parece que estoy enamorado,
entonces me estoy comunicando correctamente. Para un científico esto
puede ser peligroso, en particular si el científico está a punto de comen-
tar sobre juegos de video. Afortunadamente, otros tienen cabezas más
frías; por eso le llaman literatura científica arbitrada.

¿Qué dice la literatura sobre los juegos de video y los cerebros en
desarrollo de los bebés? No hay mucha información y lo que tenemos es
un panorama mixto. Es comprensible. El tema es demasiado reciente y
la nueva tecnología que hay detrás está cambiando demasiado rápido.
Entonces, la información para padres de recién nacidos y niños pequeños sobre el uso de videojuegos no se fija tanto en los efectos mentales,
sino en los efectos de los juegos de video sobre el resto del cuerpo.

Como ocurre con la televisión, la mayoría de los videojuegos se
consumen desde una posición sedentaria: te quedas ahí sentado. Las
consolas de juego orientadas al movimiento, como el Wii que apareció

en 2006, podrían ser una excepción, pero han tenido poco efecto: el peso de los niños sigue aumentando vertiginosamente. La tendencia en el aumento de peso es tan pronunciada que nuestros niños están empezando a padecer condiciones asociadas con etapas más tardías de la vida, ¡como la artritis! La obesidad infantil es tres veces más común en aquellos niños que son aficionados a los videojuegos que en quienes no lo son.

Al cerebro le encanta el ejercicio

Es doloroso para los integrantes de la comunidad de la ciencia del cerebro enterarse del aumento en obesidad infantil, especialmente porque sabemos mucho sobre la relación entre la actividad física y la agudeza mental. El ejercicio —especialmente el ejercicio aeróbico— aporta enormes beneficios al cerebro y aumenta los puntajes de funciones ejecutivas entre 50 y 100 por ciento. Y esto es válido para todas las etapas de la vida, desde la niñez hasta la tercera edad. Realizar ejercicios de fuerza —aunque existen muchos otros motivos para hacerlos— no se traduce en los mismos resultados.

Los padres que proveen un horario de ejercicios vigorosos para sus hijos tienen mayor probabilidad de crearles un hábito estable y duradero, hasta 1.5 veces mayor probabilidad, dependiendo del estudio. Los niños con buena condición física obtienen mejores calificaciones en pruebas de función ejecutiva que los grupos de control sedentarios, y esos puntajes permanecen a la par del ejercicio. Los mejores resultados llegan, por cierto, si tú haces ejercicio *con* tus hijos. ¿Recuerdas el asunto de la imitación diferida? El mejor regalo que les puedes dar a tus hijos es una vida activa. Tal vez significa que tienes que dejar de jugar *World of Warcraft*, levantarte y poner un buen ejemplo. Esto no hace que *Myst* sea menos hermoso. Simplemente pone los videojuegos en perspectiva. A mí todavía me encantan ese tipo de juegos, y siempre será así, pero estoy cada vez más convencido que los juegos deben venir con una etiqueta de advertencia.

Mensajes de texto: una precaución

¿Qué pasa con internet y sus súbditos de comunicación digital? De nuevo, falta información. El escaso trabajo que hay sugiere que debemos preocuparnos, como sugiere este relato.

Una niña de nueve años decidió invitar a cinco o seis de sus mejores amigas a su primera *piyamada*. La madre de la niña, socióloga de formación, estaba encantada con la idea. Se acordaba de sus propias *piyamadas* infantiles y supuso que las niñas hablarían sin parar, tendrían guerras de almohadas, compartirían secretos en la oscuridad y risas a las 2:00 a.m. Estaba equivocada. Cuando las amigas de su hija se empezaron a juntar, la mamá se dio cuenta de que sus instintos de socióloga entraban en acción. El discurso entre las niñas no parecía típico para su edad, cuyos intercambios sociales pueden ser sorprendentemente sofisticados, sino más bien parecían emocionalmente inmaduros, como si tuvieran cuatro años. La causa, al parecer, fue que las niñas no registraban correctamente y malinterpretaban las señales no verbales de sus compañeras. La mamá también se dio cuenta de que media hora después del inicio de la fiesta, cinco de las seis niñas estaban ocupadas en sus teléfonos móviles. Mandaban mensajes a sus amigas que no estaban presentes o tomaban fotos que también enviaban por mensaje. Esto continuó todo el día. En la profundidad de la noche, cerca de las 2:00 a.m., todo seguía en perfecta calma. La mamá subió a ver que todo estuviera en orden. La mitad de las niñas se había dormido. La otra mitad seguía en su celular, con sus pequeñas pantallas brillando debajo de las sábanas.

¿Habrá alguna relación entre los mensajes de texto y la inmadurez social? No es una cuestión trivial. En 2008, el joven promedio mandó 2272 mensajes por mes, unos 80 por día. Para 2009, 27 por ciento de las palabras que veían venían directamente de una computadora. ¿Será un problema? Nadie lo sabe todavía. Lo que sí podemos decir está más bien relacionado con la naturaleza inherente del medio en sí. Internet y los medios asociados promueven un consumo en privado. Esto conduce a la extraña condición, ilustrada por la *piyamada*, de estar distantes aun cuando estamos juntos. Al menos que todas sus interacciones ocurran por medio de una cámara de video, los niños no tendrán mucha experiencia en la interpretación de señales no verbales. En ese mundo viven los niños autistas, por cierto.

La perfección de las habilidades de comunicación no verbales requiere muchos años de práctica y, como discutimos en el capítulo anterior, es crítica para el desarrollo de los niños. Las experiencias en la vida real son mucho más complicadas que las de internet y no son anónimas. Las personas de carne y hueso tienen contacto, se estorban entre sí e intercambian información que no puede ser reconfigurada en emoticones y abreviaciones de tres letras. Recuerda que el origen de tantos conflictos, desde los matrimonios hasta el lugar de trabajo, se debe a la asimetría entre la comunicación introspectiva y la extrospectiva. Se puede reducir esta asimetría si uno logra interpretar correctamente las señales no verbales de los demás. Entre menos práctica, mayor inmadurez en los intercambios sociales, y las implicaciones de esta carencia se reflejan en cualquier aspecto de la vida, desde las tasas de divorcio hasta la erosión de la productividad en la fuerza laboral.

La observación anecdótica de la madre socióloga puede servir como alerta. Definitivamente, es un terreno fértil para la investigación. Si consideramos lo que está en juego, probablemente sea benéfico mantener un nivel de escepticismo sano hacia un mundo que es exclusivamente digital. El mejor consejo en la actualidad es que debemos mantener apagadas esas máquinas durante el mayor tiempo posible.

Para bien o para mal, somos animales sociales. Probablemente lo tengamos en nuestro ADN. No hace falta buscar más allá de Theodore Roosevelt para ver que las relaciones humanas son el ingrediente número uno para el éxito futuro de los niños. Nuestra cultura curtida por la tecnología bien podría acusar a los investigadores de estar del lado equivocado de la historia. Los investigadores, en cambio, podrían acusar a la cultura de estar del lado equivocado de la humanidad.

HIPERPADRES: «MI BEBÉ ES MEJOR QUE TU BEBÉ»

Recientemente, mientras esperaba un vuelo, escuché a una persona que hablaba por celular: «¿Stephanie ya camina? ¿No? ¡Brandon empezó a caminar a los nueve meses!». Y más tarde: «Stephanie sigue en pañales? ¡Brandon empezó a ir al baño solo desde antes de los dos años!». La conversación siguió sobre los distintos logros del Superbebé Brandon en comparación con la Patética Stephanie. Escucho versiones de esta competencia entre bebés en casi cualquier parte. Son una forma de comportarse como hipermadre o hiperpadre, otro ingrediente que debemos excluir del fertilizante para la inteligencia del bebé. Cuando terminó la conversación, me quedé pensando en qué sentiría la madre de Stephanie. ¿Estaría enojada? ¿Avergonzada? Tal vez habrá adquirido todos los juguetes educativos que hay en el mercado para apurar el desarrollo de su hijita. O tal vez habrá llorado. Y hubiera sido sin una buena razón.

Las comparaciones de este tipo, además de ser contraproducentes (presionan a los hijos de manera que pueden afectar negativamente su cerebro), no están en sintonía con el entendimiento neurocientífico actual.

No existen dos cerebros que se desarrollen con la misma velocidad

Como podrás imaginarte a estas alturas, el cerebro sigue un calendario de desarrollo que es tan individual como la personalidad de su dueño. Los niños no superan peldaños en su desarrollo con un paso fijo, marchando como soldaditos del cerebro en su camino hacia el futuro. Un niño que es un genio de las matemáticas a la edad de cuatro años tal vez no sea tan genio a los nueve. Dicen que Einstein, posiblemente el más brillante de todos, no empezó a hablar en oraciones completas sino hasta los tres años. (Su familia lo había apodado «¡el Tontín!»). Esta individualidad es parcialmente genética, pero también ocurre porque las neuronas son muy sensibles al entorno exterior. Tienen mucha facilidad para formar nuevas conexiones y romper otras que ya existían. Esta propiedad se conoce como neuroplasticidad.

El cerebro parece atravesar *algunas* etapas de desarrollo en común. Pero pocos en la comunidad de la ciencia del cerebro coinciden completamente con la delimitación de estas etapas. El psicólogo del desarrollo Jean Piaget (quien trabajó durante un tiempo con Alfred Binet, el del cociente intelectual) propuso cuatro períodos de desarrollo cognitivo en los niños, llamados período sensoriomotriz, etapa preoperacional, etapa de las operaciones concretas y etapa de las operaciones formales. Aunque en su momento fue muy influyente, el concepto de períodos de desarrollo cognitivo ahora empieza a ser cuestionado. Los investigadores empezaron a revisar esta noción a finales del siglo xx cuando demostraron que los niños adquieren conceptos y habilidades en etapas mucho más tempranas que aquellas que propuso Piaget. Los trabajos posteriores revelaron que, incluso dentro de una misma categoría, los niños atraviesan las etapas de desarrollo a su propio paso. Muchos no siguen el orden de las etapas de Piaget; a veces se saltan un paso o a veces repiten la misma etapa varias veces seguidas. Algunos simplemente no atraviesan etapas definidas. Los cerebros de nuestros niños están bien. En todo caso nuestras teorías están mal.

Sin embargo, algunos padres piensan que el desarrollo del cerebro es como una carrera olímpica. Quieren que su hijo gane en cada paso, sin importar el costo. El efecto de esta mentalidad permanece cuando los niños de estos padres llegan a la universidad. Aunque la mayoría de mis alumnos son de posgrado, a veces doy clases para alumnos de licenciatura que quieren entrar a la escuela de medicina, y parece ser lo único que les importa. Muchos describen que fueron criados por padres ambiciosos que trataban a sus hijos como medallas y no como personas.

Es un fenómeno que se llama hiperpaternidad e incluso ha sido estudiado. El psicólogo del desarrollo David Elkind, ahora profesor emérito del Desarrollo Infantil en Tufts University, ha dividido a este tipo de madres y padres en varias categorías.

Cuatro de ellas son:

- *Padres gourmet*. Estos padres han sido muy exitosos y destacados y quieren que sus hijos sean igualmente exitosos.
- *Padres con licenciatura*. Son los clásicos padres que quieren que sus hijos estudien excesivamente. Son parientes de los gourmet, pero piensan que entre más pronto empiece el entrenamiento de sus hijos, mejor.
- *Padres preocupados por el exterior*. Quieren preparar a sus hijos con habilidades de supervivencia física porque el mundo es un lugar muy peligroso. Estos padres comúnmente trabajan en el ejército o en la ejecución de la ley.
- *Padres prodigios*. Son padres que han logrado el éxito financiero y sospechan profundamente del sistema educativo. Estos padres tratan de cuidar a sus hijos de los efectos negativos de ir a la escuela.

Sin importar su categoría, los hiperpadres buscan el éxito intelectual de sus hijos a costa de su felicidad. Aunque es difícil encontrar números verdaderos, existe relatos sobre estudiantes de Corea del Sur que nos sirven de advertencia. La presión de sus padres para que obtengan buenos resultados es inmensa. Después de los accidentes de tráfico, el suicidio es la causa más grande de mortalidad en personas entre 15 y 19 años.

Entiendo la preocupación de los padres. En un mundo competitivo donde, cada vez más, los ganadores son los más inteligentes, es normal que los padres cariñosos estén preocupados por la inteligencia de sus hijos. El secreto, sin embargo, es que la presión intelectual en extremo resulta contraproducente.

Ser hiperpadre incluso puede lastimar el desarrollo intelectual de tus hijos de varias maneras:

1. Las expectativas extremas atrofian el pensamiento de orden superior

Los niños son extraordinariamente sensibles a las expectativas de sus padres, cuando están pequeños viven para complacer y cumplir; cuando están grandes viven para resistir y rebelarse. Si estos niños sienten que sus padres quieren que logren alguna hazaña intelectual antes de que sus cerebros estén listos, se sentirán inevitablemente arrinconados. Esto obliga al cerebro a recurrir a estrategias de pensamiento de «bajo nivel», creando hábitos de falsificación que podrían requerir atención en el futuro para revertirlos. Una vez me tocó presenciar esto en una reunión social. Un padre orgulloso anunció que su hijo de dos años había entendido el concepto de la multiplicación. Hizo que el pequeño recitara las tablas de multiplicar. Fue obvio, después de indagar sutilmente, que el niño no entendía la multiplicación y estaba simplemente repitiendo unos cuantos versos memorizados. Las habilidades de pensamiento menor habían reemplazado a las características de procesamiento elevado. Elkind, con cierto desdén, dice que estos actos son «trucos de caballitos» (*pony tricks*) y considera que no se debe someter a los niños a este tipo de juegos. Estoy de acuerdo.

2. La presión puede sofocar a la curiosidad

Los niños son exploradores por naturaleza. Pero si los padres solo tienen expectativas educativas rígidas, el interés se transformará en un esfuerzo por apaciguarlos. Los niños dejarán de pensar en preguntas poderosas como: «¿Me da curiosidad?», y empezarán a preguntarse: «¿Cómo puedo satisfacer a la autoridad?». El comportamiento exploratorio no es tan recompensado y pronto deja de tener interés. Recuerda: el cerebro es un órgano de *supervivencia*, y no hay nada más importante para los niños que la seguridad (la aprobación en este caso) que pueden ofrecer los padres.

3. El enojo y la decepción persistentes se convierten en estrés tóxico

Existe otro tipo de daño que puede ocurrir cuando los padres presionan a sus hijos para que intenten cosas que sus cerebros aún no pueden ejecutar. Los padres exigentes se muestran decepcionados o molestos o enojados si sus hijos no cumplen con sus expectativas. Los niños detectan esas reacciones desde una edad sorprendentemente temprana y hacen todo lo que pueden para evitarlas.

La pérdida de control es tóxica. Puede crear un estado psicológico conocido como indefensión aprendida, y esto a su vez puede causar daños físicos al cerebro de los niños. El niño aprende que no puede controlar el estímulo negativo que enfrenta (el enojo o la decepción de sus padres) ni las situaciones que lo provocan. Piensa en un niño de tercero de primaria que llega a casa todos los días a encontrarse con su padre borracho, que entonces lo golpea. El pequeño necesita un hogar, pero tener un hogar es realmente terrible. Pensará que no hay salida y llegará al punto que no tratará de escapar, ni siquiera cuando tenga la oportunidad. Por eso se llama indefensión *aprendida*. Y no necesitas una situación físicamente abusiva para crearla.

La indefensión aprendida es una antesala para la depresión, incluso durante la niñez. Yo conocía a los padres de un estudiante que se suicidó; eran arquetípicamente exigentes, demandantes y, francamente, odiosos. Aunque la depresión es un tema complejo, el recado póstumo que dejó el estudiante reveló que sus acciones drásticas eran en parte una respuesta por sentir que había fracasado ante las expectativas de sus padres. Es una muestra poderosa de los intereses del cerebro que no busca aprender, busca sobrevivir.

Antes de que tus hijos lleguen al mundo, inscribe lo siguiente en tu corazón: criar a los hijos no es una carrera. Los niños no son un símbolo del éxito de los adultos. La competencia puede ser inspiradora, pero en algunas manifestaciones puede crear redes tóxicas en el cerebro de tus hijos. Comparar a tus hijos con los de tus amigos no los conducirá, ni te conducirá a ti, a donde quieres.

Existen muchas estrategias para maximizar el poder cerebral de tus hijos. Después de amamantar, dedícale tiempo al juego abierto, interactúa verbalmente con ellos, reconoce sus esfuerzos; estos fertilizantes garantizan estadísticamente un aumento en el intelecto de tu bebé, sin importar cuál sea el punto de inicio. No es nada complicado. Finalmente, el desempeño intelectual del cerebro se forjó en un mundo que no solo fue previo a internet, sino previo a la Era de Hielo.

Puntos clave

- El cerebro está más interesado en sobrevivir que en obtener buenas calificaciones en la escuela.
- Algunas cosas que ayudan al aprendizaje temprano: amamantar, hablar mucho con los hijos, juego guiado y reconocer los esfuerzos más que la inteligencia.
- Algunas cosas que dañan el aprendizaje temprano: demasiada televisión (no la enciendas sino hasta que el bebé tenga dos años), una vida sedentaria y la falta de interacción cara a cara.
- Presionar a los niños para que aprendan un tema cuando sus cerebros no están listos solo es dañino.

BEBÉ FELIZ: LAS SEMILLAS

Regla para el cerebro de tu bebé:

Hacer nuevos amigos, pero conservar los viejos

BEBÉ FELIZ: LAS SEMILLAS

Lo ÚNICO que le hiciste a esta dulce y tranquila bebé fue poner un juguete nuevo en su cuna. Pero ella reaccionó como si le hubieras quitado su juguete favorito. Su mirada se dispara hacia ti y su rostro se empieza a contorsionar, el estrés se acumula en su corazón como una tormenta que está por caer. Suelta un chillido categoría cuatro, agita sus piernas y se encorva como si estuviera en medio de una angustia catastrófica. Pero no es por ti solamente. Lo mismo le sucede a la pobre niña cada vez que experimenta algo nuevo: una voz desconocida, un olor extraño o un ruido fuerte. Es muy sensible. Esta bebé simplemente se desmorona cada vez que se interrumpe la «normalidad».

A una chica de largo cabello café, de unos 15 años de edad, le preguntan por su escuela y sus actividades extracurriculares. Cuando empieza a contestar, te das cuenta de que algo está fuera de lugar. ¡Tiene la misma expresión de preocupación que la bebé! No puede estar quieta. Sacude la rodilla, juega con su pelo, se toca las orejas. Sus respuestas salen entre pausas, en porciones constipadas. La niña dice que no tiene demasiadas actividades aparte de la escuela, aunque toca el violín y escribe un poco. Cuando el investigador le pregunta por las cosas que le preocupan, ella titubea y luego suelta la tormenta. Resistiendo el llanto, dice: «Me siento realmente incómoda, especialmente si los otros a mi alrededor saben lo que hacen. Siempre estoy pensando: ¿Me hago para acá? ¿Me hago para allá? ¿Estoy estorbando a alguien?». Hace una pausa y luego exclama: «¿Cómo me voy a mover en el mundo cuando sea grande? ¿Y cómo sé que voy a hacer algo que realmente valga la pena?». Sus emociones se calman y la muchacha se encoge, derrotada. «No puedo dejar de pensarlo», termina, y su voz se desvanece. El temperamento es inconfundible. Ella es esa bebé, 15 años después.

Y se nota que no es una niña muy feliz.

Los investigadores la llaman Bebé 19 y es famosa en el mundo de la psicología del desarrollo. A través de su trabajo con ella y con otros niños similares, el psicólogo Jerome Kagan descubrió mucho de lo que ahora sabemos sobre el temperamento y su poderosa influencia para determinar la felicidad que alcanzan finalmente los niños.

Este capítulo revisará por qué algunos niños, como la Bebé 19, terminan siendo tan infelices, y por qué otros niños no. (De hecho, la mayoría de los niños son justo lo contrario. La Bebé 19 se llama así porque los bebés numerados del uno al 18 en el estudio de Kagan eran bastante alegres en comparación). Discutiremos las bases biológicas de los niños felices, tu probabilidad de tener un bebé ansioso, si es posible que la felicidad sea genética y el secreto de una vida feliz. En el capítulo siguiente, hablaremos sobre cómo puedes crear un entorno que conduzca a la felicidad de tus hijos.

¿QUÉ ES LA FELICIDAD?

Muchos padres me dicen que su objetivo primordial es criar hijos felices. Cuando les pregunto a qué se refieren exactamente, responden de distintas maneras. Algunos ven la felicidad como una emoción: quieren que sus hijos experimenten un estado subjetivo positivo de manera regular. Otros lo dicen como un algo constante: quieren que sus hijos estén contentos y sean emocionalmente estables. Otros parecen referirse a su seguridad o a una condición moral, rezan para que sus hijos tengan un buen trabajo y buenas parejas, o que sean «honorables». Sin embargo, más allá de algunos ejemplos rápidos, la mayoría de los padres tienen dificultades para señalar el significado exacto de esta noción.

Lo mismo sucede con los científicos. Un investigador que lleva muchos años tratando de responder esta pregunta es una encantadora criatura de la psicología llamado Daniel Gilbert, de Harvard. Existen otras definiciones de felicidad, por supuesto, pero Gilbert propone las siguientes tres:

- *Felicidad emocional*. Este debe ser el tipo de felicidad que señalan la mayoría de los padres. Este tipo de felicidad, en palabras de Gilbert, es: «un *sentimiento*, un estado *subjetivo*» que no está conectado con algo objetivo en el mundo real. A tu hijo le encanta el color azul, le impresiona el Gran Cañón, le satisface un vaso de leche y se emociona con las películas.
- *Felicidad moral*. La felicidad moral está relacionada con la virtud y se presta más para una serie de actitudes filosóficas que para un sentimiento subjetivo espontáneo. Si tu hijo o hija lleva una vida buena y correcta, llena de sentido moral, entonces es posible que sienta profunda satisfacción y felicidad. Gilbert usa la palabra griega *eudaimonia* para describir esta idea, una palabra que Aristóteles tradujo como «haciendo el bien y viviendo bien». *Eudaimonia* literalmente significa «tener un buen espíritu guardián».
- *Felicidad valorativa*. En este caso, a la palabra «felicidad» le siguen palabras como «por», «de» o «que». Tu hijo podría estar feliz *por* ir al parque. Podría estar feliz *por* su amiga que acaba de adoptar un perro. Implica emitir un juicio sobre el mundo, no en términos de algún sentimiento subjetivo pasajero, sino como una fuente de sentimientos potencialmente placenteros, pasados, presentes o futuros.

¿De dónde viene la felicidad, del tipo que sea? La principal fuente de felicidad fue descubierta por el experimento en curso más antiguo de la historia de la ciencia moderna en Estados Unidos.

EL SECRETO DE LA FELICIDAD

El psicólogo que presidió este proyecto de investigación se llama George Vaillant. Y se merece este nombre (Vaillant suena similar que *valiant*, que significa «valiente»). Desde 1937, investigadores del Estudio del Desarrollo de los Adultos de Harvard han recopilado datos íntimos de cientos de personas de manera exhaustiva. El proyecto normalmente se conoce como Estudio Grant, por el magnate de tiendas departamentales W. T. Grant, quien financió el trabajo en un principio. La pregunta de investigación es: ¿existe una fórmula para «la buena vida»? En otras palabras, ¿qué hace feliz a la gente?

Vaillant ha estado el encargado del proyecto durante más de cuatro décadas y ha sido el más duradero de la larga lista de pastores científicos que ha tenido el Estudio Grant. Su interés no es nada más profesional. El propio Vaillant se describe como un padre «desconectado». Se ha casado varias veces y tiene cinco hijos, uno es autista y los otros cuatro no le hablan muy seguido. Su propio padre se suicidó cuando Vaillant tenía diez años y no le dejó demasiados ejemplos felices que seguir. Por ello es un buen hombre para dirigir la búsqueda de la felicidad.

Los padrinos científicos del proyecto —todos fallecidos— reclutaron a 268 estudiantes de Harvard para participar en el estudio. Todos eran hombres blancos, aparentemente estables y muchos tenían futuros brillantes por delante —entre ellos Ben Bradlee, quien fue editor de *The Washington Post* durante muchos años, y John F. Kennedy—. Los eventos de sus vidas fueron registrados durante años para que grupos de psicólogos, antropólogos y hasta trabajadores sociales pudieran estar al tanto de lo que les ocurría. Y eso fue lo que hicieron.

Con un nivel de detalle inicial que sería la envidia del Departamento de Seguridad Nacional (Homeland Security) en Estados Unidos, estos hombres se han sometido a revisiones médicas exhaustivas cada cinco años, han presentado montones de pruebas psicológicas, tolerado entrevistas en persona cada 15 años y respondido a cuestionarios bianuales durante un período de casi 75 años. Aunque a lo largo de las décadas el proyecto ha sido supervisado de manera dispareja por un grupo que podría etiquetarse como relevos de investigadores, el Estudio Grant es probablemente el más completo que jamás se haya intentado.

¿Y qué han encontrado después de tantos años? ¿Qué es la buena vida? ¿Qué nos hace consistentemente felices? Permitiré que Vaillant, en entrevista con el *Atlantic*, hable por el grupo:

Lo único que realmente importa en la vida [es] tu relación con los demás.

Después de casi 75 años, el único hallazgo consistente parecería haber salido directamente de la película ¡*Qué bello es vivir*! Las amistades exitosas, esos desordenados puentes que conectan a los amigos y a la familia, son lo que pronostican la felicidad de las personas en su andar por los obstáculos de la vida. Las amistades son la variable más precisa de todas para predecir la felicidad. Cuando las personas llegan a la mitad de su vida, son el *único* predictor. Jonathan Haidt, un investigador que ha estudiado la relación entre la socialización y la felicidad, dice: «Los seres humanos se parecen de alguna manera a las abejas. Hemos evolucionado para vivir en grupos intensamente sociales, y no nos va tan bien cuando nos liberamos del panal».

Entre más íntima la relación, mejor. Un colega de Vaillant demostró que la gente no entra al diez por ciento más alto del rubro de la felicidad si no está en alguna relación romántica de algún tipo. El matrimonio es un factor grande. Cerca de 40 por ciento de los adultos casados se describen como «muy contentos», mientras que solo 23 por ciento de los «no casados» dicen lo mismo.

Otras investigaciones han confirmado y extendido estos hallazgos sencillos. Además de relaciones satisfactorias, otros comportamientos indicadores de felicidad son:

- Una dosis constante de actos altruistas.
- Hacer listas de aquello que agradeces, que genera sentimientos de felicidad a corto plazo.
- Cultivar una «actitud de gratitud» que genera sentimientos de felicidad a largo plazo.
- Compartir experiencias nuevas con un ser querido.
- Implementar un «reflejo de perdón» que esté listo cuando alguien querido te ofende.

Si los elementos de esta lista parecen obvios —son los sospechosos comunes en las revistas de autoayuda—, el siguiente puede resultar sorprendente: el dinero no supera la prueba. Según la publicación *Journal of Happiness*, las personas que ganan cinco millones al año no parecen más felices que aquellas con ingresos de 100 000 dólares al año. El dinero aumenta la felicidad únicamente cuando ayuda a las personas a salir de la pobreza y alcanzar un ingreso anual de unos 50 000 dólares anuales. A partir de entonces, la felicidad y la riqueza se bifurcan por caminos distintos. Esto sugiere algo práctico, que además es un alivio: ayuda a tus hijos a entrar a una profesión que les ayude a ganar alrededor de 50 000 al año. No tienen que ser millonarios para sentirse fascinados con la preparación que tú les diste para la vida. Una vez que sus necesidades básicas estén satisfechas, solo necesitarán amigos y parientes cercanos. Y a veces hermanos, como lo establece la siguiente historia.

¡Mi hermano es *Josh*!

Mis dos hijos, de tres y cinco años, se divertían en los juegos de un parque una mañana nublada en Seattle. Josh y Noah jugaban felices en los columpios, rodaban por el suelo y gritaban con los otros niños, todos comportándose como los cachorros de león en entrenamiento que eran en ese momento. De pronto, los niños malosos locales, unos grandulones de cuatro años, tiraron a Noah al suelo. Josh salió disparado como trago de Red Bull a ayudar a su hermano. Saltó entre su hermano y uno de los grandulones con los puños en alto y dijo entre gruñidos:

—¡Nadie se mete con mi hermano!

Los maleantes, sorprendidos, desaparecieron rápidamente.

Aparte de sentir alivio, Noah estaba eufórico. Abrazó a su hermano mayor y corría en círculos, lleno con un exceso de energía festiva. Inexplicablemente disparaba láseres con palos imaginarios, gritando a todo volumen para cualquiera que pudiera escuchar:

—¡Mi hermano es *Josh*!

Tras terminar su buena acción, Josh regresó a su columpio, con una sonrisa que atravesaba su rostro entero. Fue un espectáculo impresionantemente feliz, aplaudido además por nuestra niñera, que los estaba cuidando. La esencia de esta historia es la presencia de la felicidad, generada por una relación cercana e intensa. Noah estaba notablemente entusiasmado; Josh notablemente satisfecho. La rivalidad fraternal es fuerte y quizás este tipo de altruismo no constituye el único comportamiento que comparten. Pero en ese momento, estos niños estaban *felices* y se sentían estables, y se vio de una manera casi cinematográfica.

AYUDA A TUS HIJOS A HACER AMIGOS

Los hallazgos sobre la importancia de las relaciones humanas —en toda su gloria desordenada— realmente simplifican nuestra pregunta sobre cómo criar niños felices. Tendrás que ayudar a tus hijos a socializar efectivamente —cómo hacer amigos, cómo mantener esas amistades—, si quieres que sean felices.

Como podrás sospechar, crear niños socialmente inteligentes requiere de muchos ingredientes, demasiados para meterlos en alguna especie de contenedor conductual. He seleccionado los dos ingredientes que tienen más respaldo en el ámbito de las neurociencias más duras. Son los dos que más sirven como indicadores de las habilidades sociales de los niños:

- Regulación emocional
- Nuestra vieja amiga, la empatía

Empezaremos con el primero.

Regulación emocional: qué agradable

Después de varias décadas de investigación que han costado millones de dólares, los científicos han descubierto un hecho sorprendente: nos gusta mantener relaciones profundas y duraderas con las personas que son amables. Mamá tenía razón. Los individuos que son considerados, sensibles, cálidos, atentos, complacientes y que saben perdonar, tienen amistades más profundas y duraderas —y tasas de divorcio inferiores— que aquellos que son malhumorados, impulsivos, groseros, egocentristas, inflexibles y vengativos. Un balance negativo en esta hoja de cálculo puede afectar también la salud mental de las personas, y las pone en riesgo de tener menos amigos además de ser propensos a la depresión y trastornos de ansiedad. En sintonía con el Estudio Grant, aquellos con deudas emocionales están entre las personas más infelices del mundo.

Malhumorado, grosero e impulsivo parecen describir fallas en el control ejecutivo, y ese es parte del problema. Pero el déficit es todavía más grande. Estas personas no están regulando sus emociones. Para entender lo que significa esta idea, primero debemos responder una pregunta elemental:

¿Qué es una emoción?

La siguiente viñeta puede entrar en el archivo llamado «Haz lo que te digo, no lo que yo hago»:

Anoche mi hijo aventó su chupón. Estaba cansada y desesperada y le dije: «¡No aventamos las cosas!». Y luego se lo aventé.

Tal vez el hijo no se quería dormir y en su rebeldía aventó el chupón. La mamá ya nos dijo que estaba cansada y desesperada; probablemente podemos agregar enojada. Aparecen muchas emociones en estas tres frases cortas. ¿Qué es exactamente lo que estaban sintiendo? Tal vez te sorprenda mi respuesta. Los científicos realmente no lo saben.

En el mundo de la investigación abundan las discusiones sobre la definición de las emociones. En parte se debe a que las emociones no se logran distinguir en el cerebro.

Con frecuencia hacemos una distinción entre el pensamiento serio y organizado, como cuando resolvemos un problema de cálculo, y las emociones blandas, como la felicidad o la frustración. Sin embargo, cuando miramos los diagramas de las redes que conforman el cerebro las distinciones desaparecen. Algunas regiones generan y procesan emociones y otras generan y procesan cogniciones analíticas, pero están increíblemente entrelazadas. Las coaliciones complejas y dinámicas de las redes de neuronas intercambian señales eléctricas por medio de patrones altamente integrados y sorprendentemente adaptivos. No se puede ver la diferencia entre emociones y análisis.

Para nuestros fines, es mejor ignorar lo que las emociones *son* para enfocarnos mejor en lo que las emociones *hacen*. Si lo entendemos, podremos señalar estrategias para regular las emociones, una de las claves para mantener amistades saludables.

Las emociones etiquetan nuestro mundo
igual que RoboCop etiqueta a los maleantes

RoboCop, una de mis películas de ciencia ficción favoritas, define muy bien las emociones. La película de 1987 ocurre en una versión de Detroit futurista e infestada de crimen, que entonces, igual que ahora, necesitaba un héroe. El héroe resultó ser el androide RoboCop, un humano híbrido formado a partir de un policía difunto (interpretado por Peter Weller). Sueltan a RoboCop en el submundo criminal de la ciudad desprevenida y empieza a hacer su trabajo de limpieza. Lo mejor es que RoboCop puede atrapar a los malos y al mismo tiempo puede reducir los daños colaterales que podrían afectar a terceros. En una escena, escanea un paisaje lleno de criminales y espectadores inocentes. Nosotros estamos adentro de la visera de RoboCop; podemos ver que digitalmente etiqueta únicamente a los malos para procesarlos con mayor detalle y deja en paz a los demás. Apunta, dispara: solo derriba a los malos.

Este tipo de filtración es parecida a lo que ocurre con las emociones en el cerebro. Probablemente estés acostumbrado a pensar en las emociones como si fueran lo mismo que los sentimientos, pero, para el cerebro, no lo son. En la definición de libro de texto, las emociones simplemente son la activación de circuitos neurológicos que priorizan nuestro mundo perceptual en dos categorías: aquello que requiere de nuestra atención y las cosas que podemos ignorar sin correr un riesgo. Los sentimientos son las experiencias psicológicas subjetivas que surgen a raíz de esta activación.

¿Puedes ver la similitud con la visera de RoboCop? Cuando escaneamos nuestro mundo, etiquetamos algunos objetos para analizarlos con mayor detalle y los otros los dejamos en paz. Las emociones son las etiquetas. Otra forma de pensar en las emociones es comparándolas con papelitos *Post-it* que provocan que el cerebro se fije en alguna cosa. ¿En dónde colocamos nuestros recaditos cognitivos? Nuestros cerebros etiquetan aquellos registros que más se relacionan con nuestra supervivencia —amenazas, sexo y patrones (aquello que pensamos que hemos visto antes)—. La mayoría de la gente no pone etiquetas en todo y por ello las emociones nos ayudan a priorizar nuestros registros sensoriales. Podríamos estar viendo

Las emociones son como notas de *Post-it*, indicándole al cerebro que ponga atención en alguna cosa.

a un criminal en el jardín apuntándonos con una pistola. Pero el jardín no nos genera una reacción emocional. Las emociones nos brindan una importante habilidad de filtración perceptiva que está al servicio de la supervivencia. Cumplen con un papel en asignar nuestra atención a ciertas cosas y en ayudarnos a tomar decisiones. Como es de esperarse, la habilidad de los niños para regular sus emociones necesita tiempo para desarrollarse.

¿Por qué tanto llanto? Es para que les pongas una «etiqueta»

Durante las primeras semanas después de que trajimos a nuestro hijo mayor a casa, parecía que no hacía otra cosa más que llorar, dormir y emitir sustancias asquerosas de su cuerpo. Se despertaba en la madrugada, llorando. A veces lo cargaba, a veces lo acostaba; ambas cosas lo hacían llorar más. No pude más que preguntarme: ¿sabrá hacer otra cosa? Un día llegué de trabajar temprano. Mi esposa tenía a Josh en la carriola y, cuando me acerqué, Josh me vio y pareció experimentar una especie de reconocimiento repentino. Me lanzó una sonrisa de tantos megavatios que pudo haber iluminado Las Vegas durante una hora y luego me miró fijamente. ¡No lo podía creer! Aullé y estiré los brazos para abrazarlo. Sin embargo, el ruido fue demasiado fuerte y mis movimientos demasiado repentinos. De inmediato volvió a llorar. Luego se hizo popó en el pañal. Hasta ahí la variedad en nuestra interacción.

Mi incapacidad para descifrar a Josh en sus primeras semanas no significaron que él —o cualquier otro bebé— tuviera una sola pista emocional. En las primeras semanas de vida ocurre mucha actividad neurológica tanto en la corteza como en las estructuras límbicas de los bebés. Revisaremos estas dos estructuras cerebrales más adelante. Cuando llega a los seis meses, un bebé típico es capaz de experimentar sorpresa, asco, felicidad, tristeza, enojo y miedo. Los bebés no tienen muchos filtros. Durante muchos meses, el llanto es el medio más corto y eficiente de conseguir que sus padres les pongan una *Post-it* a *ellos*. La atención parental está entre los intereses de supervivencia más profundos de los infantes que de otro modo estarían indefensos, entonces lloran cuando tienen miedo, hambre, cuando se sorprenden o están demasiado estimulados, si se sienten solos o ninguna de las anteriores. Son muchos motivos para llorar.

Los sentimientos grandes confunden a los niños pequeños

Además, los bebés no pueden hablar. Lo harán a la larga —es uno de los primeros objetivos exclusivamente humanos a largo plazo–, pero sus sistemas de comunicación no verbal tardarán en conectarse con sus sistemas de comunicación verbal. Esta habilidad para etiquetar verbalmente una emoción, que es una importante estrategia para la regulación emocional, aún no está lista.

En lo que desarrollan su capacidad de lenguaje, a los niños les espera mucha confusión hasta que sus pequeños cerebros cargados de emoción estén listos. Esta lucha es especialmente difícil en los años de la infancia temprana. Los niños más jóvenes no siempre están al tanto de las emociones que están experimentando. Tal vez no conozcan la manera socialmente aceptable de comunicarlas. El resultado es que tu pequeño demuestra enojo cuando en realidad está triste, o puede estar de mal humor sin una razón aparente. A veces un evento aislado puede inducir una mezcla de emociones. Estas emociones y los sentimientos que los acompañan pueden parecer tan grandes y fuera de control que los niños terminan asustados además de todo, y eso solo amplifica los efectos.

Los niños con frecuencia expresan sus emociones de manera indirecta y por ello debes considerar el contexto en el que se encuentran antes de intentar interpretar el comportamiento de tu hija o hijo. Si tu conclusión es que los padres deben poner mucha atención a los paisajes *emocionales* de sus hijos para poder entender su comportamiento –únicamente para ayudarlos a socializar correctamente–, estás 100 por ciento en lo correcto.

Las cosas se calman con el tiempo. Las estructuras del cerebro que son responsables de procesar y regular las emociones se conectarán como adolescentes platicando en sus celulares. El problema es que no ocurre todo al mismo tiempo. El trabajo realmente no estará completo sino hasta que tú y tu hijo empiecen a solicitar préstamos para la universidad. Aunque tarda mucho tiempo, es muy importante establecer este flujo de comunicación.

Una vez que alcanza su etapa madura, la regulación emocional se ve así: imagínate que estás en el teatro con algunos amigos, viendo una escena emotiva del musical *Les Misérables*. Suena la canción extrañamente poderosa (algunos dicen melosa) «Bring Him Home» (Tráiganlo a casa). Tú sabes que: *a*) tu llanto es ruidoso y *b*) esta escena te llega al alma. Para ahorrarte la humillación social, evalúas la situación y te esfuerzas por reprimir tus lágrimas. Lo logras, apenas. Esta forma de rechazar tu reacción natural es una muestra de regulación emocional. Llorar no es reprobable, ni lo son las demás expresiones, pero te das cuenta de que en algunos contextos sociales cierto comportamiento es apropiado y en otros es inapropiado. La gente que logra esta distinción normalmente tiene muchos amigos. Si quieres que tus hijos sean felices, dedicarás mucho tiempo a enseñarles cuándo y cómo deben aplicar estos filtros.

La parte del cerebro donde ocurren las emociones

—¡Brilla en la oscuridad! —exclamó una niña pequeña entre asombrada y asustada.

—¡Uy, y se ven sus pinzas! —dijo un niño que estaba justo detrás de ella.

—¡Y ahí está su aguijón! —dijo otra niña, y el niño respondió:

—¡Se parece a la nariz de tu hermana!

Siguieron algunos empujones. Yo me reí. Estábamos en un paseo escolar en un museo, y yo estaba rodeado de niños de tercero de primaria alegres y animados que miraban asombrados el brillo de los escorpiones bajo la luz negra.

Una de las secciones más hermosas de la exposición, que también era su atractivo principal, estaba ligeramente por encima de la altura de sus hombros. Había un escorpión grande y solitario, inmóvil sobre una piedra dentro de una pecera aún más solitaria. La luz ultravioleta que brillaba desde arriba le daba al animal un aspecto de Señor de los Arácnidos fosforescente. O, si eres un científico del cerebro, se parece a una de las estructuras más complejas del cerebro: la que genera y procesa nuestras emociones.

Imagínate, si no te molesta la idea, a ese mismo escorpión suspendido a la mitad de tu cerebro. El cerebro tiene dos lóbulos o hemisferios que pueden compararse con dos peceras parcialmente fusionadas. Primero describiré las peceras y luego el escorpión.

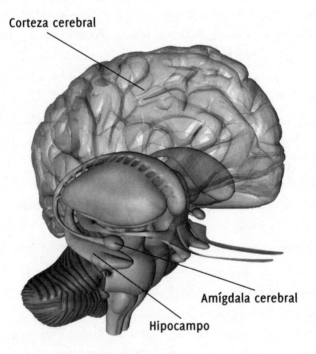

Corteza cerebral

Amígdala cerebral

Hipocampo

La corteza cerebral: sentidos y pensamiento

Las peceras parcialmente fusionadas son en realidad los dos hemisferios principales del cerebro, conocidos como hemisferio derecho y hemisferio izquierdo. Cada uno está cubierto por una superficie espesa que no es de vidrio sino una capa mixta de neuronas y moléculas. Esta cáscara de tejido celular es la corteza cerebral. Tiene un espesor de apenas unas cuantas células y no se parece a la corteza de ningún otro animal en el mundo. Es el tejido que nos hace humanos. Entre muchas otras funciones, la nuestra participa en el pensamiento abstracto (como cuando estudiamos álgebra, por ejemplo). También participa en el procesamiento de información sensorial externa (encontrarse con un tigre dientes de sable, por ejemplo). Pero la corteza no es responsable de la intimidación que provocan el álgebra y los tigres. Esa es la función del escorpión.

La amígdala cerebral: emociones y memorias

Este arácnido cerebral es parte de una serie de estructuras conocidas como el sistema límbico, que significa sistema «fronterizo». Las pinzas del escorpión, una para cada hemisferio, se conocen como la amígdala, que significa «almendra» (por su forma). La amígdala ayuda a generar emociones y almacenar memorias de las emociones que genera. En el mundo del cerebro real, la estructura del escorpión no se alcanza a ver. Las regiones límbicas están opacadas por otras estructuras, incluyendo un matorral impenetrable de conexiones celulares suspendidas en cada milímetro de superficie de la pecera. Pero la amígdala está conectada con otras partes, no solo con la corteza. Está conectada con las regiones que regulan tu pulso, tus pulmones y las regiones que controlan tu habilidad de movimiento. Las emociones en realidad están distribuidas a lo largo de grupos de células regadas por el cerebro.

¿Todavía me sigues? Las cosas están a punto de complicarse.

¡Qué chismoso!

La región central de la amígdala tiene conexiones grandes y gordas con una parte del cerebro conocida como la ínsula o corteza insular, una región cerca del centro del órgano. Es un hallazgo importante. La ínsula, con la ayuda de su amigo amigdalino, ayuda a crear contextos subjetivos y emocionalmente relevantes para la información sensorial que entra a nuestros cuerpos a través de nuestros ojos, oídos, nariz, dedos y más. ¿Y esto cómo sucede? No tenemos ni la menor idea. Sabemos que la ínsula recopila percepciones de temperatura, tensión muscular, comezón, cosquillas, sensaciones sensuales, dolor, pH estomacal, tensión estomacal y hambre que recibe del resto del cuerpo. Y luego comparte sus hallazgos con la amígdala. Algunos investigadores consideran que esta comunicación es uno de los motivos por los cuales la parte meridional de la cabeza es tan importante para la creación y percepción de estados emocionales. También puede estar relacionada con ciertas enfermedades mentales, como la anorexia nerviosa.

Pareciera que el escorpión habla mucho. Estas conexiones son las líneas telefónicas que permiten a esta parte del cerebro —y de manera indirecta, a prácticamente todo el cuerpo— escuchar lo que dice el resto del cerebro. Esto podría indicar que las funciones emocionales están distribuidas por todo el cuerpo, o al menos se comunican por todo el cerebro.

Hasta cierto punto, la manera en que la amígdala genera emociones y las razones por las cuales necesita la ayuda de tantas otras regiones neurales sigue siendo un misterio. Sabemos que el cerebro se toma su tiempo en terminar estas conexiones —en algunos casos se tarda años—. ¿Alguna vez has visto a un niño egoísta convertirse en un joven amable y considerado? A veces solo necesita un poco de tiempo.

Empatía: el pegamento de las relaciones

Junto con la habilidad para regular sus emociones, la habilidad para percibir las necesidades de otras personas y responder con empatía es muy importante para la competencia social de tus hijos. La empatía hace buenas amistades. Para tener empatía, tu hijo o hija debe cultivar la habilidad para ver el interior psicológico de alguien más, entender con precisión los sistemas de castigo y gratificación de esa persona y entonces responder con amabilidad y comprensión. El impulso de la empatía ayuda a las personas a formar lazos más fuertes y ofrece una estabilidad a largo plazo en sus interacciones. Observa lo que sucede entre la madre y la hija en esta historia:

> *Tengo* que aprender a no ser tan malhablada cuando llego a casa después de trabajar. Me estaba quejando con Shellie por teléfono de mi jefe, que es un dolor en el trasero. Unos minutos después me llegó un olor a pomada para nalgas rosadas y luego sentí que alguien trataba de levantarme la falda. Mi querida hija de dos años había destapado un tubo de Desitin y trataba de untarme crema en el trasero. Dije: «¿Qué demonios estás haciendo?». Ella dijo: «Nada, mami, es para el dolor en tu trasero». Adoro a esta niña. ¡La pude haber abrazado hasta que explotara!

Fíjate en lo que hizo la empatía creativa de la hija para cambiar la actitud de la mamá hacia su relación. *Pareció fortalecer el lazo entre ellas.* Estas actitudes de empatía tienen nombre. Cuando una persona se alegra realmente por alguien más, o siente tristeza por alguien más, decimos que están participando en un comportamiento activo constructivo. Es un comportamiento tan poderoso que puede mantener juntos no solo a padres e hijos, sino también a esposos y esposas. En el capítulo sobre la relación de los padres hablamos sobre el papel de la empatía cuando las parejas empiezan a tener hijos. Si tu matrimonio tiene una proporción de tres a uno de interacciones activas-constructivas contra interacciones tóxicas-conflictivas, entonces tu relación está prácticamente blindada contra el divorcio. Los mejores matrimonios tienen una proporción de cinco a uno.

Neuronas espejo: te puedo sentir

La empatía tiene un componente neurobiológico y lo pude recordar la primera vez que mi hijo menor recibió una vacuna. Mientras el doctor llenaba la jeringa, mis ojos recelosos seguían sus movimientos. El pequeño Noah percibió que algo no estaba bien y empezó a tratar de escaparse de mis brazos. Estaba a punto de recibir sus primeras vacunas, y ya sabía que no le iba a gustar. Yo sabía que los minutos siguientes iban a ser muy difíciles. Mi esposa prefirió quedarse en la sala de espera, lo vivió con nuestro hijo mayor y además sentía aversión por las jeringas (cuando ella era pequeña, la enfermera de su pediatra tenía Parkinson). A mí me tocó sostener firmemente al pequeño Noah en mis brazos para mantenerlo quieto mientras el doctor hacía el trabajo sucio. No debería de haber tanto alboroto. Tengo una relación familiar con las jeringas. En mi carrera he inyectado a ratones con patógenos, a tejidos neurales con electrodos de vidrio y probetas de plástico con colorantes, a veces errando la puntería y atinándole a mi dedo. Pero esta vez fue distinta. La mirada de Noah se fijó sobre la mía mientras la jeringa entraba en su bracito como un mosco metálico del infierno. Nada me pudo haber preparado para la mirada en el rostro de mi hijo de sentirse traicionado. Su frente se arrugó como celofán. Aulló. Yo también, en silencio. Sin tener un motivo racional, me sentí como un fracasado. Hasta me dolía el brazo.

La culpa la tiene mi cerebro. Cuando fui testigo del dolor en el brazo de Noah, de acuerdo con algunos investigadores, las neuronas que intervienen en la capacidad para sentir dolor en mi brazo de pronto empezaron a funcionar. No me estaban vacunando, pero a mi cerebro no le importó. Estaba reflejando el evento, literalmente experimentando el dolor de alguien que me importa mucho. Con razón me dolió el brazo.

Estas neuronas espejo están repartidas por el cerebro como pequeños asteroides celulares. Las enganchamos, en conjunto, con los sistemas de memoria y las regiones que procesan las emociones, cuando nos encontramos con las experiencias de otras personas. Los investigadores piensan que las neuronas con propiedades de espejo existen en muchas formas distintas. En mi caso, estaba sintiendo los espejos más cercanamente relacionados con el dolor de las extremidades. También estaba activando a las neuronas motoras que gobiernan el deseo de mi brazo de abandonar una situación dolorosa.

Parece que muchos otros mamíferos también tienen neuronas espejo. De hecho, las neuronas espejo fueron descubiertas inicialmente por investigadores italianos que trataban de averiguar cómo hacían los monos para agarrar pasas. Los investigadores se dieron cuenta de que ciertas regiones del cerebro se activaban no solo cuando los monos tomaban las pasas en sus manos, sino también cuando observaban a otros tomar las pasas. Los cerebros de los animales «reflejaban» el comportamiento. En los seres humanos, se activan las mismas regiones neurales cuando arrancas un pedazo de papel y cuando ves a la tía Martha arrancar un papel, pero también cuando escuchas las palabras: «La tía Martha está arrancando un pedazo de papel».

Es como tener una conexión directa con la experiencia psicológica de otras personas. Las neuronas espejo te permiten entender una acción porque te hacen experimentarla de primera mano, aunque en realidad la esté experimentando alguien más. Se parece a la descripción de la empatía. Las neuronas espejo también pueden estar profundamente relacionadas con la habilidad para interpretar gestos no verbales, particularmente expresiones faciales, y con la habilidad para entender las intenciones de otros. Este segundo talento está clasificado bajo una serie de habilidades llamadas Teoría de la Mente, que describiremos con mayor detalle en el capítulo sobre la moral. Algunos investigadores piensan que las habilidades de la Teoría de la Mente son el motor que impulsa a la empatía.

No todos los científicos están de acuerdo sobre el papel de las neuronas espejo en la mediación de comportamientos humanos complejos como la empatía y la Teoría de la Mente. Definitivamente es un punto contencioso. La mayor parte de la evidencia sugiere que desempeñan un papel, pero también pienso que falta mucha investigación al respecto. Si se estudia con más profundidad, podemos encontrar que la empatía no es un fenómeno sentimental, sino algo con profundas raíces neuropsicológicas. Sería una afirmación sorprendente.

Un talento disparejo
Este tipo de actividad neural es fácil de medir y por ello es posible preguntarse si cada niño tiene el mismo talento para la empatía. La respues-

ta, que no debe sorprendernos, es no. Por ejemplo, los niños autistas no tienen la capacidad para detectar cambios en los estados emocionales de los demás. Simplemente no pueden decodificar el interior psicológico de otras personas mirando sus rostros. No pueden interpretar las motivaciones de los demás ni predecir sus intenciones. Algunos investigadores consideran que sus neuronas espejo carecen de actividad.

Incluso cuando no se trata de estos casos extremos, la empatía es desigual. Probablemente conozcas a personas que son muy empáticas y otras que tienen un entendimiento emocional parecido al del polvo. ¿Nacieron así? Aunque es difícil separar influencias culturales y sociales, la respuesta igual de difícil es: probablemente.

Esta configuración neural sugiere que una parte de las habilidades sociales de los niños está fuera del control de los padres. Es una afirmación de peso, pero puede haber un componente genético en el nivel de felicidad que tus retoños pueden alcanzar. Esta idea un tanto aterradora merece una explicación más detallada.

¿SERÁ QUE LA FELICIDAD O LA TRISTEZA SON CUESTIONES GENÉTICAS?

Mi madre dice que nací riéndome. Aunque llegué al mundo antes de que hubieran cámaras de video —o padres— en la sala de parto, sí puedo verificar esta afirmación de manera independiente. El pediatra que supervisó mi nacimiento dejó un recado, que mi madre conservó y ahora lo tengo yo. El recado dice: «Parece que el bebé se está riendo».

Es chistoso, porque me encanta reír. También soy un optimista. Me gusta pensar que las cosas van a salir perfectamente aunque no exista la más mínima evidencia para respaldar esta actitud. Mi vaso siempre estará medio lleno, incluso cuando tenga algunas fugas. Esta predisposición quizá me ha salvado emocionalmente más de una vez, si consideramos cuántos años he tratado con la deprimente genética que con frecuencia reina sobre los trastornos psiquiátricos. Si nací riéndome, ¿también nací feliz? No, claro que no. La mayoría de los bebés lloran al nacer y eso no significa que nacen deprimidos.

Pero, ¿la tendencia hacia la felicidad o la tristeza es genética? El investigador Marty Seligman, uno de los psicólogos más respetados del siglo xx, piensa que sí. Seligman fue uno de los primeros en relacionar al estrés directamente con la depresión clínica. En su investigación anterior, se había dedicado a dar toques eléctricos a perros hasta que llegaron al punto de indefensión aprendida; tal vez como consecuencia, cambió de estrategia. ¿Su nuevo tema? El optimismo aprendido.

El termostato de la felicidad

Después de muchos años de investigar el optimismo, Seligman concluyó que todos llegamos con un «punto fijo» de la felicidad, algo similar a un termostato conductual que nos permite experimentar la felicidad dentro de un rango conductual. Esta noción está basada en las ideas del (finado) genetista conductual David Lykken, de la Universidad de Minnesota. Los puntos fijos de algunos niños están programados en el punto más alto; son naturalmente felices sin importar las circunstancias que les arroja la vida. Los puntos fijos de otros niños están programados en puntos más bajos. Son depresivos por naturaleza, sin importar las circunstancias de la vida. Los demás están en medio.

Puede parecer un poco determinista, y lo es —un poco—. Seligman es precavido al decir que la felicidad que uno vive de manera consistente también tiene influencias del entorno. Incluso tiene una fórmula, la Ecuación de la Felicidad, para medir qué tan felices son las personas. Es la suma de ese punto fijo, más ciertas circunstancias en tu vida, más factores que puedes controlar voluntariamente.

No todos están de acuerdo con Seligman; la Ecuación de la Felicidad ha generado críticas especiales. La mayor parte de la evidencia sugiere que hay cierta veracidad en la idea del punto fijo, pero necesita más investigación. A la fecha, no se ha encontrado una región neurológica dedicada exclusivamente a este termostato. Ni a ser feliz en general. A nivel molecular, los investigadores aún no han aislado un gen «de la felicidad» ni sus reguladores termostáticos, aunque están trabajando para encontrar ambos. Veremos estos genes con más detalle al final del capítulo.

Todo este trabajo –desde la Bebé 19, la niña angustiada del principio del capítulo– sugiere que la influencia genética tiene un papel activo en nuestra capacidad para experimentar una felicidad sostenida.

Nacer con temperamento

Los padres saben desde hace siglos que los bebés llegan al mundo con un temperamento nato. El científico Jerome Kagan, quien estudió a la Bebé 19, fue el primero en comprobarlo. El temperamento humano es un concepto complejo y multidimensional: la respuesta emocional y conductual característica de los niños ante eventos externos. Estas respuestas son relativamente fijas e innatas; las puedes observar en tu bebé al poco tiempo de su nacimiento. Los padres a veces confunden temperamento con personalidad, pero, desde una perspectiva de investigación, no son lo mismo. Los psicólogos experimentales suelen describir a la personalidad en términos mucho más mutables, porque los padres y la cultura también son factores que influyen sobre la conducta. La personalidad tiene la influencia del temperamento como una casa tiene la influencia de sus cimientos. Muchos investigadores consideran que el temperamento representa los ladrillos emocionales que sirven para construir a la personalidad.

Reactividad alta *versus* reactividad baja

A Kagan le interesaba una capa particular del temperamento: cómo responden los bebés cuando entran en contacto con algo nuevo. Se dio cuenta de que la mayoría de los bebés aceptaban las cosas nuevas con calma, miraban tranquilamente los juguetes nuevos, curiosos y atentos ante la información nueva. Pero algunos bebés se veían más inquietos, más irritables. Kagan quería encontrar a algunas de estas almas más sensibles para seguirlas hasta que crecieran. Los bebés numerados del uno al 18 entraban perfectamente en la primera categoría. Se dice que este tipo de bebé tiene un temperamento de reactividad baja. La Bebé 19 era completamente diferente. Ella y los bebés como ella tienen temperamentos de reactividad alta.

El comportamiento permanece sorprendentemente estable a lo largo del tiempo, como encontró Kagan en su experimento más conocido. El estudio es continuo y ha sobrevivido el retiro del viejo sabio (ahora lo dirige un colega suyo). El experimento involucró a 500 niños, empezó cuando tenían cuatro meses de edad, y fueron clasificados en reactividad alta o baja. Volvió a examinar a los mismos niños cuando cumplieron cuatro, siete, 11 y 15 años; algunos incluso más allá. Kagan encontró que era cuatro veces más probable que los bebés clasificados con reactividad alta tuvieran una conducta inhibida antes de los cuatro años en comparación con los grupos de control, y exhibirían comportamientos típicos de la Bebé 19. A los siete años, la mitad de estos niños habrían desarrollado algún tipo de ansiedad, en comparación con el diez por ciento de los del grupo de control. Casi no hay resultados híbridos. En otro estudio de 400 niños, tan solo tres por ciento cambió de comportamiento después de cinco años. Kagan llama a esto la larga sombra del temperamento.

¿Tendrás un bebé ansioso?

Un investigador y amigo mío tenía dos hijas, de seis y nueve años, en el momento en que estaba escribiendo este texto, y sus temperamentos no podrían ser más Kaganescos. La de seis años es la pequeña Miss Sunshine, socialmente valiente, propensa a tomar riesgos, efervescente y segura de sí misma. Puede entrar a una sala de juegos llena de desconocidos, iniciar dos conversaciones al mismo tiempo, revisar rápidamente todos los juguetes del lugar y luego irse sobre las muñecas, para jugar durante horas. Su hermana es lo contrario. Parece temerosa y vacilante, entra con cuidado de puntitas al mismo salón de juegos después de dudar en abandonar el costado de su madre. Entonces encuentra una esquina segura y se sienta ahí. No muestra ningún interés en explorar, casi no habla, y si alguien intenta hablar con ella, parece asustarse. Mis amigos tienen a su propio Bebé 19.

¿También tendrás un Bebé 19? Tu probabilidad es de una en cinco. Los altamente reactivos representaban cerca de 20 por ciento de la población de los estudios de Kagan. Pero el desarrollo de los bebés de alta reactividad depende de muchos elementos. Cada cerebro tiene una configuración distinta, y por ello no todos los cerebros provocan el mismo comportamiento. Es un punto importante. Además, la reactividad alta *versus* la reactividad baja es apenas una dimensión del comportamiento. Los investigadores se fijan en todo, desde los tipos de angustia, la duración de la atención, la sociabilidad, el grado de actividad hasta la regularidad de las funciones corporales. Los estudios como el de Kagan llegan a conclusiones sobre tendencias, no sobre destinos. Los datos no pronostican lo que serán estos niños tanto como predicen lo que *no* serán. Los infantes de alta reactividad no serán exuberantes, extrovertidos, joviales o atrevidos. La hija más grande nunca se convertirá en la hija pequeña.

¿Y si tu bebé es de alta reactividad? Criarlo puede parecer difícil, pero hay aspectos positivos. Mientras estos niños de alta reactividad navegaban por su formación escolar, Kagan percibió que la mayoría eran académicamente exitosos, aunque fueran exageradamente nerviosos. Hacían muchos amigos. Tenían menos probabilidad de experimentar con drogas, embarazarse o manejar peligrosamente. Pensamos que se debe a una necesidad, impulsada por la ansiedad, de adquirir mecanismos de compensación. Durante su carrera de investigación, Kagan solía emplear a los altamente reactivos. «Siempre busco a los de alta reactividad», declaró a *The New York Times*. «Son compulsivos y no cometen errores; son cuidadosos cuando están codificando datos».

¿Por qué es más probable que los bebés quisquillosos obedecerán los deseos de los padres, socializarán mejor y obtendrán las mejores calificaciones? Porque son los más sensibles a su entorno, aunque se quejen porque los llevan de la mano todo el camino. Siempre y cuando asumas un papel activo y cariñoso en la formación del comportamiento, hasta los más emocionalmente complicados entre nosotros finalmente crecerán bien.

NO EXISTE UN GEN PARA EL TEMPERAMENTO

Entonces si puedes ver el temperamento desde el nacimiento, permanece estable con el paso del tiempo. ¿Eso significa que los genes controlan completamente el temperamento? De ninguna manera. Como vimos con los casos de los niños de la tormenta de hielo en el capítulo sobre el embarazo, es posible crear un bebé estresado simplemente aumentando el estrés de la madre —no hay dobles hélices a la vista—. El papel de los genes es una interrogante científica, no un hecho científico. Afortunadamente, se está investigando.

Los estudios de gemelos demuestran hasta ahora que no existe un gen responsable del temperamento. (El trabajo genético casi siempre comienza con los gemelos, y el objeto de estudio ideal son los gemelos separados al nacer que crecieron en hogares distintos). Cuando observas los temperamentos de gemelos idénticos, el grado de similitud, la correlación, es de 0.4. Esto significa que los genes contribuyen, pero no es algo tan claro. Para los mellizos, y hermanos que no son gemelos, la correlación está entre 0.15 y 0.18, es decir, es todavía menos claro.

Los estudios sugieren que es más probable que los bebés quisquillosos sean más obedientes, estén mejor socializados y obtengan mejores calificaciones.

Pero se han aislado algunos genes que podrían explicar uno de los fenómenos más desconcertantes de toda la psicología del desarrollo: los niños resilientes.

¿Por qué algunos niños viven tantas dificultades y aún así salen bien?

La guerra civil que permitió el surgimiento de Sudán del Sur, el país más nuevo del mundo, también generó a los llamados Niños Perdidos de Sudán. Su historia es conocida.

Durante la guerra, las familias sufrieron enormemente y el resultado fue la separación de 20 000 niños de sus hogares. En ocasiones la separación fue deliberada: las familias alentaban a sus hijos a que dejaran su casa por temor a que fueran conscriptos en el ejército. A veces sus padres eran asesinados. Estos niños deambularon, en algunos casos durante años, por la zona de guerra sin aparentes medios de transporte. Muchos murieron —por enfermedad, animales salvajes, crimen—. Lo último que uno pensaría es que uno de estos niños se graduaría de la Universidad Estatal de Michigan con una maestría en Salud Pública para luego volver a Sudán a abrir una clínica.

Y sin embargo, es justamente lo que sucedió con Jacob Atem. Atem llegó a Etiopía y luego a un campamento de refugiados en Kenia. A la edad de 15 años, formó parte de un grupo de Niños Perdidos que fueron reubicados a Estados Unidos. Atem regresó después a Sudán a construir una clínica que trata 100 pacientes al día. ¿Cómo pudo alguien resistir después de presenciar tanta violencia? ¿Qué fue lo que impidió que Jacob se marchitara y además lo convirtió en una fuerza del bien? Joan Hecht, creadora de la Alianza para los Niños Perdidos de Sudán, tiene una idea. *The New York Times* citó a Hecht en un artículo sobre Atem: «"Muchos de ellos tenían una fuerza y fe interiores y deseo de triunfar", motivados "para enorgullecer y dignificar el nombre de sus familias". Ese impulso, dijo Hecht, los llevó a dejar la seguridad y comodidad de Estados Unidos para regresar a su país a ayudar».

¿Cómo explicamos a la gente como Jacob? La respuesta más corta es que no podemos. Muchos niños terminan traumados por experiencias abusivas. Pero no todos. Los niños como Jacob tienen una habilidad casi sobrenatural para mantenerse por encima de las circunstancias. Algunos investigadores han dedicado sus carreras completas a descubrir el secreto de esta resiliencia. Recientemente se unieron los genetistas, y sus resultados representan lo último de la investigación conductual.

Tres genes de resiliencia

Casi todo el comportamiento humano se gobierna por el trabajo en equipo concertado de cientos de genes. Sin embargo, como ocurre con cualquier deporte de equipo, algunos jugadores son dominantes y otros jugadores son menores. Aunque este trabajo es cuando mucho preliminar, aquí tenemos a tres jugadores genéticos de franquicia que vale la pena observar. Es posible que desempeñen un papel en la formación del temperamento y la personalidad de nuestros hijos.

MAOA lento: reducir el dolor del trauma

Los niños que sufren abusos sexuales corren mucho más peligro de convertirse en alcohólicos, los investigadores lo saben desde hace años. También están en peligro de desarrollar un debilitante problema de salud mental conocido como trastorno de personalidad antisocial. No obstante, está claro que éste *no* es el caso si la niña o el niño tiene una variante de un gen conocido como MAOA, que codifica la enzima monoamino oxidasa A. Existen dos versiones de este gen, uno lo llamaremos «lento» y el otro «rápido». Si el niño o la niña tiene la versión lenta, entonces será sorprendentemente inmune a los efectos debilitantes de su infancia. Si tiene la versión rápida, entonces cae dentro del estereotipo. La versión rápida de este gen ayuda a hiperestimular al hipocampo y partes de la amígdala cuando se recuerda algún momento traumático. El dolor es demasiado; y Jack Daniels surge como el mejor alivio. La versión lenta de este gen calma notablemente a estos sistemas. Los traumas están ahí, pero pierden su agudeza.

DRD$_{4-7}$: un protector contra la inseguridad

Los niños que crecen sin el apoyo de sus padres, o los niños que tienen padres fríos y distantes, a veces se sienten inseguros y exhiben comportamientos antisociales para conseguir atención. Pero no todos los niños criados por padres de este tipo padecen de esta inseguridad, y un grupo de investigadores parece tener la explicación. Tiene que ver con un gen llamado DRD$_4$, que significa receptor de dopamina D$_4$. Pertenece a una familia de moléculas capaces de adherirse al neurotransmisor dopamina para ejercer ciertos efectos psicológicos. Si los niños tienen una variación de este gen llamada DRD$_{4-7}$, aquella inseguridad nunca se desarrolla. Es como si el producto del gen cubriera el cerebro de teflón. Los niños que no tienen esta variante no están protegidos contra los efectos de los padres insensibles; para aquellos que sí lo tienen, la protección es *seis veces* mayor.

5-HTT largo: resistencia al estrés

Los investigadores saben desde hace años que algunos adultos se toman las situaciones estresantes y traumáticas con cierta calma. Pueden debilitarlos durante un tiempo, pero finalmente muestran indicios sólidos de recuperación. Otros adultos en situaciones iguales experimentan depresión profunda y trastornos de ansiedad, sin parecer recuperarse con el paso de los meses. Algunos hasta se suicidan. Estas reacciones gemelas son como versiones adultas de los infantes de alta reactividad y baja reactividad de Kagan.

El gen 5-HTT, un gen transportador de la serotonina, puede explicar esta diferencia, al menos parcialmente. Como sugiere el nombre, la proteína codificada por este gen actúa como un semirremolque, transportando al neurotransmisor serotonina a varias regiones del cerebro. Existen dos tipos distintos que llamaré variante «larga» y variante «corta».

Si tienes la variante larga de este gen, entonces estás en buenas manos. Tus reacciones al estrés, según la duración y severidad del trauma, están en el rango «típico». Tu riesgo de suicidio es bajo y tu probabilidad de recuperación es alta. Si tienes la forma corta de este gen, corres mayor riesgo de presentar reacciones negativas, como depresión y períodos de recuperación más largos después de un trauma. Lo interesante es que los pacientes con esta variación corta tienen problemas para regular sus emociones y no son buenos para socializar. Aunque no ha sido relacionada con este hallazgo, se parece una vez más a la Bebé 19.

Realmente parece que algunos niños nacen con mayor sensibilidad al estrés y otros nacen resistentes a este. El hecho de poder relacionarlo con una secuencia de ADN significa que podemos decir de manera responsable que tiene una explicación genética. Esto quiere decir que no puedes cambiar esta influencia sobre el comportamiento de tu hijo, como no puedes cambiar el color de sus ojos.

TENDENCIAS, NO DESTINOS

Es importante tomar esta discusión genética con mucha mesura. Algunos de estos hallazgos sobre el ADN requieren aún más investigación para atar cabos sueltos antes de poder etiquetarlos como verdaderos. Algunos necesitan repetirse varias veces para ser convincentes. Todos muestran asociaciones, pero no causas. Recuerda: una tendencia *no es* un destino. Los entornos saludables pueden desplegar una gran sombra protectora sobre todos estos cromosomas; y este tema lo tocaremos en el siguiente capítulo. Pero el ADN se merece un sitio en la mesa del comportamiento, aunque no sea en la cabecera, porque las implicaciones para madres y padres son asombrosas.

En el mundo nuevo de la medicina, los padres probablemente puedan solicitar exámenes genéticos para monitorear estos comportamientos. ¿Tendrá algún valor saber si tu recién nacido es de reactividad alta o baja? Un bebé menos vulnerable al estrés necesitaría ser criado de manera distinta de aquellos que no son vulnerables. Un día tu pediatra podría ser capaz de proporcionarte esta información haciendo algo tan simple como una prueba de sangre. Pero esa prueba aún aguarda en el futuro lejano. Por ahora, para entender las semillas de la felicidad de tus hijos tendrás que conocerlos.

Puntos clave

- ¿El mejor indicador de felicidad? Tener amigos.
- Los niños que aprenden a regular sus emociones logran amistades más profundas que aquellos que no lo logran.
- No hay una parte del cerebro que procese todas las emociones. Las redes neurales distribuidas por el cerebro ejercen un papel importante.
- Las emociones son increíblemente importantes para el cerebro. Actúan como recados en hojitas *Post-it*, y ayudan al cerebro a identificar, filtrar y priorizar.
- Puede que exista un componente genético que determine qué tan feliz podrá ser tu hijo.

Recordatorio: referencias en www.brainrules.net/references

BEBÉ FELIZ: LA TIERRA

Regla para el cerebro de tu bebé:

Etiquetar las emociones calma los sentimientos fuertes

BEBÉ FELIZ: LA TIERRA

«¡ZANAHORIA NO!», exclamó Tyler de dos años cuando su madre, Rachel, trató de ofrecerle una alternativa sensible a su reciente gusto por las cosas dulces. «¡Galleta! ¡Tyler quiere *galleta*!». Tyler cayó al suelo gritando, golpeando el suelo con los puños. «¡Galleta! ¡Galleta! ¡Galleta!», lloraba. Cuando Tyler conoció las galletas de chispas de chocolate, llenarse la boca con todas las galletas posibles se volvió su único objetivo en la vida.

Rachel, una ejecutiva de *marketing* ultraorganizada convertida en cuidadora de sus hijos, solía ser alguien que nunca perdía la paciencia. Ni su lista de pendientes. Pero estos berrinches tan potentes como un batallón eran demasiado para ella. Y no había escapatoria. Si Rachel se salía de la habitación, Tyler se convertía en un misil. Dejaba de llorar mientras la buscaba y luego, al ver al blanco maternal, volvía a tirarse al suelo reanudando su espectáculo. La mayoría de las veces, Rachel se enfurecía, luego se escondía, encerrándose en el baño y tapándose los oídos con los dedos. Se decía a sí misma que para ella y su hijo, cualquier sentimiento –felicidad, miedo, enojo– era demasiado bueno para ser expresado. Ella esperaba que Tyler finalmente lograría arreglar su situación, si lo dejaba en paz. En cambio, el comportamiento de Tyler empeoró paulatinamente. Y también el de Rachel. Las nubes familiares se acumulaban en la mañana antes de días enteros de tormentas conductuales. Rachel se volvió cada vez más ansiosa y se descomponía conforme avanzaba el día, más o menos igual que su hijo. Nada en su vida –profesional o personal– la había preparado para algo así. Quería tomarse la crianza un día a la vez, pero cuando Tyler actuaba así sentía como si varios días la atacaran a la vez.

Rachel, junto con todos los otros padres, puede intentar algunas acciones concretas para incrementar la probabilidad de criar un hijo feliz, sin importar las condiciones temperamentales que mencionamos en el capítulo anterior. Empiezo con el berrinche de Tyler por un dato sorprendente: la respuesta de Rachel ante las emociones intensas de Tyler importan *profundamente* para su felicidad en el futuro. Es más, su respuesta es uno de los grandes indicadores del tipo de persona que será cuando se convierta en hombre. Afecta su manera de sentir empatía por las personas y, por lo tanto, de mantener amistades, grandes factores de la felicidad humana. Incluso afectará su promedio escolar. Desde el proceso de criar lazos con el bebé, los padres que observan las vidas emocionales de sus hijos con detalle, tienen, de manera muy particular, la mejor oportunidad de hacerlos felices. El objetivo de este capítulo es explicar qué significa «de manera muy particular».

UN JUEGO DE *PING-PONG* DE PACIENCIA Y ATENCIÓN

Una excelente persona para iniciar nuestra discusión es un investigador que ha estudiado las vidas emocionales de los niños –y su interacción con los padres– durante décadas. Lleva un nombre que parece tomado de una película de ciencia ficción de la década de los 50: Ed Tronick.

Tronick es sonriente, tiene ojos azules profundos y un poco de cabello blanco. Le gusta asistir a los partidos de los Boston Red Sox, aunque prácticamente los puede ver desde su oficina de investigación, que tiene vista a la entrada de los jugadores en Yawkey Way. Fue un activista contra la guerra en la década de los 60 y uno de los primeros investigadores sobre la «crianza» que vivió en otras culturas, por lo que pasó tiempo con madres y padres en Perú, la República Democrática del Congo, y muchos lugares más. Pero su trabajo más conocido es por algo que se puede observar en aquel juego donde uno esconde su cara detrás de sus manos para entretener a un bebé. Es el poder de la comunicación de doble sentido para afianzar la relación entre padres e hijos. Aquí tenemos un ejemplo, tomado de los archivos de investigación de Tronick:

> El infante se voltea abruptamente en dirección opuesta a su madre cuando el juego llega a su punto de intensidad máxima y empieza a chuparse el pulgar y a mirar hacia el espacio con una expresión sin brillo. La mamá deja de jugar y se recuesta, observando... Después de unos segundos, el infante vuelve a voltearse hacia ella con una expresión de invitación. La madre se acerca, sonríe, y dice en una voz aguda y exagerada: «¡Ay, ya regresaste!». Él responde con una sonrisa y vocaliza. Cuando llegan juntos al punto máximo del juego, el infante vuelve a meterse el pulgar a la boca y se voltea. La madre espera de nuevo..., el infante voltea... hacia ella, y se saludan de nuevo con sonrisas gigantes.

Aquí debemos fijarnos en dos cosas: 1) el bebé de tres meses tiene una vida emocional plena, y 2) la madre está muy atenta a estas emociones. Supo cuándo interactuar y cuando retractarse. He visto docenas de videos de investigación encantadores que muestran esta coreografía entre padres atentos y sus bebés, y cada uno de ellos parece un desordenado y maravilloso partido de *ping-pong*. La comunicación es dispareja, ocurre en lapsos cortos, dirigida por el bebé y de doble sentido. Tronick le llama «sincronía de interacción». La interactividad atenta y paciente realmente ayuda a tu bebé a desarrollar su arquitectura neural de manera positiva y la inclina hacia la estabilidad emocional. El cerebro de un bebé que no experimenta esta interacción sincrónica puede desarrollarse de una manera muy diferente.

En este juego, es obvio que el bebé y la madre ya han formado una relación recíproca. A finales de la década de los 60, los investigadores acuñaron un término para describir esa relación: apego.

La teoría del apego surgió cuando se encontró que los bebés llegan al mundo programados con muchas habilidades emotivas y de relación. Al nacer, los bebés parecen expresar asco, angustia, interés y alegría. A los seis meses, experimentan enojo, miedo, tristeza, sorpresa y júbilo. En un año más sentirán vergüenza, celos, culpa y tal vez hasta orgullo. Estas emociones son como las etiquetas de RoboCop (o como papelitos *Post-it*, si prefieres) que le dicen al cerebro: «¡Pon atención aquí!». Cada niño etiqueta cosas distintas. Es tan aleatorio como la fascinación de un recién nacido con la barba de papá, o la angustia de los infantes cuando les ponen calcetines, o el amor o temor de los bebés ante los perros. Saber lo que etiquetan tus hijos —qué les provoca una reacción emotiva— y responder a ese conocimiento de una manera específica no solo es parte del proceso de apego, sino uno de los grandes secretos para criar hijos felices.

Los bebés nacen con la habilidad para relacionarse gracias a las razones evolutivas que discutimos en el capítulo sobre la relación en el matrimonio: es una habilidad especialmente útil para un infante que necesita establecer relaciones seguras con las personas que lo pueden alimentar. Debido a que los adultos se conmueven de manera extraña con la presencia de un bebé, la relación pronto se convierte en un ejercicio de colocarse etiquetas mutuamente. Mientras se termina de consolidar esta comunicación de dos sentidos, se dice que el bebé se está «apegando». El apego se entiende como una relación emocional recíproca entre un bebé y un adulto.

El lazo del apego se fortalece y se vuelve más íntimo a través de una variedad de experiencias, de las cuales muchas dependen de qué tan atentos son los padres con el bebé en los primeros años (aunque también hay factores genéticos que entran en juego). Si el proceso atraviesa momentos turbulentos, se dice que el bebé no está debidamente apegado.

Cuando crecen, estos niños no son tan felices. Sus puntajes en pruebas de sensibilidad social son dos terceras partes más bajos que los de aquellos niños que están bien apegados. Cuando crecen, muestran más del doble de problemas emocionales en sus vidas personales que los infantes apegados. Muestran menos empatía y son más irritables. También tienen el peor desempeño escolar.

El apego tarda años

La teoría del apego ha sido enormemente malinterpretada por los medios, que en algún momento trataban de implicar que los bebés nacían con un pegamento para relacionarse que se secaba rápidamente. Cuando naciera el bebé, había que hacerlo todo de prisa —poner al bebé sobre el vientre de mamá fue bastante popular— antes de que se secara el pegamento y se terminara el período crítico de apego. Estas nociones aún abundan.

Un colega me dijo que al final de una clase sobre apego, se le acercó una mujer de nombre Susan en el podio.

—No sé muy bien qué hacer —dijo. Susan había tenido a su primer bebé un mes antes, y después de un parto extraordinariamente difícil había caído en un cansancio profundo—. ¡Me quedé dormida durante mi período de apego! —dijo Susan, con lágrimas en los ojos—. ¿Mi bebé me va a querer todavía?

Susan estaba en un estado de pánico porque pensaba que su relación había sido dañada permanentemente. Había escuchado de una amiga que en una sala de maternidad habían colgado un letrero que decía: «Favor de no separar a los bebés de sus madres hasta que formen lazos afectivos». Increíble.

Mi colega trató de asegurarle que todo estaba bien, que no había ocurrido una falla irreparable en el desarrollo de su bebé y que le esperaban muchas horas mutuamente felices con su recién nacido.

El apego es más como un cemento que se seca lentamente, que un superpegamento que se cuaja al instante. Casi desde que nacen, los infantes empiezan a desarrollar modelos flexibles sobre la manera de las personas de relacionarse entre sí. Después usan esta información para averiguar cómo sobrevivir, y los padres son su primer objetivo. Las relaciones que se forman a raíz de esta actividad se desarrollan con el tiempo, tal vez dos años o más. Los padres que ponen atención de manera consistente —especialmente en estos años— estadísticamente crían los niños más felices.

TENER HIJOS NO ES PARA COBARDES

¿Lo único que tienes que hacer es jugar sincronizadamente con tu bebé relativamente seguido? Para nada. Puede ser necesario (y maravilloso) interactuar con tu bebé de tres meses, pero no es suficiente para convertirlo en un ciudadano feliz. Los niños tienen que crecer en algún momento, y ese proceso cambia naturalmente su comportamiento y complica sus relaciones con prácticamente todo el mundo. Como padre o madre, tendrás que adaptarte a sus cambios. Criar hijos es maravilloso. Pero no es para cobardes. ¿Qué tan radicales pueden parecer estos cambios? Escucha a estos padres:

> ¿Cómo diablos fue que cuando cumplió tres años mi hijita linda se convirtió en el diablo de la noche a la mañana? Hoy me dijo que no me quiere y que me va a apuñalar. Trató de pisar los dedos de un bebé de 14 meses y exclamó: «Carajo» de la nada.

> Ay. Acabo de gritarle a mi hijo de cinco años pidiéndole que deje de correr por la casa porque saqué varias cosas y él y su hermana se están tropezando constantemente (estoy limpiando). Me miró con una sonrisa sarcástica y siguió corriendo. Como si fuera una prueba. PERDÍ los estribos. Traté de darle cosas para que me ayudara y se mantuviera ocupado, pero él prefería seguir corriendo por la casa. Me siento mal por haber perdido la compostura, pero, caray, ¿qué hacemos cuando no entienden por la buena?

Las sensaciones que están ocurriendo en los corazones de estas pobres madres se alcanzan a sentir. Aunque las niñas mal habladas de tres años y los alumnos de preescolar necios seguirán existiendo casi sin duda en tu futuro, también tenemos este otro caso:

> Le arreglé el cabello a mi hija de tres años hoy, y ella me miró en el espejo, me levantó el pulgar y me dijo: «¡Eso es todo, hermana!» ¡LOL!

Esta combinación interna de santo / pecador en el comportamiento de los niños suele conocerse como los terribles dos años (aunque en realidad pueden tener tres años, cuatro años y más aún, como establecen los mensajes de este foro). Cuando llega el segundo año en el mundo-bebé, la mamás y los papás también están evolucionando. Han empezado a transitar de compañeros de juego glorificados a *padres* que establecen reglas, se enfurecen y cuentan hasta diez antes de gritar. La transición es natural. También la frustración. Muchas personas aprenden mucho de los niños en esta etapa, incluyendo la poca duración de su paciencia. No queda otra opción más que seguir adelante, claro, pero importa cómo lo haces si tu objetivo es criar un niño feliz.

UN CHICO MARAVILLOSO

¿De qué clase de niños y niñas estamos hablando? Pienso en mi amigo Doug, quien estudió la preparatoria conmigo en la década de los 70. Era brillante —buenísimo para las matemáticas—, pero pudo haber entrado en el equipo de debate sin problemas. Tenía buen desempeño en casi todas las materias que estudiaba. Doug finalmente se graduaría como el mejor de su generación, y al parecer ya lo daba por hecho prácticamente desde que entró a la preparatoria. Doug también era atlético (receptor abierto del equipo de futbol americano), se tenía confianza (sonreía cómodamente) y tenía la gracia de un optimismo purísimo. Además, Doug era tan encantadoramente humilde como socialmente seguro. Por ello era muy popular. A todas luces, Doug parecía inteligente, talentoso, motivado, bien socializado, *feliz*. ¿Era un simple acto, o había algo en la fisiología de Doug?

Existen bastantes datos para sugerir que los jóvenes como Doug son, de hecho, diferentes en una manera que se puede medir. Su habilidad inconsciente para regular su sistema nervioso autónomo –que llamamos tono vagal– demuestra una estabilidad descomunal. Doug es representativo de un grupo pequeño pero muy importante de niños maravillosos que existen en todo el mundo.

Estos niños:

- Tienen mejor regulación emocional, se calman más rápidamente.
- Tienen el mejor desempeño académico.
- Muestran respuestas más empáticas.
- Demuestran mayor lealtad a sus padres y tienen una tasa más alta de cumplimiento de los deseos de estos, con una obediencia que nace de sentimientos de conexión y no del miedo.
- Tienen menores incidencias de depresión pediátrica y trastornos depresivos.
- Son los que menos contraen enfermedades infecciosas.
- Son menos propensos a cometer actos violentos.
- Tienen muchas amistades profundas y enriquecidas, y en mayor abundancia.

Este último dato les da su mejor oportunidad para ser felices. Estos hallazgos han hecho que más de un padre se pregunte:

«¿Dónde se consiguen hijos así?»

Los padres de Doug no eran psicólogos. Eran los dueños de un supermercado relativamente exitoso, casados durante 20 años y aparentemente felices y estables. Y obviamente hicieron algo correctamente.

Los investigadores también querían saber cómo tener hijos como Doug. Es uno de los temas que más importan para el éxito de una cultura. Ante la falta de estudios rigurosos, aleatorios y longitudinales, un grupo de magníficos investigadores intentó la mejor alternativa. Estudiaron a familias que consistentemente producían hijos maravillosos, luego analizaron a sus padres para descubrir qué hacían que era tan productivo y nutritivo para el bienestar de sus hijos. Se preguntaban si quizás estos padres tenían algunas cosas en común. En otras palabras: ¿existen ciertas habilidades de crianza que se correlacionan tan fuertemente con los efectos esperados que podrían predecir cómo resultará *cualquier* niño?

Resulta que sí. Aunque los datos son asociativos, también son sofisticados. Sin importar raza o nivel de ingreso, los padres cuyos hijos se convierten en niños maravillosos hacen cosas similares una y otra vez. Definitivamente podemos discutir cómo son en realidad los niños felices y sobre los fundamentos de la crianza de los hijos. Pero si las características de arriba no te parecen convincentes, nosotros sabemos cómo llevarte a ese punto. La investigación es estadísticamente compleja, pero recurriré a una receta de uno de los chefs favoritos de Estados Unidos para describir esos rasgos comunes. Su nombre es Bobby Flay y su receta es para pollo asado.

Bobby Flay tiene pelo rojo y un acento neoyorquino, es dueño de una cadena de restaurantes y ha sido la máxima celebridad culinaria de Estados Unidos durante muchos años. Es conocido por haber recreado recetas del Suroeste para aquellos que disfrutan de viajar frecuentemente a la cima de la pirámide alimenticia, donde habitan las carnes y las grasas. Afortunadamente para los consumidores que cuidan su salud, Flay también ha creado recetas deliciosas que no engordan nada más con el puro olor. Una de ellas es una «capa seca» para preparar pollo al horno. Las capas secas están compuestas por una mezcla de distintas especias que se frotan sobre la carne para sazonarla antes de cocinarla.

Para efectos de nuestro ejemplo, el pollo es la vida emocional de tu hijo. Las especias, seis de ellas, son tus comportamientos durante la formación de tus hijos. Cuando los padres sazonan a sus hijos correctamente y de manera regular, aumentan la probabilidad de criar niños felices.

Las emociones son primordiales

Cada día, los padres enfrentan decisiones sobre cómo criar a sus hijos, pero no todas afectan el resultado final. Hay una decisión con las que sí se puede influir. Tu forma de tratar la vida *emocional* de tus hijos —tu capacidad para detectar, reaccionar, promover y ofrecer enseñanza sobre la regulación emocional— servirá en gran medida para pronosticar la felicidad de tu bebé en el futuro.

Tras más de 50 años de estudiar el tema, investigadores desde Diana Baumrind y Haim Ginott, hasta Lynn Katz y John Gottman, han llegado a esta conclusión. Por ello la vida emocional de tus hijos tiene un papel central, es el pollo de la metáfora. No obtendrás los otros beneficios de la receta si no has colocado la carne del asunto en el mero centro de tu comportamiento como madre o padre. La cuestión crítica es tu respuesta cuando las emociones de tus hijos se intensifican (Gottman diría «se calientan») lo suficiente para sacarte de tu zona de comodidad.

Estos son las seis especias que entran en esta «capa seca» paternal:

- Un estilo de crianza exigente y al mismo tiempo cálido.
- Estar en paz con tus propias emociones.
- Seguir las emociones de tus hijos.
- Verbalizar emociones.
- Encarar las emociones.
- Dos toneladas de empatía.

1. Un estilo de crianza exigente y al mismo tiempo cálido

Sabemos mucho sobre lo que sí funciona, gracias en parte a la psicóloga del desarrollo Diana Baumrind. Nació en la ciudad de Nueva York en 1927 en una familia de inmigrantes judíos de clase media baja. Es tan picante como los chiles y es conocida por llevar a otro investigador ante las autoridades por una violación ética (al psicólogo Stanley Milgram, quien engañó a un grupo de universitarios para que creyeran que en su experimento estaban electrocutando a los participantes hasta causarles la muerte). Baumrind tuvo una segunda carrera como activista de derechos humanos y en la década de los 50 Joe McCarthy la investigó por posible actividad antiestadounidense. Ejerce su ciencia en —¿dónde más?— la Universidad de California-Berkeley. A mediados de la década de los 60, Baumrind publicó sus ideas sobre la crianza de los hijos, con un marco teórico tan robusto que los investigadores todavía lo usan. Puedes pensar en sus ideas como los cuatro estilos de crianza. Baumrind describió dos dimensiones de la crianza, ambas ejercidas continuamente:

- *Responsividad.* Es el grado de apoyo, cariño y aceptación en las respuestas de los padres a los hijos. Los padres cariñosos normalmente comunican afecto hacia sus hijos. Los padres hostiles normalmente muestran rechazo.
- *Exigencia.* Es el grado de control que intentan imponer los padres sobre el comportamiento. Los padres restrictivos suelen dictar las reglas y ejercerlas sin piedad. Los padres permisivos no aplican *ninguna* regla.

Al colocarlos sobre una cuadrícula de dos-por-dos, estas dimensiones forman cuatro estilos de crianza que han sido estudiadas. Solo uno de los estilos produce niños felices.

Autoritario: demasiado duro

Poco afectuosos y muy exigentes. Para estos padres es muy importante ejercer el control sobre sus hijos y es probable que sus hijos les tengan
miedo. No intentan explicar las reglas y no proyectan cariño.

Indulgente: demasiado permisivo

Afectuosos y poco exigentes. Estos padres realmente aman a sus hijos, pero
carecen de la habilidad para imponer reglas y lograr que se cumplan. En
consecuencia, evitan la confrontación y rara vez exigen que se obedez-
can las reglas de la familia. Para estos, es común que se sientan supera-
dos por el deber de criar a los hijos.

Negligente: demasiado distante

Poco afectuosos y poco exigentes. Probablemente el peor grupo de todos. A
estos padres no les importan mucho sus hijos y no tienen interacciones
cotidianas. Cuando mucho ofrecen los cuidados más básicos.

Propagativo: la medida justa

Afectuosos y exigentes. La mejor combinación de todas. Estos padres exigen, pero sus hijos les importan mucho. Explican las reglas y les piden
a sus hijos que expresen sus reacciones. Promueven un alto grado de
independencia, pero se aseguran de que los niños cumplan con los valores familiares. Estos padres suelen tener excelentes habilidades de
comunicación con sus hijos.

Los padres negligentes producían hijos que resultaban tener el peor
comportamiento y las mayores dificultades emocionales del vecindario;
también obtenían las peores calificaciones en la escuela. Los padres pro-
pagativos producían a niños como Doug.

Las ideas de Baumrind fueron confirmadas en 1994 tras un gran estudio con miles de estudiantes de California y Wisconsin que entraban
en la adolescencia. Un grupo de investigadores logró pronosticar cómo

serían los niños únicamente a partir del comportamiento de los padres, sin importar sus antecedentes étnicos. Otros estudios respaldaron y ampliaron las ideas iniciales de Baumrind. Esta generación posterior de investigadores planteaba una pregunta muy simple: ¿Cómo fue que los padres caían en alguno de aquellos cuatro estilos? La respuesta está en nuestra siguiente especia.

2. Estar en paz con tus propias emociones

Imagínate que tu mejor amiga te viene a visitar y sus mellizos de cuatro años, Brandon y Madison, están jugando en el sótano. De pronto, los gritos de los niños interrumpen tu conversación. Los gemelos están discutiendo: uno quiere jugar «soldaditos» con un grupo de figuritas y el otro quiere usarlas para jugar a la casita.

—¡Son mías! —grita Brandon, tratando de adueñarse de las figuritas.

—¡No es justo! —grita Madison, tratando de quitárselas—. ¡Yo también las quiero!

Tu amiga quiere que pienses que ella tiene angelitos y no diablitos, y se va por las escaleras.

—¡Par de malcriados! —exclama—. ¿Por qué no pueden jugar bien? ¿No ven que me están avergonzando?

Brandon empieza a llorar y Madison se lamenta, mirando al suelo.

—Mis hijos son unos blandengues —dice, subiendo de prisa las escaleras.

¿Qué harías tú en esta situación, si los gemelos fueran tus hijos? Aunque no lo creas, los psicólogos son capaces de predecir, con cierto grado de precisión, lo que vas a hacer. John Gottman le llama a esto tu filosofía metaemocional. Una metaemoción indica lo que sientes con respecto a los sentimientos (*meta* significa literalmente «ascendente», o «mirando desde arriba»).

Algunas personas reciben las experiencias emotivas con los brazos abiertos y las consideran una parte importante de la riqueza de la vida. Otras piensan que las emociones debilitan a la gente, les causan vergüenza y deben ser suprimidas. Algunas personas creen que ciertas emociones están bien, como la alegría y la felicidad, pero otras deben permanecer en una lista de conductas prohibidas; enojo, tristeza y miedo son algunas de las elecciones populares. Y otras no saben qué hacer con sus emociones aparte de tratar de huir de ellas. Ese es el caso de Raquel al principio de este capítulo. Lo que sientas sobre tus emociones —o las de alguien más— es tu filosofía metaemocional. ¿Logras discernir entre los cuatro estilos de Baumrind en estas actitudes?

Tu filosofía metaemocional será muy importante para el futuro de tus hijos. Servirá para predecir cómo (si es que lo hacen) aprenderán a regular sus propias emociones. Estas habilidades se relacionan directamente con las capacidades sociales de los niños y por ello tus sentimientos sobre los sentimientos pueden influir enormemente sobre la felicidad futura de tus hijos. Tienes que estar cómodo con *tus* emociones para que tus hijos estén cómodos con las *suyas*.

3. Seguir las emociones de tus hijos

Te puedes imaginar la vida familiar de las personas por su forma de describirla. Algunas veces, todos los detalles sobre una relación pueden interpretarse con unas cuantas palabras. Gwyneth Paltrow, estrella del escenario y la pantalla grande, creció en el negocio, hija de una actriz y un director. Sus padres permanecieron juntos toda su vida, y eso, considerando la atracción gravitacional de la profesión en sentido contrario, es casi un milagro. Paltrow relató la siguiente historia sobre su padre en 1998 para la revista *Parade*.

> Cuando tenía diez años fuimos a Inglaterra. Mi mamá estaba filmando una miniserie ahí... Mi papá me llevó de fin de semana a París. La pasamos increíble. En el avión de regreso a Londres, me preguntó: «¿Sabes por qué fuimos a París, tú y yo nada más?». Yo pregunté: «¿Por qué?». Y me dijo: «Porque quería que vieras París por primera vez con un hombre que te amará por siempre».

Cuando Paltrow ganó un Oscar en 1999, pronunció aquel famoso discurso sentimental entre lágrimas, donde dijo que fue por su familia que pudo saber qué era el amor. Bruce Paltrow murió cuatro años después. Pero su comentario tan afectuoso sigue siendo un gran ejemplo de lo que yo llamaría «vigilancia emocional equilibrada».

Algunas páginas atrás mencioné a unos padres que ponían atención cercana a las vidas emocionales de sus hijos *de una manera particular*. Lo pudiste ver con la mamá que jugaba a esconder su rostro con su hijo en el laboratorio de Tronick:

> La mamá deja de jugar y se recuesta, observando… Después de unos segundos, el infante vuelve a voltearse hacia ella con una expresión de invitación. La madre se acerca, sonríe, y dice en una voz aguda y exagerada: «¡Ay, ya regresaste!». Él responde con una sonrisa y vocaliza.

La madre estaba en perfecta sintonía con las claves emocionales de su hijo. Sabía que si su bebé miraba para el otro lado significaba probablemente que necesitaba un descanso del diluvio sensorial que estaba sintiendo. La mamá lo dejaba un momento, esperaba pacientemente y no reanudaba el juego sino hasta que el bebé diera muestras de haberse recuperado del torrente sensorial. Entonces podía demostrar toda su alegría cuando regresara mamá, sonriendo en lugar de sentirse demasiado estimulado, algo que probablemente le causaría el llanto. El tiempo entre cada interacción fue inferior a cinco segundos, pero, a lo largo de muchos años, esta sensibilidad emocional puede ser la diferencia entre un niño productivo y un delincuente juvenil.

Los padres de los niños más felices iniciaron este hábito al principio de sus carreras familiares y luego lo continuaron a lo largo de los años. Se mantuvieron atentos a las emociones de sus hijos de la misma manera que algunos siguen sus acciones en la bolsa de valores o a su equipo favorito de beisbol. No ponían atención de manera controladora e insegura, lo hicieron con cariño, sin excederse, como un cálido médico familiar.

No tenían que preguntar para saber si sus hijos estaban contentos, tristes, alegres o temerosos. Podían leer e interpretar los indicios verbales y no verbales de sus hijos con un grado de precisión admirable.

El poder de la predicción

¿Por qué funciona esto? Solo conocemos un par de partes de la historia. La primera es que los padres que poseen información *emocional* tienen mayor capacidad para predecir el comportamiento de sus hijos. Las madres y los padres llegan a estar tan sintonizados con el interior psicológico de sus hijos que se vuelven profesionales en el pronóstico de sus reacciones ante casi cualquier situación. Se desarrolla entonces una especie de instinto que sirve para saber lo que puede ayudar, lastimar o ser indiferente para los hijos en una variedad de circunstancias. No hay muchas habilidades de crianza más valiosas que esa.

La segunda es que los padres que siguen poniendo atención a lo largo de los años no se sorprenden con los constantes cambios emocionales que coinciden con el desarrollo emocional de sus hijos. Esto es importante, si consideramos los movimientos tectónicos que ocurren durante el desarrollo del cerebro en la niñez. Cuando cambian los cerebros de los niños, cambia también su comportamiento y esto resulta en más cambios cerebrales. Aquellos padres experimentan menos sorpresas cuando sus hijos crecen.

Sin embargo, la vigilancia emocional viene con una advertencia, porque hasta lo más bueno puede llegar a ser excesivo. A finales de la década de los 80, a los investigadores les sorprendió descubrir que cuando los padres vigilaban demasiado las pistas emocionales de sus hijos —responder a cada gárgara, eructo y tos— el apego de los niños se volvía *menos* seguro. A los niños (como a cualquiera) no les gusta que los sofoquen. El exceso parecía interferir con su regulación emocional y alteraba su necesidad natural de tener espacio propio e independencia.

Fíjate cómo la mamá mantuvo su distancia en aquel juego de escondidillas cuando el comportamiento del hijo pedía espacio. Al principio les cuesta mucho a los padres distinguir cuándo sus hijos se sienten amados y cuándo se sienten sofocados. Algunos nunca lo entienden. Una explicación probable es que la proporción entre amor y agobio varía entre cada niño —y tal vez de un día a otro—. Sin embargo, hay que buscar el equilibrio (es buen momento para insertar toda la discusión sobre Ricitos de Oro aquí mismo). Los padres que resistieron las ganas de rendirse ante el motor interno de sus hijos lograron el apego más firme.

4. Verbalizar las emociones

—No me gusta —murmuró la niña de tres años cuando los invitados empezaron a irse. Después de pasar un mal rato durante la fiesta de cumpleaños de su hermana mayor, empezaba a enojarse—. ¡Quiero la muñeca de Ally, esta no!

Sus padres le habían comprado un regalo de consolación, pero la estrategia se vino abajo como un globo de plomo. La niña aventó su muñeca al suelo.

—¡La de Ally! ¡La de Ally!

Empezó a llorar. ¿Puedes imaginarte a un padre o madre tomando una decisión entre tantas opciones ante esta situación que se tensaba más y más?

—Te ves triste. ¿Estás triste? —fue lo que dijo el papá de la niña. La niña asintió con la cabeza, todavía enojada. El papá siguió—: Creo que ya sé por qué. Estás triste porque le tocaron todos los regalos a Ally. ¡Y a ti solo te tocó uno! —La niña volvió a asentir—. Tú quieres el mismo número de regalos, pero no los puedes tener, te parece injusto y por eso estás triste. —El papá llevaba buen control de la situación—: Cuando alguien consigue algo que yo quiero y yo no lo consigo, también me pongo triste.

Silencio.

Entonces el papá dijo la frase más característica de los padres que verbalizan.

—Tenemos una palabra para ese sentimiento, cariño —dijo—. ¿Quieres saber cuál es esa palabra?

Ella lloriqueaba:

–Sí.

Le tomó los brazos.

–Lo llamamos envidia. Tú querías los regalos de Ally, pero no eran para ti. Te dio envidia.

Ella lloró un poco, pero se estaba calmando.

–Envidia –dijo en voz baja.

–Así es –respondió papá–, y es una sensación fea.

–Envidia todo el día –dijo ella, acurrucándose en los brazos grandes y fuertes de papá.

Este papá de gran corazón es bueno para a) etiquetar sus sentimientos y b) enseñar a su hija a etiquetar los suyos. Sabe cómo se siente la tristeza en su propio corazón y la anuncia fácilmente. Sabe distinguir la tristeza en el corazón de su hija y le está enseñando a anunciarla también. Asimismo es capaz de enseñar alegría, aversión, preocupación, miedo; todo el espectro de la experiencia de su hija.

La investigación demuestra que el hábito de etiquetar sentimientos es un comportamiento predominante entre todos los padres que crían hijos felices. Los niños que experimentan regularmente este comportamiento de parte de sus padres se vuelven más aptos para tranquilizarse a sí mismos, son más capaces de enfocarse en tareas y se relacionan mejor con sus similares. A veces es más difícil saber qué hacer que qué decir. Pero a veces solo hace falta decirlo.

Etiquetar las emociones es un calmante neurológico

Observa en la historia cómo la niña se empezó a calmar cuando su padre dirigió su atención hacia sus sentimientos. Es un hallazgo común; lo puedes medir en un laboratorio. Verbalizar tiene un efecto tranquilizante sobre los sistemas nerviosos de los niños. (Y de los adultos, también). Entonces, la Regla para el Cerebro aquí es: Etiquetar las emociones ayuda a calmar los sentimientos fuertes.

Esto es lo que pensamos que está ocurriendo en el cerebro. La comunicación verbal y no verbal son como dos sistemas neurológicos interconectados. Los cerebros de los infantes todavía no conectan estos sistemas completamente. Sus cuerpos pueden sentir miedo, aversión y alegría sin que sus cerebros puedan hablar de esas sensaciones. Esto quiere decir que *los niños experimentarán las características de las respuestas emocionales antes de saber qué son esas respuestas.* Por eso los sentimientos fuertes pueden asustar a los pequeños; los berrinches pueden alimentarse de este miedo. No es una brecha sostenible. Los niños tendrán que averiguar qué está pasando con sus sentimientos fuertes, pero al principio se van a asustar. Necesitan conectar estos dos sistemas neurológicos. Los investigadores consideran que aprender a etiquetar emociones es lo que ayuda a lograr esa conexión. Entre más pronto se construya ese puente, es más probable que veas comportamientos autotranquilizantes, junto con una gran cantidad de beneficios. La investigadora Carroll Izard ha demostrado que en las casas donde no hay tal enseñanza, estos sistemas no verbales y verbales permanecen un tanto desconectados o se integran de una manera poco saludable. Sin las etiquetas para describir sus sentimientos, los niños pueden permanecer confundidos por una cacofonía de experiencias fisiológicas.

He sido testigo del poder de las etiquetas. Uno de mis hijos era capaz de armar berrinches que registraban en la escala de Richter. Sabía por las publicaciones sobre el tema que los berrinches ocasionales son normales en los primeros años de vida de los niños, particularmente porque su sentido de independencia está en conflicto con su madurez emocional. Pero a veces se me partía el corazón por él. Parecía muy triste y se veía bastante asustado. Cuando ocurría me acercaba a él, todo lo que fuera físicamente posible, nada más para asegurarle que estaba cerca de alguien que lo iba a querer para siempre (todos podemos aprender de Bruce Paltrow).

Un día, hacia el fin de un episodio particularmente fuerte, miré a mi hijo de frente y le dije:

–¿Sabes, hijo? Tenemos una palabra para este sentimiento. Me gustaría decirte cuál es esta palabra. ¿Está bien? –Asintió, todavía llorando–. Se llama estar «frustrado». ¿Puedes decir «frustrado»?

De pronto me miró como si le cayera un balde de agua fría.

–¡Frustrado! ¡Estoy *frustrado*! –Todavía lloraba y me tomó la pierna, se aferró con todo–. ¡Frustrado! ¡Frustrado! ¡Frustrado! –me repetía, como si las palabras fueran algún tipo de arnés que le había aventado algún socorrista de primeros auxilios. Se calmó rápidamente.

Ahí estaban, tal como decían las publicaciones correspondientes: los poderosos efectos neurológicamente tranquilizantes que se logran cuando uno verbaliza sus sentimientos. Entonces me tocó llorar a mí.

¿Qué pasa si no estás acostumbrado a examinar tus emociones?

Tal vez necesites un poco de práctica para aprender a etiquetar tus *propias* emociones en voz alta. Cuando sientas felicidad, aversión, enojo o alegría, simplemente dilo. Puede ser más difícil de lo que crees, especialmente si no estás acostumbrado a hurgar en tu interior psicológico para reportar tus hallazgos. Pero lo puedes hacer por tus hijos. Recuerda: el comportamiento adulto influye de dos maneras sobre el comportamiento infantil: por medio de ejemplos o de intervención directa. Establece el hábito de etiquetar tus emociones desde ahora. Entonces, cuando tu pequeña alegría alcance la etapa verbal, tendrá un montón de ejemplos que podrá seguir mientras crece bajo tu tutela. El beneficio será para toda la vida.

A manera de apunte: el objetivo de este entrenamiento es ayudarte a ser más consciente. Puedes estar consciente de tus emociones sin ser demasiado emotivo. No tienes que desnudarte emocionalmente ante cualquiera nada más para saber qué estás sintiendo. La clave es:

- Saber cuándo estás experimentando una emoción.
- Identificarla rápidamente y verbalizarla cuando quieras.
- Reconocer rápidamente esa emoción en los demás.

Diez años de clases de música

Otra herramienta poderosa para afinar el oído de los niños para que escuchen los aspectos emocionales del habla es el entrenamiento musical. Investigadores en la zona de Chicago demostraron que los niños con experiencia musical —aquellos que estudiaron cualquier instrumento durante mínimo diez años, empezando antes de los siete años— responden rápidamente cuando escuchan variaciones sutiles en las indicaciones emotivas de otros, como en el llanto de un bebé. Los científicos estudiaron los cambios en el tiempo, tono y timbre del llanto del bebé, y al mismo tiempo analizaron el tronco cerebral de los músicos (la parte más antigua del cerebro) para ver qué ocurría.

Los niños que no tuvieron un entrenamiento musical riguroso no mostraron tanta capacidad para discriminar entre sonidos. Sus cerebros no registraban la información detallada que venía con la señal y, por decirlo de alguna manera, padecían sordera tonal. Dana Strait, la primera autora del estudio, escribió: «Si los cerebros de los músicos responden más rápidamente y con mayor precisión que los de aquellos que no son músicos, esperamos que esto se traduzca en la percepción de emociones en otras situaciones».

El hallazgo es extraordinariamente claro, hermosamente práctico y un poco inesperado. Sugiere que si quieres hijos que crezcan felices, es importante que inicien un camino musical desde temprano. Luego asegúrate de que se mantengan sobre ese camino hasta que tengan la edad para empezar a llenar sus solicitudes para Harvard, tarareando, probablemente, mientras lo hacen.

5. Encarar las emociones

Es la peor pesadilla de todos los padres: la vida de uno de tus hijos en peligro, manteniéndose vivo por el mínimo margen, y tú no puedes hacer nada. En febrero de 1996, Marglyn Paseka y su amiga estaban jugando en el arroyo de Matanzas cuando de pronto fueron presa de una inundación repentina, común en la región central de California. Su compañera logró escapar por un costado y se salvó. Marglyn no. Se aferró a una rama mientras el agua corría a sus costados durante 45 minutos como tráfico en hora pico. Cuando llegaron los primeros auxilios, casi no le quedaban fuerzas. Los testigos, entre ellos su madre, gritaban.

El bombero Don López no gritó. Sin titubear, descendió hacia las aguas enfurecidas y empezó a colocarle un arnés de seguridad a la niña. Falló una, dos..., varias veces. A la niña casi no le quedaban fuerzas cuando López logró asegurarla en el último instante. La fotoperiodista Annie Wells estuvo en la escena trabajando para el *Press Democrat* de Santa Rosa y capturó el momento (junto con un Premio Pullitzer). Es una foto increíble, con la adolescente debilitada a punto de soltar la rama y el bombero musculoso salvándole la vida. Al igual que otros trabajadores de primeros auxilios en todo el mundo, mientras la gente miraba desde los costados o gritaba de miedo o de plano huía, López se dirigió hacia el peligro.

Los padres que crían hijos como mi amigo Doug, el mejor de su generación, muestran este tipo de valentía en las situaciones difíciles. No tienen miedo del agua enfurecida que causan los diluvios emocionales de sus hijos. No tratan de apagar las emociones, no las ignoran ni les permiten dominar el bienestar de la familia. En cambio, estos padres participan en los sentimientos fuertes de sus hijos. Demuestran cuatro actitudes hacia las emociones (sí, sus metaemociones):

- No juzgan las emociones.
- Reconocen la naturaleza reflexiva de las emociones.
- Saben que el comportamiento es una decisión, aunque la emoción no lo es.
- Ven una crisis como una oportunidad para enseñar y aprender.

No juzgan las emociones
Muchas familias rechazan activamente la expresión de las emociones fuertes como el miedo y el enojo. Mientras tanto, la felicidad y la tran-

quilidad están en primer lugar de la lista de emociones «aprobadas». Para los padres de los Dougs en todo el mundo, no existen las emociones malas. No existen las emociones buenas. La emoción está presente, o no está. Parece que estos padres saben que las emociones no debilitan ni fortalecen a las personas. Solo hacen que sean más humanas. El resultado es una sabia actitud que permite ser a los niños.

Reconocen que las emociones son reflexivas

Algunas familias manejan las emociones fuertes simplemente ignorándolas y esperan que a sus hijos «se les pase» como ocurre con los adultos. Pero negar la existencia de las emociones puede empeorarlas. (La gente que niega sus sentimientos comúnmente toma malas decisiones, y así terminan en problemas). Los padres en los estudios que criaron a los hijos más felices entendieron que no existen técnicas en el mundo para hacer desaparecer una emoción, incluso cuando nadie quiere que este sentimiento permanezca entre ellos. Las reacciones emocionales iniciales son tan automáticas como parpadear. No desaparecen solo porque alguien crea que deben desaparecer.

¿Cómo se percibe esta actitud de ignorar o disuadir emociones en la vida real? Imagínate que el pez de la familia, la única mascota que tu hijo Kyle de tres años ha conocido en toda su vida, muere repentinamente. Visiblemente triste, Kyle anda desanimado por la casa todo el día diciendo: «¡Quiero a mi pescadito!» y «¡Devuélvanmelo!». Tratas de ignorarlo, pero su mal humor empieza a afectarte. ¿Cuál es tu reacción?

Una respuesta podría ser: «Kyle, siento mucho que se haya muerto tu pez, pero no es tan grave. Solo es un pez. La muerte es parte de la vida y tienes que saberlo. Límpiate esas lágrimas y vete a jugar al jardín». Otra posibilidad sería: «Está bien, cariño. ¿Sabes?, el pez ya estaba viejo cuando tú naciste. Mañana vamos a la tienda y te compramos otro. Sonríe y vete a jugar afuera».

Ambas respuestas ignoran los sentimientos de Kyle por completo. Una parece desaprobar el dolor de Kyle activamente; la otra trata de anestesiarlo. Ninguna de las dos trata de atender sus emociones intensas. No le brindan las herramientas que podrían ayudarle a navegar por ese dolor. ¿Sabes qué debe pensar Kyle?: «Si no es tan importante, ¿por qué tengo este sentimiento tan fuerte? ¿Qué hago con él? Realmente debo estar mal».

Saben que el comportamiento es una decisión, aunque una emoción no lo es

En la vida diaria, los padres de los niños felices no permiten un mal comportamiento nada más porque conocen su origen. Una niña podría abofetear a su hermanito porque se siente amenazada. Eso no quiere decir que los golpes están permitidos. Estos padres entienden que los niños pueden elegir la manera de expresar sus emociones, por mucho que las emociones sean reflexivas. Tienen una lista llena no de *emociones* aprobadas y desaprobadas, sino de *acciones* aprobadas y desaprobadas. Y los padres se esfuerzan, tratando consistentemente de enseñar a sus hijos qué decisiones están permitidas y cuáles no. Los padres de niños como Doug hablan con suavidad, pero tienen un reglamento claro.

Algunas familias no hacen reglamentos. Algunos padres dejan que sus hijos expresen las emociones que sienten y luego permiten que el comportamiento consecuente de su hijo afecte a todo el mundo. Creen que no hay nada que hacer para remediar una oleada de emociones negativas salvo salirse del arroyo y esperar a que pase la inundación. Los padres con estas actitudes están abdicando sus responsabilidades paternales. Estadísticamente, criarán a los hijos más perturbados de todos los estilos de crianza que han sido estudiados.

Es un mito que uno se siente mejor cuando libera emociones (o que perder los estribos ayuda a calmar el enojo, por ejemplo). «Mejor dejarlo salir», dicen por ahí. Cerca de medio siglo de investigaciones ha demostrado que «liberar el enojo» simplemente *aumenta* la agresión. La única ocasión en la que es mejor expresar el enojo es cuando lo acompaña una técnica constructiva de resolución de problemas. Como decía

C. S. Lewis en *La silla de plata*, uno de los libros de las Crónicas de Narnia: «Llorar está bien mientras dura. Pero tarde o temprano tendrás que dejar de llorar, y todavía tendrás que decidir lo que vas a hacer».

Ven una crisis como una oportunidad para enseñar y aprender

Los padres que crían a los niños más felices suelen buscar momentos de aprendizaje entre los sentimientos intensos de sus hijos. Parecen intuir que los cambios duraderos ocurren como respuesta ante una crisis. Y entonces reciben estos momentos intensos como grandes posibilidades.

«Nunca hay que desperdiciar una buena crisis» es una actitud tan común en estos hogares como en ciertos círculos políticos. El problema que afecta al niño puede parecer ridículamente pequeño para los padres, y no debería ocupar su tiempo precioso. Pero estos padres se dan cuenta de que no les tiene que gustar el problema para poder resolverlo. Regularmente reemplazan las palabras «catástrofe potencial» con «aprendizaje potencial» y por ello cambian su percepción de las catástrofes.

Las dos consecuencias a largo plazo son las siguientes. Primera, los padres se vuelven extraordinariamente tranquilos cuando enfrentan desastres emocionales. Esto resulta sumamente positivo, porque brinda a los niños un ejemplo poderoso que pueden seguir cuando enfrentan sus propias crisis en la vida adulta. Segunda, ocurren menos desastres emocionales. Y es porque importa elegir el momento oportuno: la mejor manera de reducir los daños de un incendio en una casa es apagar el fuego rápidamente. Si corres hacia el fuego en lugar de ignorarlo, las cuentas de la reparación probablemente sean más baratas. ¿Cómo se apaga el fuego? Esa es nuestra sexta especia.

6. Dos toneladas de empatía

Digamos que estás en la oficina de correos en una fila larga con tu inquieta hija Emily de dos años. Ella dice:

—Quiero un vaso con agua.

Tú respondes tranquilamente:

—Cariño, ahorita no puedo darte agua. El bebedero no funciona.

Emily se empieza a quejar:

—¡Quiero agua! —Su voz se quiebra.

Ya sabes lo que va a pasar y aumenta tu presión arterial:

—Tendremos que esperar hasta llegar a casa. Aquí no hay agua —dices.

Ella responde:

—¡Quiero agua *ahora*!

La intensidad del cambio aumenta, y puede estallar un conflicto muy público.

¿Ahora qué? Aquí tenemos tres tácticas que podrías elegir:

- Quieres ignorar los sentimientos de tu hija y le dices, un tanto brusca: «Te dije, cuando lleguemos a casa. Aquí no hay agua. Ya cállate».
- Nerviosa por la posibilidad de un bochornoso desastre, condenas las reacciones de tu hija y dices: «¿Te puedes callar, *por favor*? *No* me hagas pasar vergüenza en público».
- No sabes qué hacer más que encogerte de hombros y mostrar una sonrisa débil mientras tu hija toma el control de la situación. Sus emociones alcanzan la masa crítica y luego estallan por encima de tus habilidades de madre.

Haim Ginott, uno de los psicólogos infantiles más influyentes de su generación, diría que ninguna de esas tres es buena opción. A finales de la década de los 60, propuso una serie de «quehaceres» parentales que desde entonces, después de años de pruebas en los laboratorios de Gottman y otros científicos, han resultado bastante útiles.

Debes hacer lo siguiente: reconocer los sentimientos de tu hija y mostrar empatía. «Tienes sed, ¿verdad? Tomar un trago de agua fría te haría sentir muy bien. Cómo quisiera que ese bebedero estuviera funcionando para que pudiera levantarte y dejarte tomar toda el agua que quieras».

¿Te parece extraño? Muchos padres pensarían que esta respuesta empeoraría la situación, como tratar de apagar una flama con líquido para encendedores. Pero los datos son extraordinariamente claros. Los reflejos de empatía y las estrategias de entrenamiento que los rodean son los únicos comportamientos que sirven consistentemente para desarmar las situaciones emocionales intensas a corto plazo y reducir su frecuencia a largo plazo. Observa cómo estás corriendo hacia las reacciones de tu hija, de acuerdo con la cuarta respuesta, en lugar de huir de ellas. Observa como verbalizas sus sentimientos, los validas y muestras tu comprensión. Esto es empatía. Lynn Katz, de la Universidad de Washington, la llama el «entrenamiento de las emociones». Gottman también. La idea nace directamente de las ideas de Ginott sobre la crianza de los niños felices. Entonces, ¿qué debió haberle dicho Rachel a Tyler, el niño que quería galletas al principio de este capítulo? Hubiera comenzado por decir lo más obvio: «Quieres una galleta, ¿verdad, cariño?».

Pensamos que la empatía funciona por varias razones fisiológicas, gracias a varios esfuerzos de investigación que aparentemente no estaban relacionados: un intento por entender el comportamiento de las multitudes y otro que trató de caracterizar la relación óptima entre doctor y paciente.

Las emociones son contagiosas

Las personas suelen experimentar los sentimientos que generan las multitudes circundantes. Si las personas a tu alrededor sienten miedo, están enojadas o son violentas, muchas veces esos sentimientos pueden «contagiarte» como si fueran un virus. A los investigadores les interesaba saber cómo influyen las multitudes sobre el comportamiento individual y descubrieron este contagio de emociones. Aplica para una amplia gama de experiencias emocionales, incluyendo el humor. Lo has vivido durante muchos años. Para tratar de «transmitirte» sentimientos de humor, las comedias de la televisión a veces incluyen la risa del público.

La empatía calma los nervios

La segunda serie de estudios buscaba optimizar la relación entre doctores y pacientes. Fue un poco confuso: se encontró que los pacientes de los terapeutas cuyos ritmos cardíacos y cuya temperatura de la piel se sincronizaba con las de sus pacientes durante entrevistas clínicas mejoraban más rápido que los pacientes de los terapeutas que no se sincronizaban. El término se llama, debidamente, sincronía fisiológica. Los pacientes de estos doctores «empáticos» se recuperaban más rápido de sus resfriados, volvían más pronto a la normalidad y con menos complicaciones de las cirugías, y tenían menos probabilidad de demandar a su doctor por negligencia médica. De hecho, la presencia de la empatía puede influir sobre el costo de la salud pública.

Este hallazgo biológico llevó a descubrir que la empatía ayuda a calmar a la gente. Cuando el cerebro recibe empatía, el nervio vago relaja al cuerpo. Este nervio conecta el tronco encefálico con otras áreas, incluyendo el abdomen, pecho y cuello. Cuando está demasiado estimulado, provoca dolor y náuseas.

PUEDE REQUERIR UN POCO DE PRÁCTICA

Es comprensible que tal vez te parezca difícil proyectar empatía todo el tiempo. Tal vez descubras que cuando empiezas a tener hijos te das cuenta de que tu mundo anterior se trataba de ti, de ti y de ti. Ahora todo se trata de ellos, de ellos, de ellos. Es una de las cláusulas más difíciles de ese contrato social. Pero tu capacidad para transitar de ti hacia *ellos*, que ocurre como consecuencia de la empatía, será muy benéfica para el cerebro de tu hijo.

Aunque parezca que la empatía brota de alguna fuente innata, los niños tienen que vivirla regularmente para aprender a expresarla. «La empatía llega cuando otros son empáticos con nosotros», dice en su libro *Great Kids* (*Niños felices*) Stanley Greenspan, profesor clínico de psiquiatría y pediatría en la Escuela de Medicina de George Washington University. Para criar hijos empáticos, muéstrales la empatía regularmente, con tus amigos, con tu cónyuge, con tus compañeros de trabajo. Como ocurre en el tenis, los novatos aprenden a jugar mejor cuando pueden practicar regularmente con profesionales. Entre más empatía lleguen a ver, serán más competentes socialmente y más felices. Ellos a su vez producirán nietos más empáticos —será agradable tenerlos en la vejez ¡sobre todo en una economía inestable!

Afortunadamente, para regalarle el don de la regulación emocional a tu hijo, no es necesario hacer malabares usando durante todo el día las seis especies mencionadas. Si 30 por ciento de tus interacciones con tus hijos son empáticas, Gottman argumenta que criarás niños felices. ¿Quiere decir que puedes bajar la guardia el otro 70 por ciento del tiempo? Tal vez. En realidad, la estadística señala el gran poder que uno tiene cuando pone atención a lo sentimientos. Muchos padres no crían hijos como Doug. Pero no hay motivo para que *tú* no lo hagas.

Puntos clave

- Tus hijos necesitan que tú observes, escuches y respondas.
- Tu manera de responder a las emociones intensas de tu hijo pequeño será un factor importante para su felicidad como adulto.
- Reconoce las emociones, etiquétalas y muestra tu empatía. Guárdate los juicios para los comportamientos que surjan a raíz de las emociones.
- Un estilo de crianza es el que más probabilidad tiene de producir niños maravillosos: ser exigente y afectuoso.

BEBÉ MORAL

Regla para el cerebro de tu bebé:

Disciplina firme con un corazón cálido

BEBÉ MORAL

Daniel es hijo de padres ricos, pero están prácticamente arruinados en lo que respecta a tratar de controlar a sus hijos. Daniel es la Evidencia «A». La madre de Daniel los llevó a él y a su hermana de viaje de fin de semana a la opulenta residencia vacacional de la familia. Mientras iban a toda velocidad por la carretera, Daniel, de cinco años, se quitó el cinturón de seguridad. Tomó el teléfono celular de su mamá y empezó a jugar con él.

—Deja eso, por favor —dijo su mamá. El niño ignoró esta solicitud por completo—. Déjalo —repitió su madre y Daniel respondió: —No.

La mamá hizo una pausa.

—Está bien, puedes usarlo para llamar a tu papá. Ahora, ponte el cinturón, por favor.

Daniel ignoró ambas instrucciones y empezó a entretenerse con videojuegos en el teléfono.

Horas después, cuando se detuvieron a cargar gasolina, Daniel se salió por la ventana y se subió al toldo del auto. Horrorizada, su madre exigió: —¡Bájate de ahí!

Daniel respondió: —¡Bájate tú! —y se deslizó por el parabrisas.

Una vez que Daniel se metió de nuevo al auto, la familia siguió su camino. Daniel encontró de nuevo el teléfono; esta vez lo arrojó al piso y lo rompió. Conforme este pequeño Napoleón fue creciendo, vio lo fácil que sería ignorar los límites sociales de su familia, y luego cualquier límite social. Se acostumbró a exigir todo a su manera en cualquier parte. En la escuela empezó a golpear a los niños que no le prestaban atención. Desarrolló una relación tóxica con la autoridad. Se robaba las cosas de sus compañeros. Finalmente, perdió el rumbo por completo y le enterró un lápiz a una niña en el cachete. Fue expulsado de la escuela. Cuando este libro estaba en proceso de escritura, la familia de Daniel se encontraba en un pleito legal, igual que la escuela.

Daniel era un desastre conductual, aunque es tentador llamarlo un desastre *moral*. Aunque es fácil observar a los otros padres desde lejos, parece que cada año surge una nueva generación de niños que están fuera de control y padres indefensos que no pueden hacer nada al respecto. Ningún padre o madre cariñoso quiere criar a un hijo como Daniel. En este capítulo, hablaremos sobre cómo evitar esta situación. Tú *puedes* crear una madurez moral en casi todos los niños. Y, tal vez te sorprenda, tenemos a la neurociencia para respaldarlo.

¿LOS BEBÉS NACEN CON UN SENTIDO DE MORALIDAD?

¿Qué significa «moral» exactamente? ¿Tenemos alguna verdad moral grabada en nuestro cerebro, o será que la conciencia moral es algo que se entiende a partir de la cultura? Durante siglos, los filósofos han tratado de responder estas preguntas. En sus encarnaciones griega y latina, la palabra «moral» tiene un fundamento social fuerte. Originalmente servía para delinear un código de conducta, un consenso de modales y costumbres que indicaban «recomendaciones saludables» y «no te atrevas» en partes iguales. Esa será la definición que ocuparemos aquí: una serie de comportamientos cargados de valores aceptados dentro de un grupo cultural cuya función principal es guiar el comportamiento social.

¿Para qué necesitamos estas reglas en primer lugar? Tal vez sea parte de nuestros requisitos evolutivos para lograr una cooperación social. Algunos investigadores consideran que nuestro sentido moral —realmente una serie de comportamientos de socialización— se desarrollaron para apoyar esa cooperación. Después de todo, las masacres frecuentes no correspondían a los mejores intereses de una especie cuya población fundadora era inferior a 18 500 individuos (algunos dicen que eran menos de 2000). Desde esta perspectiva darwiniana, nuestros cerebros vienen programados de nacimiento con algunas sensibilidades morales limitadas, que luego se desarrollan en una forma semivariada, que depende de nuestra crianza. «Nacimos con una gramática moral universal», dice el científico cognitivo Steven Pinker, «que nos obliga a analizar la acción humana en términos de estructura...».

Las candidatas para las sensibilidades morales más populares incluyen la distinción entre el bien y el mal, proscripciones contra la violación y el asesinato, y la empatía. Paul Bloom, psicólogo de Yale, menciona un sentido de justicia, respuestas emocionales a las atenciones y altruismo de otros, y una disposición para juzgar el comportamiento de otras personas. El psicólogo Jon Haidt percibe cinco categorías: daño, imparcialidad, lealtad, respeto por la autoridad y algo curiosamente llamado pureza espiritual.

Si aquellas sensibilidades morales son una parte innata del funcionamiento del cerebro, tal vez podremos encontrar alguna reliquia de su existencia en nuestros vecinos evolutivos. Y sí podemos, sin buscar más allá de un zoológico en Inglaterra. Kuni, una chimpancé hembra, vivía en un encierro mitad de vidrio y mitad abierto, casi completamente rodeado por una fosa. Un día, un estornino (ave pequeña) chocó contra el vidrio y cayó en la jaula, y la chimpancé lo capturó. Aunque parecía mareado y débil, el pájaro podía recuperarse. Kuni reaccionó con un gesto que solo puede describirse como una acción humanitaria. Recogió al pájaro y lo puso de pie, pero el estornino no voló. Lo aventó una distancia corta. Tampoco funcionó. Entonces levantó al pájaro con una mano y trepó hasta la cima de un árbol en su encierro, como King Kong con una Fay Wray aviar. Apoyada sobre sus piernas, abrió suavemente las alas del ave y la arrojó hacia la fosa. Tampoco funcionó. El pájaro cayó justo afuera, donde un simio joven y curioso fue a investigar. Kuni bajó de prisa y cubrió al pájaro, como si lo protegiera. Se mantuvo en su puesto hasta que el ave pudiera volar por su cuenta.

El anterior es un ejemplo extraordinario de... algo. Aunque no podemos entrar en la mente de un chimpancé, se trata de una entre varias observaciones que sugieren que los animales tienen una vida emocional activa, incluyendo, tal vez, una noción de altruismo. Los humanos tendemos a mostrar esa cualidad altruista en abundancia y en expresiones mucho más sofisticadas que nuestros vecinos genéticos. Si la conciencia moral es universal, entonces podemos esperar un acuerdo general a lo largo de las culturas. Un grupo de investigadores en Harvard desarrolló la Encuesta de Juicio Moral, que han contestado cientos de miles de personas en más de 120 países. Tú también lo puedes hacer en http:// moral.wjh.harvard.edu. Los datos que han recopilado parecen confirmar un sentido moral universal.

Un tercer indicio para afirmar que la conciencia moral es innata, que mencionaremos en unas páginas más, tiene que ver con los efectos de ciertos daños en una parte específica del cerebro y los problemas para tomar cierto tipo de decisiones morales.

¿Por qué los niños simplemente no hacen lo correcto?

Si los niños nacen con un sentido nato del bien y del mal, ¿por qué no *hacen* lo correcto desde un principio, especialmente cuando crecen (nos hace pensar en la pubertad)?

Resulta que el comportamiento moral proactivo, como ayudar a alguien a cruzar la calle, es muy difícil de entender. Ciertos tipos de altruismo son imposibles de explicar, ni siquiera si los catalogamos como interés personal elevado. El camino entre el razonamiento moral y el comportamiento moral es bastante áspero. Es más, el concepto de «conciencia» se desarrolló como un esfuerzo para pavimentar esta dificultad. La conciencia es algo que te hace sentir bien cuando haces algo bueno y mal cuando no lo haces. El fallecido psicólogo de Harvard, Lawrence Kohlberg creía que tener una conciencia sana debía ocupar el peldaño más alto del razonamiento moral. Pero no todos los científicos creen que la conciencia es innata. Algunos piensan que es una construcción social. Para ellos, la internalización es la medida de conciencia moral más importante.

Los niños que logran resistir la tentación de desafiar alguna norma moral, *incluso cuando la posibilidad de ser sorprendidos y castigados es nula*, han internalizado la regla. Estos niños no solo saben lo que es correcto, algo que quizá ya lo tienen programado en sus cerebros, pero ahora están de acuerdo con la norma y ajustan sus comportamientos debidamente. En algunos casos se conoce también como control inhibitorio, que suena sospechosamente como una función ejecutiva bien desarrollada. Tal vez sean lo mismo. De cualquier manera, la disposición para tomar las decisiones correctas —y aguantar la presión para tomar las equivocadas, incluso en la ausencia de una amenaza creíble o en la presencia de una recompensa— es el objetivo del desarrollo moral. Por ello, tu objetivo como madre o padre es lograr que tu hijo ponga atención y ajuste su comportamiento con su sentido innato del bien y del mal.

Se necesita tiempo. Mucho tiempo.

Una mentira cada dos horas

Una de las razones por las cuales lo sabemos es por la forma de mentir de los niños, que cambia con su edad. Una vez escuché a un profesor de Psicología discutir lo que ocurre cuando un niño empieza a ser capaz de mentir, y se apoyó en una vieja rutina de Bill Cosby para animar su conferencia. Con mis disculpas tanto para el profesor como para Cosby, esto es lo que recuerdo de su historia.

Una noche, Bill y su hermano Russell brincaban sobre la cama, contra las órdenes estrictas de sus padres. Rompieron la cama y el ruido despertó a su padre enfurecido. El papá entró a la habitación, señaló hacia el mueble roto y exclamó:

—¿Ustedes hicieron esto?

El hijo mayor tartamudeó:

—¡No, papá! ¡Yo no lo hice! —Luego el niño hizo una pausa, con un ligero brillo en la mirada—. Pero sé quién lo hizo. Entró un adolescente por la ventana. ¡Brincó diez veces sobre la cama y la rompió, después saltó por la ventana y se fue corriendo por la calle!

El padre frunció el ceño:

—Hijo, no hay ventanas en este cuarto.

El niño no perdió el paso:

—¡Ya lo sé, papá! ¡Se la llevó cuando se fue!

Sí, al principio los niños no saben mentir. En el mágico polvo de hadas de la mente infantil, los niños tienen dificultades para distinguir entre la realidad y la imaginación, como podemos ver en sus ganas de participar en juegos imaginarios. También perciben a sus padres como omniscientes, y esta creencia no desaparecerá por completo hasta la gran explosión de la pubertad. Sin embargo, la mecha se enciende desde temprano, cerca de los tres años de edad, cuando los niños empiezan a darse cuenta de que sus padres no pueden leer sus mentes. Para su felicidad (o su horror) los niños descubren que pueden entregar información falsa sin que sea detectada. O, como relata la historia de Cosby, *creen* que lo pueden hacer. El momento cuando un niño se percata de que tú no puedes leerle la mente coincide con la llegada de algo que llamaremos habilidades de la Teoría de la Mente.

La Teoría de la Mente se desarrolla con el tiempo

¿Qué es la Teoría de la Mente? Tal vez se pueda explicar con un ejemplo literario. Una vez alguien retó a Ernest Hemingway a escribir una novela entera con solo seis palabras, y lo que escribió es una ilustración perfecta de la Teoría de la Mente, porque cuando leas la novela tu Teoría de la Mente se activará.

Vendo zapatos de bebé, sin usar.

¿Estas seis palabras te hacen sentir tristeza? ¿Te hacen preguntar qué le habrá pasado a la persona que escribió el anuncio? ¿Puedes inferir el estado mental de esa persona?

La mayoría de los humanos pueden hacerlo, y usamos la Teoría de la Mente para lograrlo. La base de estas habilidades es el entendimiento de que el comportamiento de los demás está motivado por una serie de estados mentales —creencias, intenciones, deseos, percepciones, emociones—. La Teoría de la Mente, acuñada en un principio por el reconocido primatólogo David Premack, tiene dos componentes generales. El primero es la habilidad para intuir el estado psicológico de otras personas. El segundo es cuando nos damos cuenta de que si bien estos estados son distintos de los propios, siguen siendo válidos para la persona con quien estás interactuando. Tú desarrollas una teoría sobre cómo funciona la mente de la otra persona, aunque sea diferente de la tuya.

Aquellas seis palabras pudieron haber sido escritas por un matrimonio cuyo bebé murió después del parto, y puedes sentir la punzada de su tristeza. Tal vez no conozcas el dolor de perder a un hijo; tal vez ni siquiera tienes hijos. Sin embargo, gracias a tus habilidades de la Teoría de la Mente avanzadas, puedes vivir su realidad y mostrar empatía. Por ello, la novela más corta del mundo puede revelar un universo de sentimientos. Hemingway dijo que fue su mejor obra.

Aunque la Teoría de la Mente es distintiva del comportamiento humano, pensamos que al nacer no está completamente desarrollada. Es realmente difícil medir algo así en niños muy pequeños. Esta habilidad parece desarrollarse progresivamente, con la influencia de experiencias sociales. Es posible ver esta línea del tiempo en la forma de mentir de los niños. Se requiere la Teoría de la Mente para engañar a alguien, la habilidad para mirar hacia el interior de la mente de alguien más y predecir lo que dirá en respuesta de lo que tú le digas. El talento mejora con el tiempo.

Después de los tres años, los niños empiezan a mentir en serio, aunque normalmente lo hacen con imperfecciones. Este hábito negativo cobra vuelo rápidamente. Cuando llegan a los cuatro años, los niños mentirán una vez cada dos horas; cuando llegan a los seis, lo harán cada 90 minutos. Con el crecimiento de su vocabulario y el aumento de su experiencia social, las mentiras se volverán más sofisticadas, más frecuentes y más difíciles de percibir.

Al cumplir cuatro años, los niños mentirán una vez cada dos horas; a los seis, esto ocurre una vez cada 90 minutos.

Para los investigadores, esta línea del tiempo sugiere que la relación de los niños con el razonamiento moral también depende de su edad. Es posible que los niños nazcan con ciertos instintos morales, pero tardan en configurarlos en una expresión más madura.

CÓMO SE DESARROLLA EL RAZONAMIENTO MORAL

Kohlberg, el psicólogo de Harvard, pensaba que el razonamiento moral dependía de la madurez cognitiva general —es decir, estas cosas toman tiempo—. Si de verdad las decisiones tienen fuertes raíces emocionales, como analizaremos, argumentaría también que el razonamiento moral depende de la madurez emocional. Aunque Kohlberg tiene a sus críticos, sus ideas aún son influyentes, como las de su mentor intelectual, Jean Piaget. Las ideas de ambos hombres han sido aplicadas en escuelas, centros de detención juvenil e incluso en prisiones. Kohlberg delineó un proceso de desarrollo moral progresivo:

1. *Evitar el castigo.* El razonamiento moral comienza en un nivel relativamente primitivo, enfocado en evitar principalmente el castigo. Kohlberg llama a esta etapa razonamiento moral preconvencional.

2. *Considerar las consecuencias.* Cuando la mente de un niño comienza a desarrollarse, empieza a considerar las consecuencias sociales

de sus comportamientos y empieza a ajustarlos debidamente. Kohlberg lo llama razonamiento moral convencional.

3. *Actuar por principio.* Finalmente, el niño o la niña empieza a trazar sus decisiones conductuales sobre principios morales objetivos bien pensados, no solo por evitar un castigo o para complacer a sus compañeros. A esta etapa tan anhelada, Kohlberg la llama razonamiento moral posconvencional. Se podría decir que el objetivo de cualquier madre o padre es llegar a este punto.

Los niños no llegan necesariamente a la tercera etapa por sí solos. Además de tiempo y experiencia, puede requerir el apoyo de padres sabios para que un niño o una niña se comporte consistentemente de una manera que sea congruente con su gramática moral innata. Una de las dificultades es que cuando los niños observan un mal comportamiento, lo han *aprendido*. Incluso si ese mal comportamiento recibe castigo, permanece accesible en la mente del niño. El psicólogo Albert Bandura logró demostrarlo, con la ayuda de un payaso.

Lecciones con el payaso Bobo

En la década de los 60, Bandura le mostró una película a un grupo de niños de preescolar, en la que salía un muñeco Bobo, que era uno de esos payasos inflables que tenían peso en la parte de abajo. En la película, una mujer adulta de nombre Susan patea y golpea al muñeco, luego le pega varias veces con un martillo —montones de violencia—. Después de la película, llevaron a los niños a otra sala llena de juguetes, incluyendo (sorpresa) un muñeco Bobo y un martillo de juguete. ¿Qué hicieron los niños? Depende.

Si vieron la versión de la película donde Susan recibía cumplidos por sus actos violentos, entonces le pegaban al muñeco una y otra vez. Si vieron la versión donde Susan fue castigada, le pegaban menos a Bobo. Pero si Bandura entonces entraba a la sala y decía: «Les doy un premio si hacen lo que hizo Susan», los niños tomaban un martillo y trataban de pegarle a Bobo. Aprendieron el comportamiento sin importar si vieron la versión del castigo o la del premio.

Bandura le llama «aprendizaje por observación». Pudo demostrar que los niños (y adultos) pueden aprender mucho observando el comportamiento de otros. También puede ser positivo. Una telenovela mexicana que celebraba a los libros y luego le pedía a su público que se inscribiera en clases de lectura aumentó el nivel de lectura y escritura en todo el país. El hallazgo de Bandura es una extraordinaria arma de instrucción masiva.

El aprendizaje por observación desempeña un papel poderoso en el desarrollo moral. Es una de tantas habilidades empleadas para el proyecto de construcción ética del cerebro. Veamos de qué se trata.

¿Matarías a uno para que sobrevivan cinco?

Piensa qué harías en las siguientes dos situaciones hipotéticas:

1. Imagínate que estás en un terrorífico paseo a bordo de un carrito que se quedó sin frenos. Tú eres el conductor y puedes dirigir el vehículo. Viajas muy rápido cuando ves una bifurcación en el camino, y algo más adelante. ¡Es una construcción! Horrorizado, notas que hay cinco trabajadores en el camino del lado izquierdo, y uno del lado derecho. Te das cuenta de que vas a matar a alguien. ¿Hacia qué lado te diriges?

2. Imagínate que estás en un puente con vista a las vías de un carrito que está fuera de control. Esta vez estás parado junto a un hombre bastante grande. No hay bifurcación en las vías. El carrito descompuesto pasará pronto por debajo del puente y matará a los cinco trabajadores en su camino. Te das cuenta de que si tiras al hombre grande del puente antes de que el carrito llegue a la construcción, entonces quedará bloqueado. Los cinco trabajadores de la construcción estarán a salvo. Una vez más, ¿qué decides?

Cada caso presenta la misma proporción, cinco muertes contra una. A la mayoría de las personas les resulta fácil responder ante el primer escenario. Las necesidades de la mayoría pesan más que las de la minoría. Conducirían el carrito hacia la derecha. Pero la segunda situación implica una decisión moral completamente distinta: matar a alguien. La gran mayoría de las personas deciden no matar al hombre.

Pero no ocurriría así si tuvieran daños cerebrales. Tenemos una región arriba de los ojos y detrás de la frente conocida como la corteza prefrontal ventromedial. Si esta zona del cerebro sufre daños, la capacidad de juicio moral resulta afectada. Para estas personas, el hecho de matar a alguien no es particularmente relevante para su decisión. Empujarían al hombre grande sobre la orilla del puente, porque les importan más las necesidades de la mayoría que las de unos cuantos: salvarían a cinco personas y matarían a una.

¿Qué significa todo esto? Si la moralidad es una parte innata de los circuitos neurales de nuestro cerebro, entonces cualquier daño en esas regiones debe cambiar nuestra capacidad para tomar decisiones morales. Algunos investigadores consideran que eso es justo lo que demuestran estos resultados. Para algunos investigadores los experimentos con el carrito no demuestran nada en absoluto. Argumentan que nadie puede relacionar decisiones hipotéticas con experiencias de la vida real que ocurren de un momento a otro. ¿Hay alguna forma de salir de esta controversia? Puede ser que sí, aunque será necesario invocar las ideas de algunos filósofos que murieron hace más de 200 años. Los titanes de la filosofía como David Hume consideraban que las pasiones elementales impulsaban a las decisiones morales. La neurociencia moderna apostaría a que Hume tenía razón.

Algunos investigadores creen que tenemos dos juegos de circuitos de razonamiento moral, y que los conflictos morales surgen porque ambos sistemas se pelean entre sí con cierta frecuencia. El primer sistema es responsable de nuestras decisiones morales racionales, del estilo de salvar cinco vidas en lugar de una porque tiene más sentido. El segundo es más personal, hasta emocional. Estas neuronas te ayudan a visualizar al hombre grande muriendo tras caer del puente, te permiten imaginar cómo se sentiría el pobre sujeto y su familia y darte cuenta de que su muerte temprana habría sido tu responsabilidad. Este punto de vista tipo Hume provoca que los cerebros de la mayoría de las personas se detengan, y luego emitan una orden de veto sobre esta decisión. La corteza prefrontal ventromedial asume su papel en la negociación de esta lucha filosófica. Cuando está dañada, Hume se va por la ventana.

Si pierdes emociones, pierdes decisiones

¿Qué significa esto para los padres que quieren que sus hijos tengan un sentido de moralidad? Como vimos en el capítulo anterior, las emociones son la base de la felicidad infantil. Parece que también son la base de las decisiones morales. Gracias a un hombre llamado Elliot, se logró uno de los hallazgos más sorprendentes bajo la tutela del neurocientífico Antonio Damasio. Este último cuenta la historia de un hombre a quien llamaba Elliot. Es un caso clínico parecido al ejemplo famoso de Phineas Gage, un trabajador de ferrocarril en el siglo xix que sufrió un accidente terrorífico (una barra de metal le atravesó los lóbulos frontales del cerebro) y vivió para contarlo, aunque su personalidad cambió para siempre. Elliot no sufrió un accidente, sino que padeció un tumor. Cuando los médicos removieron el tumor de sus lóbulos frontales, Elliot, como Gage, se convirtió en un hombre diferente. Se presentaron cuatro cambios que vale la pena destacar.

Había sido un miembro honorable y responsable de la comunidad, pero se convirtió en una persona tan impulsiva, indisciplinada y socialmente odiosa, que perdió a su esposa, su trabajo y su lugar en la comunidad. Terminó en bancarrota. Algo muy similar le pasó a Gage más de un siglo atrás. Fascinado, Damasio le hizo una serie de pruebas cognitivas a Elliot. Este estaba en el rango superior en pruebas de cociente intelectual y otras evaluaciones de su memoria. Obtuvo puntajes normales en ciertas pruebas de personalidad. ¿Qué era lo que le faltaba? La respuesta está en el segundo cambio que exhibió Elliot después de su cirugía: no podía mostrar emociones. Si le presentaban imágenes que normalmente excitarían a la gente (imágenes sangrientas, fotos sexualmente sugerentes y cosas por el estilo), Elliot no mostraba ninguna alteración psicológica. Se quedaba como si nada. No sentía nada de nada.

El tercer cambio resultó ser el déficit central de Elliot. Fue extraordinario, principalmente por que parece tan benigno. Perdió la capacidad para decidirse, sobre casi cualquier cosa. No podía decidir, por ejemplo, a qué restaurante ir, o qué pedir cuando llegaba ahí. No se decidía entre estaciones de radio, con qué pluma escribir o el orden en que debía hacer sus tareas. Su vida se convirtió en una gran confusión.

Así llegó Damasio al cuarto rasgo. *Elliot tenía problemas para hacer juicios morales*. No le podía importar menos si su comportamiento indeciso lo conducía al divorcio o a la bancarrota o a la pérdida de su posición social. Las pruebas abstractas demostraron que conocía la diferencia entre el bien y el mal, pero se comportaba como si no hiciera la distinción. Se acordaba que antes había experimentado tales sentimientos, pero ahora estaban en una distante niebla moral. Como dijo el sabio Patrick Grim, lo que *hacía* Elliot estaba claramente desconectado de lo que *sabía* Elliot.

Es un hallazgo increíble. Porque Elliot ya no podía integrar sus respuestas emocionales a sus juicios prácticos y perdió completamente la capacidad para decidir. Toda su maquinaria de decisiones se colapsó, incluyendo su juicio moral.

Otros estudios confirman que la pérdida de emoción equivale a la pérdida de capacidad de decisión. Ahora sabemos que los niños que han sufrido daños en las cortezas prefrontal frontopolar y ventromedial antes de los dos años muestran síntomas muy similares a los de Elliot.

Cómo el cerebro construye un puente entre la información y las emociones

Si escuchas al cerebro humano mientras batalla con una decisión ética, verás que entran en actividad tantas regiones como las del escenario del

Iron Chef (un programa televisivo de competencias entre chefs). La corteza orbitofrontal lateral, la corteza prefrontal dorsolateral derecha, el estriado ventral, el hipotálamo ventromedial, la amígdala; todos participan. Las emociones y la lógica, como discutimos en el capítulo anterior, están entrelazados libre y desordenadamente a lo largo del cerebro. Apenas empezamos a comprender el papel de cada uno cuando se toman decisiones. Sabemos que hay una división de tareas por región: las regiones de la superficie se ocupan de evaluar la información; las partes más profundas se ocupan de procesar emociones. Están conectadas por la corteza prefrontal ventromedial. Quizá sea una simplificación excesiva, pero piensa en la corteza prefrontal ventromedial (cpfvm) como si fuera el puente Golden Gate que conecta a San Francisco (emociones) con su vecino del norte, el condado de Marin (información). Algunos científicos piensan que el tráfico fluye de la siguiente manera:

1. *Ocurre una reacción emocional.* Cuando el cerebro de un niño enfrenta un dilema moral, San Francisco es el primero en enterarse. Los profundos circuitos del niño, en su mayoría inconscientes, generan una reacción emocional: un recado en un papelito *Post-it*.

2. *La señal cruza el puente.* Ese mensaje se dispara a través de la cpfvm, el Golden Gate celular que conecta los centros inferiores y superiores del cerebro.

3. *Los centros de información lo analizan y deciden qué hacer.* La señal llega al equivalente neuroanatómico del condado Marin. El cerebro del niño lee el mensaje y decide qué hacer. Juzga entre el bien y el mal, entre lo crítico y lo trivial, entre lo necesario y lo opcional, y finalmente encuentra alguna acción conductual. La decisión se lleva a cabo.

Todo ocurre en el espacio de unos cuantos milisegundos, una velocidad que requiere que las áreas del cerebro donde se generan las emociones trabajen en tan cercana sintonía con las áreas racionales que es imposible determinar dónde empieza una y dónde termina la otra. La integración es tan compacta que podemos incluso decir que sin la parte irracional no se puede lograr lo racional.

La biología nos dice que la regulación emocional es un componente importante en la formación moral de los hijos. Al igual que las funciones ejecutivas. La sana integración de ambos procesos será muy fructífera para mantener a los niños en contacto con la Madre Teresa que llevan por dentro.

CRIAR HIJOS CON SENTIDO DE MORALIDAD: REGLAS Y DISCIPLINA

Ahora la pregunta es: si los niños nacen con una cantidad innata de materiales de construcción moral, ¿cómo ayudamos a nuestros hijos a construir hogares morales que se puedan habitar? ¿Cómo logramos que lleguen a esa anhelada etapa de internalización moral?

Las familias que crían hijos con un sentido de moralidad siguen patrones muy predecibles en términos de reglas y disciplina. Los patrones no son una póliza de seguro conductual, pero son lo más cercano que han encontrado los investigadores hasta ahora. Los patrones están conformados por muchos componentes entrelazados; un buen ejemplo obtenido de la cocina de mi esposa podría simplificar esta explicación. Antes teníamos un banco de tres patas cerca del refrigerador para ayudar a nuestros hijos a alcanzar los estantes altos. Pensemos que el asiento plano del banco representa el desarrollo de la conciencia moral. Cada pata representa la información que tienen los investigadores para apoyar ese desarrollo. Necesitas las tres patas para que los niños tengan un asiento estable: los reflejos morales más afinados.

Las tres patas son:

- Reglas y recompensas claras y consistentes.
- Castigos en el momento.

- Explicar las reglas.

Voy a tomar prestadas escenas de la TV para ilustrar cada una.

1. Reglas y recompensas claras y consistentes

Uno niño sentado en la mesa durante la cena golpea a su hermano y exige:

—¡Quiero tu helado, ya!

Mamá y papá parecen horrorizados. Los acompaña una desconocida elegante que habla con acento británico. La escena no parece afectarle. Sin embargo, toma notas, como si probara un producto.

—¿Qué van a hacer? —les pregunta tranquilamente a los padres.

El niño golpea de nuevo a su hermano.

—Si lo vuelves a hacer te voy a quitar el postre —le dice la mamá a su hijo con firmeza.

Lo vuelve a hacer. La mamá entierra la mirada en su plato. Papá mira en otra dirección, enojado. Los padres, parece, no tienen idea de cómo responder a la pregunta de la mujer británica.

Bienvenidos al mundo invasivo de la Niñera de la TV. Probablemente habrán visto estos *reality shows*, que siguen una formula conocida: una familia que está fuera de control permite que un equipo de camarógrafos entre en sus vidas, en compañía de una niñera profesional. Invariablemente bendecida con un acento de las islas británicas, ella, como un *sheriff* de Nottingham, empieza a limpiar la casa. La niñera tiene una semana para lograr su milagro doméstico y transformar a los padres desesperados en autoridades cariñosas y a sus pequeños demonios en angelitos. Algunas otras escenas:

El niño Aiden se niega a ir a la cama, grita a todo volumen. Sabe que cuando sus padres dicen: «Es en serio, apaga la luz», no es nada serio. Si tienen una hora de dormir, no ha sido anunciada o no hay quien la imponga, y entonces la Niñera mira con desaprobación. Aiden tarda horas en irse a dormir.

Un niño pequeño de nombre Mike se tropieza accidentalmente en las escaleras y tira los libros que carga. El pequeño se ve asustado y trata de esconderse, como si esperara los gritos de su padre malhumorado. Y llegan pronto, a todo volumen. La Niñera interviene: se acerca al niño, lo levanta, le ayuda a recoger los libros y le dice con amabilidad triste:

—Parece que tienes mucho miedo, Mike. ¿Te asustó tu papá?

El pequeño Mike asiente, y luego sube corriendo las escaleras. Esa noche, como un bulldog inglés, la Niñera le da un mordaz sermón al padre de que el niño necesita sentirse seguro.

Amanda se esfuerza para irse a dormir a tiempo y por su cuenta, aunque en el pasado se resistía. Este esfuerzo pasa desapercibido porque los padres están ocupados persiguiendo a sus hermanos gemelos menores para que se laven los dientes. Cuando terminan, los padres se tiran frente a la TV. La Niñera mete a Amanda en la cama y dice:

—Bien hecho. ¡Lo hiciste todo sin ayuda y sin problemas! ¡Muy bien!

Algunas soluciones de la Niñera son un poco irritantes y otras le dan al clavo. Pero estos casos siguen la ciencia conductual de la primera pata de nuestro banquito de disciplina: reglas consistentes con recompensas regulares. Observa con especial atención lo que hacen en las siguientes cuatro características.

Tus reglas son razonables y claras

En el ejemplo anterior de Aiden, el niño no tiene una hora de dormir o tal vez no sabe que debe tenerla. Su única guía es el comportamiento de sus padres, que es ambiguo e indeciso. Aiden no tiene dirección y, al final de un día ocupado y cansado, pierde la compostura. Con razón grita y llora.

¿La solución de la Niñera? Al día siguiente llega con una pizarra que describe las reglas y las expectativas —incluyendo una hora de dormir razonablemente formulada— que coloca a la vista de toda la familia. La pizarra produce una autoridad objetiva donde las reglas son *a*) realistas, *b*) claras y *c*) están a la vista de todos.

Eres cálido y tolerante cuando administras las reglas

A Mike, el niño que quiere esconderse por los libros que se le cayeron, obviamente le han gritado en el pasado. El miedo que reflejaba demuestra que el niño no se siente seguro en ese instante y tal vez siente miedo casi todo el tiempo. Tiene sentido si consideramos que le gritan por algo tan inocente como tirar los libros por accidente. Para la Niñera es una señal de alerta. Trata de transmitirle seguridad al pequeño —tomemos nota de su empatía— y luego regaña al papá de Mike, diciéndole que debe buscar una respuesta más tranquila y mesurada si quiere que cambie el comportamiento de Mike. Y el padre escucha, sorprendentemente.

A estas alturas ya debes saber que el interés principal del cerebro es la seguridad. Cuando las reglas se administran en un entorno que no es seguro, el cerebro abandona cualquier noción de comportamiento, con una excepción: escapar del peligro. Cuando las reglas vienen de padres cariñosos y tolerantes, es más probable que germinen las semillas morales.

Entonces, tienes reglas cristalinas y vigilas que se cumplan de cierta manera. Los dos pasos siguientes hablan sobre lo que debes hacer cuando se obedecen las reglas.

Cada vez que tu hijo cumple las reglas, felicítalo

Los científicos (y los buenos padres) descubrieron hace mucho que puedes aumentar la frecuencia de un comportamiento deseado si refuerzas ese comportamiento. Los niños responden a los castigos, está claro, pero también responden a los elogios —y de una manera menos dañina que produce mejores resultados—. Los conductistas le llaman refuerzo positivo. Lo puedes usar incluso para fomentar comportamientos que aún no ocurren.

Supongamos que quieres que tu hijo cada vez más sedentario, de tres años, que todavía anhela tu atención, salga más seguido al jardín a jugar en los columpios y a moverse. El problema es que casi nunca sale. ¿Qué vas a hacer? En lugar de esperar a que tu hijo se suba a los columpios, puedes reforzar su comportamiento cada vez que se acerca a la puerta. Después refuerzas su comportamiento únicamente cuando abra la puerta. Y después cuando salga. Y entonces cuando se acerque a los columpios. A la larga, se subirá a los columpios y ustedes pueden jugar juntos. Este proceso, llamado moldeamiento, puede requerir mucha paciencia, pero normalmente no necesita mucho tiempo. El reconocido conductista B. F. Skinner usó un protocolo de moldeamiento para lograr que una gallina cambiara la página de un libro como si lo estuviera leyendo y lo logró en 20 minutos. Es mucho más fácil moldear a los humanos que a las gallinas.

También reconoces la ausencia de mal comportamiento

¿Te acuerdas de Amanda, la niña que se fue a dormir sin ayuda mientras sus padres veían televisión? Los padres no reconocieron su evidente falta de comportamiento difícil, pero la Niñera sí lo hizo. Reconocer la *ausencia* de un mal comportamiento es tan importante como elogiar la *presencia* de uno bueno.

Los investigadores han medido los efectos de estas cuatro estrategias de crianza sobre el comportamiento moral. Cuando los padres cariñosos y tolerantes establecen estándares claros y razonables para sus hijos, y les reconocen el buen comportamiento, entonces los niños muestran señales consistentes de una construcción moral internalizada cuando llegan a los cuatro o cinco años. Son los comportamientos distintivos del gran estilo de crianza propagativo de Baumrind. No es lo único que necesitas en tu caja de herramientas morales, pero, desde un punto de vista estadístico, son necesarios para que tus hijos resulten buenos.

Verte a ti mismo

¿Cumples con todo lo anterior o crees que cumples? Uno de los obstáculos que impiden que los padres cambien su comportamiento es lograr que entiendan cómo los ven sus hijos. La Niñera ayuda a los padres a ver lo que ella ve mediante videos de las familias, buscando las claves de cada persona y señalándolas para el resto de la familia. Los investigadores también usan la misma técnica.

Por ejemplo, Marian Bakermans-Kranenburg, de la Universidad de Leiden, entró con una cámara de video a las casas de 120 familias con niños de entre uno y tres años. Bakermans-Kranenburg estaba examinando de cerca a algunos de los niños más difíciles del planeta: niños patológicamente resistentes que mostraban una combinación tóxica de agresión, necedad, gritos y quejas. Junto con su equipo, editaron el video para buscar momentos de enseñanza y crearon un plan de estudios para los padres. Los investigadores enseñaron a los padres a buscar las pistas que habían omitido o malinterpretado en el pasado. Vieron los comportamientos que resultaban contraproducentes, aquellos que generaban una mala respuesta de los niños. Al final, incluso en este grupo difícil, los actos problemáticos de los niños ¡disminuyeron en 16 por ciento! Es muchísimo para este campo. La mayoría de las mamás del grupo pudieron empezar a leer de nuevo con sus hijos de manera regular. En una entrevista, Bakermans-Kranenburg dijo que los padres habían encontrado «el tiempo de paz que habían descartado como imposible». Fue algo muy poderoso.

2. Castigos en el momento

Aunque prefiero no hacerlo, a veces pienso en Ted Bundy. El asesino en serie que llevó a cabo uno de sus tantos destrozos en la Universidad de Washington, más o menos cuando yo era un estudiante de licenciatura. Siento un poco de pánico cuando me acuerdo de esa época: ¿cómo puedo evitar que mis hijos entren en contacto con los Ted Bundy de este mundo? ¿Cómo sé que mis hijos no van a ser como Ted Bundy?

El método preferido de Bundy para matar a sus víctimas era golpearlas en la cabeza con una barra metálica, y a veces violaba a sus víctimas cuando ya estaban muertas. Mató probablemente a cerca de 100 mujeres. La mayoría de nosotros no podemos imaginarnos tanto horror y depravación. El caso de Bundy fue aún peor porque él parecía perfectamente normal. Inteligente, atractivo y simpático, Bundy estaba encaminado a la profesión legal e incluso llegaron a mencionarlo como futuro político. Sabía conducirse en la sociedad «educada» con la facilidad de un diplomático. Hay una foto agobiante de Bundy con su novia abriendo una botella de vino, donde aparece como un joven sonriente y cariñoso, evidentemente enamorado. Pero para entonces ya había matado a 24 mujeres.

Con los años, los investigadores han tratado de entender el comportamiento de personas como Bundy. Pero no han encontrado una buena respuesta. Están los sospechosos comunes: un hogar descompuesto, padres violentos y abusivos, y Bundy los tuvo. Pero existen otras personas que también los tienen y la mayoría no se convierten en asesinos en serie. La mayoría de los llamados psicópatas –personas incapaces de conectarse emocionalmente con sus actos, entre otros rasgos– ni siquiera son violentos. Bundy era emocionalmente competente. Además de poder fingir comportamientos socialmente positivos, desplegaba una abundancia de emociones genuinas sobre sí mismo. Fue un narcisista hasta el final. El día de su ejecución tuvo que ser arrastrado hasta la silla eléctrica de Florida y, debilitado por el terror, lloraba inconsolable las lágrimas que probablemente había almacenado durante años. A la fecha no existe una buena forma de explicar el absoluto colapso moral de Bundy.

Ted Bundy conocía las reglas, pero definitivamente no las seguía. ¿Cómo hacemos para asegurar que nuestros hijos sí lo hagan? ¿Cómo corregimos cualquier comportamiento que no nos gusta, a la vez que logramos que el niño o la niña internalice el cambio? Con disciplina.

Restar para sumar: refuerzos negativos

Los investigadores distinguen entre dos estrategias de disciplina: el refuerzo negativo y el castigo. Ambas tratan situaciones aversivas, pero los refuerzos negativos suelen fortalecer comportamientos, mientras los castigos suelen debilitarlos.

De niño probablemente te diste cuenta de que cuando te quemabas un dedo, el agua fría te daba alivio inmediato y borraba la experiencia desagradable. Cuando una respuesta funciona, suele ser repetida. La siguiente vez que te quemaras —un estímulo aversivo— sería mucho más probable que salieras corriendo al lavamanos más cercano. Esto es un ejemplo de reforzamiento negativo, porque tu respuesta se fortaleció mediante la eliminación (o evasión) de un estímulo aversivo. Difiere del refuerzo positivo, que es cuando una acción conduce a una experiencia tan maravillosa que quieres repetir la acción. El reforzamiento negativo puede ser igual de poderoso, pero su aplicación es más difícil.

Conocí a una niña de preescolar que anhelaba la atención de su mamá. Empezó a la terrible edad de dos años aventando sus juguetes por las escaleras con cierta frecuencia y afectando la paz familiar. La niña parecía disfrutar este mal comportamiento y pronto empezó a aventar muchos objetos por las escaleras. Los libros de su mamá eran de sus favoritos y, por ello, fue la gota que derramó el vaso. Mamá intentó hablar con ella, trató de razonar con ella y, cuando fallaron estas estrategias, intentó gritarle. Finalmente sacó la artillería pesada —las nalgadas—, pero no cambió nada.

¿Por qué fallaban las estrategias de mamá? Porque sus castigos le brindaban a la niña lo que más deseaba: la atención completa de la mamá. Aunque parezca difícil, la mejor oportunidad que tenía la madre para romper este círculo era ignorar a su hija cuando se portara mal (después de guardar algunos de sus libros en otro lugar), de tal manera que rompiera esta alianza impía entre las escaleras y la atención. En cambio, la mamá reforzaría los comportamientos deseables de su hija con atención total solo cuando actuara de acuerdo con las reglas de la familia. La mamá lo intentó, reconociendo consistentemente con atención y festejos cuando la hija abría uno de los libros restantes en lugar de aventarlo. Al cabo de unos días, dejó de aventarlos por completo.

A veces la situación requiere de intervenciones más directas. Por ejemplo, está el concepto de castigo, que está cercanamente relacionado con el reforzamiento negativo. El mundo de la investigación reconoce dos tipos de castigo.

Permitir que cometan errores: castigo por aplicación

El primer tipo se conoce a veces como castigo por aplicación. Tiene una cualidad reflexiva. Tocas la estufa con la mano, te la quemas, de inmediato aprendes a no tocar la estufa. Esta automaticidad es muy poderosa. La investigación demuestra que los comportamientos se internalizan mejor cuando uno permite que los niños cometan sus propios errores y sientan las consecuencias. Aquí hay un ejemplo:

> El otro día mi hijo hizo un berrinche en la tienda de teléfonos y se quitó los zapatos y calcetines. En lugar de discutir con él para que se los pusiera, dejé que caminara unos pasos en la nieve. En dos segundos dijo: «Mami, quiero zapatos».

Esta es la mejor estrategia de castigo que conocemos.

Quitarles los juguetes: castigo por remoción

En el segundo tipo de castigo, los padres sustraen alguna cosa. En términos formales, se llama castigo por remoción. Por ejemplo, tu hijo le pega a su hermana menor y tú no le permites asistir a una fiesta de cumpleaños. O le impones un tiempo fuera. (La versión adulta de esta categoría es una sentencia de cárcel como consecuencia de un crimen). Así sucedió en el caso de una mamá:

> Mi hijo de 22 meses hizo otro berrinche hoy en la cena porque no le gustó lo que le servimos. Mandé a su pequeño ser a la «congeladora» y dejé que se quedara ahí hasta que parara de gritar (tardó como dos minutos). Lo traje de regreso a la mesa y por primera vez después de uno de sus berrinches ¡se comió la cena! ¡¡Se comió el puré de papas y la carne molida del pastel de carne!! Mamá: 1, hijo: 0. ¡¡Woo-hoo!!

Cualquiera de los dos tipos de castigo, en condiciones correctas, puede producir cambios duraderos y poderosos en el comportamiento. Pero tienes que seguir ciertos lineamientos para que funcionen correctamente. Estos lineamientos son necesarios porque los castigos tienen varias limitaciones:

- Suprimen el comportamiento pero no el conocimiento del niño sobre cómo portarse mal.
- Por sí solos ofrecen poca dirección. Si no vienen acompañados por algún tipo de momento de enseñanza, el niño nunca sabrá cuál es el comportamiento que debe sustituirlo.
- El castigo siempre despierta emociones negativas —miedo y enojo son las respuestas naturales— y estas pueden producir tanto resentimiento que la relación con los hijos tal vez se convierta en el problema en lugar del comportamiento no deseado. Corres el riesgo de provocar efectos contraproducentes o incluso dañar tu conexión con tu hijo, si no castigas correctamente.

Castigos verdaderamente efectivos

¿Cómo *no* debemos castigar a los niños? Recomiendo la película de 1979 *Kramer contra Kramer*. La película trata sobre un matrimonio que se está divorciando y el impacto de esta experiencia sobre su hijo pequeño. Dustin Hoffman hace el papel del padre desconectado que trabaja demasiado y cuyos instintos paternales son tan sutiles como la comida para perros.

La escena empieza con un niño que se niega a cenar y exige helado de chispas de chocolate en lugar de la comida que tiene enfrente. «No te vamos a dar helado hasta que termines de cenar», advierte el papá. El hijo lo ignora, busca una silla y trata de alcanzar el congelador. «¡Mejor ni lo intentes!», advierte papá. El niño abre el congelador de todas maneras. «Más vale que te detengas ahí, amigo. Te lo estoy advirtiendo». El hijo lleva el helado a la mesa, actúa como si su padre fuera invisible.

«¡Oye! ¿Me escuchaste? ¡Te estoy advirtiendo, una probada y estás en problemas!». El niño mete la cuchara al helado, mira atentamente a su padre. «¡No te atrevas! Si te metes ese helado en la boca estás en problemas muy, muy, muy serios». El niño abre la boca grande. «Ni un paso más». Cuando el niño desobedece, su padre lo saca de su silla y lo arroja en su recámara. «¡Te odio!», grita el niño. El papá grita: «Y yo te odio a ti, maldito cabrón!». Azota la puerta.

Las cabezas más frías, obviamente, no prevalecieron. Los siguientes cuatro lineamientos demuestran cómo castigar de manera efectiva.

- *Tiene que ser castigo.* El castigo debe ser firme. Esto no significa violencia contra los niños. Pero tampoco significa una versión diluida de las consecuencias. El estímulo aversivo debe ser aversivo para ser efectivo.

- *Debe ser consistente.* El castigo debe ser administrado de manera consistente: cada vez que se viola la regla. Por eso las estufas calientes cambian el comportamiento tan rápidamente: *cada* vez que la tocas, te quemas. Lo mismo ocurre con el castigo. Entre más excepciones permitas, más difícil será extinguir el comportamiento. Como dicen por ahí: que sí signifique sí y no, no. La consistencia debe estar presente no solo de un día a otro, sino de un cuidador a otro. Mamá y papá y niñera y padrastros y abuelos y familiares políticos tienen que estar en la misma página en cuanto a las reglas de la casa y las consecuencias de desobedecerlas. Los castigos son repulsivos por naturaleza —todos quieren evitarlos— y los niños son increíblemente talentosos para descubrir vacíos legales. Si quieres que tengan una buena columna vertebral moral, no les puedes permitir que generen conflicto entre sus cuidadores. No formarían más que cartílago.

- *Debe ocurrir pronto.* Si quieres enseñarle a una paloma a picar una barra, pero te tardas diez segundos en reforzar el comportamiento, lo puedes intentar todo el día y el pájaro no entenderá. Si reduces el retraso a un segundo, la paloma aprende el truco en 15 minutos. No tenemos el mismo cerebro que las aves, pero tanto en los premios como en los castigos, nuestra reacción ante el retraso es extraordinariamente similar. Los investigadores lo han medido en situaciones del mundo real. Entre más pronto sea el castigo después de la infracción, más rápido será el aprendizaje.

- *Debe ser emocionalmente seguro.* El castigo debe administrarse en la atmósfera cálida de la seguridad emocional. El castigo es más efectivo cuando los niños se sienten seguros, incluso cuando sus padres los están corrigiendo abiertamente. Nuestra necesidad evolutiva de sentirnos seguros es tan poderosa que la misma presencia de las reglas suele transmitir seguridad a los niños. «Ah, en realidad sí les importo», es lo que piensan los niños al respecto (en casi cualquier edad de la niñez), incluso cuando no parecen agradecidos. Si los niños no se sienten seguros, los tres ingredientes anteriores serán inútiles. Incluso pueden ser dañinos.

No hay juguete para ti

¿Cómo llegamos a estos cuatro lineamientos? Principalmente gracias a unos experimentos cuyo nombre y diseño parecen tomados de una escena de Tim Burton. Se llaman el Paradigma del Juguete Perdido. Si tu hija en edad preescolar estuviera inscrita en un experimento del laboratorio de Ross Parke, experimentaría algo así:

Tu hija está en un salón con un investigador y dos juguetes. Un juguete es muy atractivo, ruega para que lo toquen. El otro es feo, ella nunca jugaría con un juguete así. Cuando extiende la mano para tocar el juguete atractivo, escucha un timbre fuerte e inquietante. Lo toca de nuevo y escucha el mismo ruido desagradable. En algunos casos, después del timbre, el investigador le advierte en tono estricto a la niña que no debe tocar el juguete. Sin embargo, el timbre nunca suena cuando tu hija toca el juguete menos atractivo. Y el investigador permanece en silencio. Tu hija aprende el juego rápidamente: el juguete atractivo está *prohibido*.

El investigador entonces sale del salón, pero el experimento sigue, y a tu hija la están grabando. ¿Qué va a hacer cuando esté a solas? Parke descubrió que su obediencia depende de muchas variables. Los científicos manipularon el tiempo entre el momento cuando toca el juguete y el timbre, el papel de la figura de autoridad, el grado de aversión percibida y el atractivo del juguete. Literalmente, fueron cientos de manipulaciones usando este paradigma y sirvieron a los investigadores para descubrir los efectos de la severidad, consistencia, tiempos del experimento y seguridad, los mismos lineamientos que acabamos de cubrir.

3. Explicar las reglas

¿Quieres que tu forma de castigar sea más efectiva, duradera e internalizada (el sueño de cualquier madre o padre)? De eso trata la tercera pata que apoya nuestro banquito de conciencia moral. Solo es necesaria una frase mágica, según encontró Parke, al final de cualquier orden explícita.

Sin lógica:

«No toques al perro, o te mando a tu cuarto».

Con lógica:

«No toques al perro, o te mando a tu cuarto. El perro tiene mal temperamento y no quiero que te muerda».

¿A cuál de las dos responderías tú? Si eres como el resto del mundo, sería a la segunda. Parke pudo demostrar que la tasa de cumplimiento se dispara cuando los niños escuchan algún tipo de razón cognitiva. La lógica está en explicar por qué existe la regla —y sus consecuencias—. (Funciona bien con adultos, también). Asimismo, se puede usar cuando se rompe una regla. Digamos que tu hijo grita en un teatro en silencio. El castigo debe incluir una explicación para que sepa cómo sus gritos afectaron a los demás y cómo puede corregir su error, quizá con una disculpa.

Los investigadores de la paternidad la llaman disciplina inductiva, y es increíblemente poderosa. La practican los padres de niños con una actitud de madurez moral. Los psicólogos incluso creen saber por qué funciona. Digamos que el pequeño Aaron ha sido castigado por una infracción moral —robarse el lápiz de su compañero Jimmy— justo antes de un examen. El castigo por naturaleza le restó algo a Aaron: se quedaría sin postre esa noche. Pero a Aaron no solo lo castigaron, le dijeron la frase mágica, con explicaciones como: «¿Cómo quieres que Jimmy complete su examen sin un lápiz?» o «En esta familia no se roba». A Aaron lo instruyeron para que escribiera una disculpa.

Con el paso de los años, el comportamiento de Aaron se modifica gracias a las reglas explicadas:

1. En el futuro cuando Aaron piense en la posibilidad de cometer el mismo acto prohibido, se acordará del castigo. Se siente más psicológicamente estimulado y esto le genera sentimientos incómodos.

2. Aaron relacionará esta inquietud con una atribución interna. Los ejemplos podrían ser: «Me sentiría terrible si Jimmy reprobara su examen», «No me gustaría si me lo hicieran a mí», «Puedo ser mejor», y demás. La atribución interna de tu hijo se originará a partir de la razón que ofreciste durante el momento de corrección.

3. Ahora, sabiendo por qué está incómodo —y con la intención de evitar este sentimiento—, Aaron puede extrapolar la lección hacia otras situaciones. «Probablemente tampoco debo robarme la goma de Jimmy». «Mejor no debo robarme nada, punto».

Inserte aquí el aplauso de millones de profesionales de la corrección juvenil y profesionales de la procuración de justicia. La crianza inductiva proporciona una sensibilidad moral completamente adaptable que se puede internalizar, en congruencia con nuestros instintos natos.

Los niños que reciben castigos sin explicación no completan estos pasos. Parke encontró que esos niños solo externalizan sus percepciones y dicen: «Si lo vuelvo a hacer me van a pegar». Siempre están buscando una figura de autoridad; su comportamiento se guía por la presencia de una amenaza *externa* creíble, y no por una brújula moral interna. Los niños que no completan el segundo paso no pueden llegar al tercer paso, y están un paso más cerca de ser como Daniel, el niño que le enterró un lápiz a su compañera en el cachete.

La conclusión es: los padres que ofrecen límites consistentes y claros, *y que siempre explican sus razones*, generalmente producen hijos con un sentido moral desarrollado.

No existen medidas unitalla

Nótese que dije «generalmente». La disciplina inductiva, por poderosa que sea, no es una estrategia que funciona igual para todos. El temperamento del niño es un factor importante. Para los niños muy pequeños que poseen una perspectiva impulsiva de la vida y no sienten miedo, la disciplina inductiva puede ser demasiado débil. Los niños con un temperamento más temeroso pueden reaccionar catastróficamente a los correctivos intensos que tal vez no afecten a sus hermanos en lo absoluto. Hay que ser más cuidadoso. Todos los niños necesitan reglas, pero cada cerebro tiene redes neuronales distintas y por ello es tu deber conocer los paisajes emocionales de tus hijos por dentro y por fuera, y adaptar tus estrategias de disciplina para cada uno.

¿Y las nalgadas?

Pocos temas son tan polémicos como decidir si las nalgadas entrarán en tu inventario para criar a los hijos. Muchos países prohíben esta práctica. El nuestro no. Más de dos terceras partes de los estadounidenses la aprueban; 94 por ciento de los estadounidenses le han dado nalgadas a sus hijos antes de su cuarto cumpleaños. En general, las nalgadas están en la categoría de castigo por remoción.

A lo largo de los años, muchos estudios se han dedicado a evaluar la utilidad de este método, pero suelen llegar a conclusiones confusas, incluso contradictorias. Uno de los estudios más destacados es una revisión de cinco años de las distintas publicaciones de investigación, patrocinada por la American Psychological Association y llevada a cabo por un comité de especialistas en desarrollo infantil. El comité se manifestó en contra de los castigos corporales, y encontró evidencia para afirmar que los castigos físicos generan más problemas de conducta que otros tipos de castigo e incluso producen niños más agresivos, más deprimidos, más ansiosos y con cocientes intelectuales más bajos. Un estudio en la primavera de 2010, dirigido por Catherine Taylor, investigadora de la Escuela de Salud Pública de Tulane University, confirmó los hallazgos. Encontró que los niños de tres años que recibieron nalgadas más de dos veces en el mes anterior al estudio, tenían 50 por ciento más probabilidad de ser agresivos antes de los cinco años, incluso cuando se hicieron controles para grados distintos de agresión entre niños y para depresión maternal, abuso de drogas o alcohol, o violencia de pareja.

¿Alcanzas a escuchar el furioso estruendo de los teclados? Es el ruido de miles de blogs entrando en escena, manifestando violentamente su desacuerdo con los hallazgos. «¡Solo son datos asociativos!», dice un blog (cierto). «¡No todos los expertos están de acuerdo!», dice otro (cierto). «¡Faltan estudios en situaciones que dependen del contexto!». Es decir, ¿sabemos que los castigos corporales que reciben los hijos en un hogar cariñoso e inductivo son distintos de los que ocurren en un entorno duro y no inductivo? (No lo sabemos). ¿Y qué tal las intenciones de los padres? La lista de objeciones nunca termina. Muchas nacen a raíz de la creciente preocupación que considera que los padres de hoy cada vez educan menos a sus hijos, que las madres y los padres contemporáneos tienen miedo de disciplinar a sus hijos. Simpatizo profundamente con esta preocupación. Pero los números no. En el cerebro, la

> Los niños de tres años que recibieron nalgadas más de dos veces en un mes tenían 50 por ciento más probabilidad de mostrar agresión antes de los cinco años.

lucha parece ser entre los instintos de imitación diferida y la propensión a internalizar. Los castigos físicos son lo suficientemente violentos para provocar lo primero más seguido que lo segundo.

El sociólogo Murray Straus ha investigado el tema durante mucho tiempo. Como destacó en una entrevista de *Scientific American Mind*, la conexión entre las nalgadas y el comportamiento desagradable es más sólida que la conexión entre el plomo y la disminución del cociente intelectual. Más sólida también que la asociación entre el humo de segunda mano y el cáncer. Pocas personas discutirían estas asociaciones; es más, algunas personas han ganado juicios legales sobre la salud gracias a números asociativos relevantes. ¿Entonces por qué hay tanta controversia sobre si debemos usar el castigo corporal, cuando en realidad no hay lugar para tal controversia? Es una buena pregunta.

Sé que criar a los hijos de una manera inductiva requiere mucho esfuerzo. Golpear no lo requiere. En mi opinión, golpear es una forma perezosa de educar a los hijos. Por si te lo preguntas, mi esposa y yo no lo hacemos.

La disciplina que prefieren los niños

Hace algunos años, varios grupos de investigadores decidieron escuchar las opiniones de los niños sobre los estilos de crianza. Por medio de encuestas sofisticadas, les preguntaron a niños desde preescolar hasta preparatoria sobre lo que ellos consideraban que funcionaba y lo que fracasaba. Las preguntas fueron astutamente formuladas: los niños escuchaban historias sobre otros niños que se portaban mal y después les preguntaban: «¿Qué deben hacer los padres? ¿Tú qué harías?». Recibieron una lista de métodos de disciplina. Los resultados fueron iluminadores. Por mucho, el estilo inductivo fue el más aprobado estadísticamente. El segundo más aprobado fue el castigo. ¿Y qué estaba en último lugar? El retiro del afecto parental o la permisividad *laissez-faire* (liberal).

En conjunto, el estilo de corrección que preferían los niños fue el estilo inductivo sazonado con una pequeña y periódica muestra de poder.

Los resultados, hasta cierto punto, dependieron de la edad del encuestado. El grupo de cuatro a nueve años odiaba la permisividad más que cualquier otro comportamiento, incluyendo los estilos que retiraban el afecto. No fue igual para los de 18 años.

En total, tenemos una imagen clara sobre cómo educar a nuestros hijos para que sean equilibrados y tengan valores morales. Los padres cuyas reglas nacen de la aceptación cálida y que explican constantemente sus razonamientos, al final son percibidos como razonables y justos, en lugar de caprichosos y dictatoriales. Es más probable que sus hijos demuestren un cumplimiento comprometido en lugar de resistencia comprometida. ¿Te recuerda el estilo propagativo de Diana Baumrind: restrictivo pero cariñoso? Era el único estilo que estadísticamente tenía mayor probabilidad de producir hijos felices e inteligentes.

Resulta que estos niños inteligentes y felices también son los más morales.

Puntos clave

- Tus hijos nacen con un sentido del bien y del mal.
- En el cerebro, las regiones que procesan las emociones y las regiones que guían las decisiones trabajan en conjunto para crear una conciencia moral. Si pierdes las emociones, pierdes la capacidad para decidir.
- El comportamiento moral se desarrolla con el tiempo y requiere de cierto tipo de dirección.
- La manera en que los padres manejan las reglas es clave: expectativas claras y realistas; consecuencias consistentes y prontas para violaciones del reglamento; y reconocimiento del buen comportamiento.
- Es más probable que los niños internalicen el comportamiento moral si los padres explican por qué existen las reglas y sus consecuencias.

BEBÉ DORMILÓN

Regla para el cerebro de tu bebé:

Prueba antes de invertir

BEBÉ DORMILÓN

 El video debería incluir un aviso legal: «Advertencia: el video que está a punto de disfrutar, afectará su dosis cotidiana de decencia». Samuel L. Jackson —protagonista de películas como *Tiempos violentos* (*Pulp Fiction*) y *Django sin cadenas* (*Django Unchained*)— aparece leyendo un guion en un estudio de audio. Al poco tiempo, el video revela que no se trata del Jackson peligroso que conoces y estimas. Una sonrisa ligera suaviza su rostro normalmente firme, sus lentes de académico descansan sobre su nariz. Con la sorprendente ternura de un padre cariñoso, entona: «Niño, las ventanas del pueblo están oscuras. Las ballenas se acurrucan en las aguas profundas».

El guion tiene más en común con el libro infantil *Te veo en la mañana* (*I'll see you in the morning*) que con la película de Jackson *Serpientes en el avión* (*Snakes on a Plane*); arrullar a un niño para que se duerma es hasta ahora el único objetivo del texto. Las siguientes palabras te golpean como una artillería pesada, resuenan dentro de casi todos los nuevos padres que he conocido y conservan la reputación de mal hablado del señor Jackson: «Te leo un libro más si me prometes / ¡que te vas a dormir de una puta vez!».

Jackson está leyendo *Duérmete de una p**a vez* (*Go the F**k to Sleep*), escrito por el autor Adam Mansbach. El libro fue enormemente popular hace algunos años y llegó a la cima de las listas de Amazon 30 días antes de ser publicado.

La popularidad del texto áspero de Mansbach demuestra lo difícil que puede ser el sueño de los infantes para los padres novatos. Después de cuatro noches seguidas sin dormir, puedes empezar a desear el sueño como un nadador agotado desea el oxígeno. Tal vez te sientas desesperado por encontrar una respuesta para el problema del sueño de tu hijo. La respuesta que sea. Tal vez te arrepientas de haber firmado el contrato biológico, donde dice que el bebé es tuyo. Sin duda emitirás tu propio coro de vulgaridades. Con razón el primer libro de Mansbach ha recibido tanta atención.

La consolidación del sueño, término formal para describir el proceso que viven los niños cuando aprenden a dormir la noche completa, es el tema de este capítulo. Nos enfocaremos en su mayor parte en el primer año de vida y exploraremos un poco la neurociencia básica del sueño; discutiremos las ideas de los «maestros del sueño» y terminaremos con algunas sugerencias prácticas.

LA CIENCIA DEL SUEÑO INFANTIL

¿Entonces cómo logras que tu bebé duerma toda la noche? Puedo garantizarte que no te gustará mi respuesta: no puedo responder por tu bebé.

Las variables para predecir la consolidación exitosa del sueño en poblaciones pediátricas son tantas que ni siquiera hemos terminado de catalogarlas. Estamos aún más lejos de comprender cómo configurar los factores conocidos en un protocolo que induzca el sueño y ofrezca a todos los padres cansados la respuesta que tanto se merecen. Ni siquiera conocemos las respuestas básicas, como cuántas horas necesitan realmente los bebés al día. Podemos llevar la cuenta de sus horas de sueño, pero esa es una pregunta muy distinta de lo que realmente necesitan. Sabemos que los requisitos de sueño cambian según la edad; los recién nacidos sin duda necesitan más que los bebés de seis meses. El sueño varía incluso por país. En Suiza , los bebés de seis meses duermen cerca de 14 horas diarias. Los bebés de seis meses en Japón duermen unas 11. Los infantes en Estados Unidos duermen alrededor de 13. Sin duda, tanto el entorno como la genética representan un papel, pero no tenemos idea de las influencias relativas de cada uno. Simplemente tenemos observaciones sobre un sistema impredecible.

Por eso existen tantos libros sobre este tema; pero en la actualidad, todos tratan de adivinar. La situación no está perdida, por supuesto, pero esta advertencia es necesaria. Lo sé, y cuando eres un padre o una madre que duerme mal permanentemente, es lo último que quieres escuchar. No eres el único que busca respuestas. Entre 25 y 40 por ciento de los bebés nacidos en Estados Unidos experimentan problemas de sueño en los primeros seis meses de vida. Y no es un problema exclusivamente estadounidense. Según el país, entre diez y 75 por ciento de los nuevos padres en todo el mundo reportan que tienen problemas para lograr que sus hijos duerman toda la noche. En los países occidentales, los padres se quejan por tres razones principales: el bebé tiene dificultades para dormirse en la noche; el bebé se despierta demasiadas veces en la noche; el bebé se despierta demasiado temprano al día siguiente.

¿Qué tiene de complicado irse a dormir? Los factores publicados en la literatura científica revelan las complejidades que viven tanto los bebés como los padres. Los problemas infantiles incluyen temperamento biológico, el «cableado» individual de sus varios «centros de sueño» en el cerebro, los cambios que genera el desarrollo sobre esos centros con el paso del tiempo e incluso los factores ambientales (como reacciones a la comida, luz, o cuando sus padres los cargan). Los factores de los adultos incluyen expectativas y creencias sobre el sueño, temperamentos adultos individuales, y recuerdos sobre cómo los propios adultos fueron criados.

Lograr que un niño duerma toda la noche es comparable con un baile entre dos personas que no se conocen muy bien y se pisan los pies repetidamente. Ambos lloran. Mucho. ¿Pero qué tan distintas son estas parejas de baile? Uno de los juegos mecánicos favoritos de mi hijo en Disney World lo puede explicar.

La Torre del Terror

Mis hijos —y su padre— siempre han sentido fascinación por los elevadores y esa sensación casi de caída libre que a veces sientes al entrar en un edificio de oficinas donde todo lo demás es predecible. Entonces probablemente puedes imaginarte cómo nos sentimos cuando nos subimos en el juego Twilight Zone Tower of Terror (La Torre del Terror de la Dimensión Desconocida) durante una visita a Disney Hollywood Studios en el centro de Florida.

El juego comienza con un ascenso lento hasta la cima, algo parecido al elevador típico de un edificio de oficinas. De pronto algo te jala hacia abajo (en lugar de permitir nada más que la gravedad haga lo suyo), creando la sensación terrorífica de una caída libre sin control. El juego continúa con una serie de subidas y bajadas aleatorias, arranca y se detiene, incluso se agita hacia los lados. Al menos una caída atraviesa la longitud vertical completa de la torre. Son una serie de experiencias emocionantes que también generan ciertas náuseas.

Estos dos paseos en elevador, el edificio tranquilo y la Torre del Terror, describen bastante bien lo que sabemos sobre el sueño adulto *versus* el sueño infantil.

El sueño adulto

El sueño de un adulto maduro podría ser equiparado fácilmente con el típico y aburrido elevador de un edificio de oficinas. Empiezas hasta arriba, completamente despierto. Cuando empiezas a sentirte cansado y adormecido es porque tu ciclo normal de sueño ha comenzado. Empiezas a descender lentamente por las distintas etapas del sueño, pasando por la pérdida de conciencia, hasta llegar a la planta baja donde ocurre «el verdadero sueño». Ocurre entre 90 y 100 minutos después de que el elevador haya comenzado su trayectoria. Es muy difícil despertar a alguien en esta etapa. La llamamos sueño de ondas lentas o sueños sin movimientos oculares rápidos fase 4 (NREM4 por sus siglas en inglés, que significan *non-rapid eye movement sleep stage 4*).

No permaneces demasiado tiempo abajo. De acuerdo con nuestra historia evolutiva, si estuviéramos inconscientes durante ocho horas completas, probablemente hubiéramos terminado en la panza de algún depredador. Entonces, después de 30 minutos en la fase NREM4, el elevador empieza a ascender de nuevo. Tus ojos, aún cerrados, empiezan a moverse de un lado a otro en una forma realmente terrorífica pero cada vez más vigorosa, esta etapa es conocida como sueño REM (de movimientos oculares rápidos; *rapid eye movement* en inglés). En la cima de esta etapa, estás inquieto y despiertas con facilidad.

Si todo está bien, lo más probable es que no despiertes por completo. Después de un rato, el ciclo comienza de nuevo, tu elevador vuelve a descender. Se moverá de la misma manera deliberada e imponente que antes, hasta llegar finalmente a la planta baja. Después de una estancia de 30 minutos en la tierra NREM4, el elevador sube de nuevo, tus ojos se mueven de un lado a otro y regresas al estado REM. Con este mismo patrón suave y tranquilo, subirás y bajarás en promedio cinco veces por noche.

Es un poco sorprendente. Nadie pasa la noche dormido en bloques ininterrumpidos y continuos, ni siquiera en condiciones normales. Desafortunadamente, esto incluye a los niños.

El sueño infantil

El punto central es que el sueño de los recién nacidos no se parece en *nada* al sueño adulto. En lugar de ciclos de ascenso y descenso graduales, los recién nacidos solo tienen dos velocidades, bautizadas por el investigador del sueño Richard Ferber como «sueño activo» y «sueño pasivo» (o tranquilo). Ambas velocidades se establecen en el útero y se pueden detectar a la mitad del último trimestre.

La presencia de únicamente dos tiempos significa que los infantes apenas están aprendiendo cómo dormir. En los primeros meses no conseguirán un ciclo de sueño predecible —y no mostrarán comportamientos de sueño parecidos a los de los adultos en muchos años—. Para ellos el sueño es espasmódico y los padres acaban en el mismo tren de sueño que sus hijos. En una buena noche, los adultos viajan en un elevador tranquilo. En una buena noche, los bebés viajan en la Torre del Terror.

¿Por qué? Esto es lo que saben los investigadores hasta ahora:

Cuando los bebés están bien protegidos en el útero de sus madres es posible que respondan a —o incluso sigan— los ritmos bioquímicos de mamá. Esto ocurre porque están conectados a la computadora maternal central por medio de la placenta y el cordón umbilical. Y no solo los humanos. Todos los mamíferos reciben calor, alimento, agua y hormonas (entre ellas la melatonina que regula el sueño) de parte de mamá de manera regular. Al nacer se desconecta violenta e inmediatamente el abasto reconfortante de calor, comida, agua y ayuda para dormir. (Literalmente corté el cordón umbilical de mis dos hijos con unas tijeras filosas).

En ese instante, los bebés quedan completamente fuera de sintonía con los ciclos de la existencia adulta. El recién nacido debe resolver estos problemas inmediatamente después del parto y con la comida como prioridad urgente. Algunos investigadores piensan que los patrones alterados de sueño y alerta están enfocados en conseguir un abasto de comida consistente. El trabajo de los recién nacidos es herculino. Necesitan comer cada dos o tres horas, algunos más seguido. En consistencia con esta noción, se ha demostrado que los patrones de sueño infantil guardan una relación cercana con los patrones de alimentación: la cantidad de tiempo que necesitan los bebés para consumir, digerir y metabolizar alimento, antes de volver a sentir hambre. El bebé podrá dormir, pero solo después de llenar el tanque.

Nótese que dije que «podrá dormir». Algunos bebés se sienten energizados por la comida, y en ese caso no se van a dormir después de un tentempié de medianoche; están listos para jugar, llorar o exigir atención. Por ello, alimentarlos no es garantía de un período de sueño.

Sueño activo y sueño pasivo

Los dos tiempos del sueño de los bebés sí tienen alguna equivalencia con el sueño adulto. El sueño activo es algo parecido al sueño REM de los adultos, lo cual significa que el bebé está más inquieto y se despierta más fácilmente durante esta etapa. La respiración es más superficial e irregular. Sus párpados tiemblan. Tal vez flexionen sus bracitos y piernitas. Incluso es posible que vocalicen. Cuando los bebés empiezan a quedarse dormidos, a diferencia de los adultos, caen inmediatamente en un sueño activo. Para la mayoría de los recién nacidos, el estado activo dura 20 o 30 minutos.

Entonces llega el sueño pasivo (tranquilo), parecido al NREM de los adultos. La respiración del bebé se vuelve más profunda y rítmica. Los ojos del bebé dejan de moverse. Las extremidades se relajan. No es fácil despertarlos. Probablemente puedas colocarlos en su cuna sin preocuparte por despertarlos. Pasé muchas horas observando a mis dos hijos en este estado tranquilo tan típico de los recién nacidos. ¿Cuánto dura este paraíso? Normalmente menos de una hora, lo que quiere decir que yo también desperté exaltado de mis sueños diurnos.

El sueño pasivo representa el final del ciclo de sueño del bebé. Entonces hará una de dos cosas: o regresa al sueño activo para empezar otra vuelta, o se despierta. No dudo de que algunos infantes duermen toda la noche desde casi el principio porque nacen con la capacidad para reingresar en el ciclo activo / pasivo sin depender demasiado de mamá y papá. Algunos padecen problemas porque no pueden hacerlo tan fácilmente. A estas alturas, apenas tenemos algunas ideas vagas sobre cómo aumentar la probabilidad de que lo logren.

No molestar

Puedo ofrecer un consejo para ayudar a mantener al bebé en sueño activo desde un principio. En cuanto el infante empieza a mostrar síntomas de sueño, los padres lo quieren meter de inmediato a su cuna. Para su frustración, el bebé siente la alteración, protesta, se mueve, se despierta. ¡Es lo contrario de lo que quieres! ¿Por qué te sucedió? Recuerda: si el bebé está en el modo de sueño activo, puede despertar fácilmente. Cuando detectes indicios de sueño, no interrumpas el proceso. Si estás cargando a tu bebé, no lo sueltes. Pon atención para ver cuánto tarda en alcanzar el sueño pasivo. Permítele diez minutos más para estar seguro y después llévalo a su cuna.

De esta manera, puedes tal vez evitar identificarte con la persona que pegó un póster que vi en una oficina. Mostraba una escena famosa de *Raiders of the Lost Ark* (*Los cazadores del arca perdida*). Harrison Ford está hincado frente a ese pequeño pero icónico ídolo, colocado sobre un pedestal en el centro de un lugar lleno de trampas. En su mano tiene una bolsa de arena, que pesa lo mismo que el pequeño ídolo, y espera usarla para reemplazar rápidamente a la estatua. El póster muestra a Harrison en el momento más tenso justo antes del intercambio.

El encabezado arriba del rostro de Harrison dice «CÓMO ME SIENTO...», y la leyenda abajo... «CUANDO QUIERO DEJAR A MI BEBÉ DORMIDO PARA QUE SIGA DORMIDO».

Me reí mucho, solo porque me pareció muy cierto.

Si hicieras los cálculos, los cambios en el ciclo de sueño / alerta suelen ocurrir más o menos cada 90 minutos. Lo han percibido los investigadores, incluyendo Nathan Kleitman, el investigador más reconocido para cuestiones de sueño. Acuñó el término BRAC (por sus siglas en inglés) que significa Ciclo Básico de Descanso y Actividad (*Basic Rest Activity Cycle*).

Los ciclos de sueño y alerta de los adultos duran más o menos el mismo tiempo. Pero, por supuesto, existe mucha variación entre bebés y adultos, y no hay una regla rápida que funcione para cada bebé. (Como dije, las variables son complejas). Sugiero que los padres se familiaricen con los ciclos activos / pasivos de sueño de sus hijos para poder determinar su horario.

¿CUÁNTO DURA ESTA MONTAÑA RUSA?

¿Cuánto durará el paseo infantil de la Torre del Terror? En la mayoría de los recién nacidos, no verás evidencia de algo parecido a un ritmo circadiano (determinado por la producción de melatonina) socialmente aceptable antes de los tres meses, y nada que se acerque a la cordura —definida como cinco horas de sueño seguidas— durante casi seis meses. Algunos niños se tardan más en dormir la noche completa. Mi hijo Joshua no logró dormir cinco horas seguidas sino hasta que cumplió siete meses.

No es porque los bebés no quieran cooperar, aunque parezca difícil de creer. Un grupo de investigadores alemanes demostró que a las 48 horas de su nacimiento, los bebés tenían más dificultades para mantenerse despiertos de día que de noche. Unos científicos en Japón demostraron que este esfuerzo comenzaba a rendir frutos en la segunda semana de vida: los infantes despertaban menos cuando dormían de noche que cuando dormían de día. El hallazgo fue consistente incluso cuando se alimentaba a los bebés varias veces por noche.

Los esfuerzos de los infantes resultan en el establecimiento final de un ciclo de sueño. El sueño NREM auténtico, en el marco de un ciclo de dormir / despertar normal, ha sido detectado en bebés tan jóvenes como de seis meses de edad. Pero sí se tarda un tiempo en sincronizarse. No es raro que un bebé se despierte tres veces por noche durante los primeros seis meses de su vida. Tal vez se despierte una o dos veces por noche antes de su primer cumpleaños y es posible que despierte una vez por noche hasta su segundo cumpleaños. Se necesita mucho tiempo para que un pequeño abandone la Torre del Terror y se plante firmemente en el aburrido elevador de oficina que usan los adultos.

Rutinas para la hora de dormir

Algunos expertos están de acuerdo en que sí hay algo que ayuda a los bebés a lograr esta transición: una rutina consistente para la hora de dormir. Empieza con elegir una hora de dormir, cuando el bebé tenga unos seis meses. En todo el mundo, la hora de dormir depende del bebé y de la cultura. Sin importar qué hora elijas, el consejo es ser consistente.

Después, crea una serie de rituales predecibles para la hora de dormir. Estos rituales pueden ser cualquier cosa, desde cantar sus canciones de cuna favoritas hasta bajar todas las luces de la casa. Parte del ritual puede incluir un baño caliente de burbujas seguido por una sesión de alimentos para «llenar» al bebé antes de dormir. Si el bebé no es bueno para dormir, tu rutina podría involucrar un paseo lento sobre un camino rocoso. La familia Medina encontró que este fue el método más exitoso cuando habían problemas para dormir. Sin importar las actividades, deben aplicarse consistentemente: mismo contenido, mismo orden, mismo entorno. Los bebés aprenden rápidamente a asociar estos comportamientos —especialmente cuando ocurren de manera confiable— con la hora de dormir que está por llegar.

Sin embargo, no se puede garantizar que los bebés le den la bienvenida al sueño. O que lo hagas tú, como puede testificar Samuel L. Jackson, claramente.

(No) dormir la noche completa

Digamos que han pasado seis meses desde el nacimiento de tu bebé, este no duerme la noche completa y tú no paras de maldecir como Jackson (o te gustaría maldecir). Existen muchos libros que quieren aconsejarte, presumiendo que conocen la fórmula secreta para que tu bebé se vaya a dormir. Muchos de ellos se contradicen, y es una de las consecuencias más desesperantes de leer múltiples libros sobre el tema.

Ava Neyer, una mamá en Fort Bragg, Carolina del Norte, se desesperó tanto con la enorme cantidad de sugerencias incongruentes disponibles que escribió un *post* en internet al respecto y que fue retomado por el *Huffington Post* con el encabezado «Yo leí todos los libros para dormir a los bebés».

Aquí tenemos un fragmento:

Coloca a tu bebé en su propio cuarto, su cama en tu cuarto, en tu cama. Dormir con tu bebé es la mejor forma de lograr que se duerma, excepto que puede matarlo, entonces mejor no lo hagas, nunca. Si tu bebé no se muere, tendrás que compartir tu cama con él hasta que entre a la universidad.

No permitas que tu bebé duerma demasiado, excepto cuando haya dormido demasiadas siestas, entonces despiértalo. Nunca despiertes a un bebé que está dormido. Todo problema se puede resolver si los mandas a dormir más temprano, aunque se despierte más temprano. Si tu bebé se despierta demasiado temprano, duérmelo más tarde o quítale una siesta. No dejes que tome siestas después de las 5 p.m. El sueño convoca al sueño, entonces trata de lograr que tu hijo duerma lo más posible. Llévalo a la cama despierto pero adormilado. No despiertes al bebé si se quedó dormido mientras lo amamantabas.

Muy cómico, a menos que seas el padre primerizo que se pregunta qué hacer. Estas opiniones contradictorias son como una pelea de box entre dos pesos pesados filosóficos, que pelean por el título de «La mejor manera de lograr que tu hijo duerma toda la noche».

APEGO *VERSUS* LLANTO

En una esquina, tenemos el estilo de consolidación del sueño nocturno conocido como Apego Nocturno (NAP, por el inglés *Nighttime Attatchment Parenting*). En la otra esquina tenemos los estilos de consolidación del sueño pediátrico que la gente llama Llorar Hasta Dormirse (CIO por el inglés *Cry-It-Out*). Los contendientes tienen ideas muy distintas sobre cómo resolver los problemas de sueño en el primer año de vida. Sus defensores también se suben al cuadrilátero y algunos de ellos lanzan unos golpes bastante bajos.

La filosofía de los partidarios del NAP, descrita por el pediatra William Sears, es la siguiente: «Durante el primer año los deseos y las necesidades de un bebé suelen ser lo mismo». Los partidarios del cio piensan que no son lo mismo. Cuando un bebé llora en la noche, nap dice que tu respuesta debe ser inmediata y debes demostrarle que estás ahí cuando te llama. cio dice que debes esperar un poco, porque tu bebé necesita aprender a dormirse por su propia cuenta.

¿Quién gana? A estas alturas de la investigación sobre el sueño, nadie. Los estilos del nap no están bien investigados (es difícil de hacer porque los padres los implementan de maneras muy variables), y están apoyados en la teoría del apego, que es un concepto en constante transición. Se ha demostrado que los estilos del cio ayudan a los niños a dormir la noche entera más rápidamente, pero la ciencia no ha decidido si es mejor para el bebé o más conveniente para nuestra cultura moderna. Al final, tú tienes que decidir lo que sientes que es mejor, pensando en lo mejor para *tu bebé*.

Discutiremos el funcionamiento de cada método con detalle y analizaremos la ciencia, por inconclusa que sea, que se encuentra atrás.

El partidario del apego: William Sears

Se puede decir que en el estilo de Apego Nocturno mandan los bebés. Los portavoces de esta tendencia promueven alimentarlos cuando ellos lo exijan, tanto en el día como en la noche, en lugar de llevar un horario; llevar a tu bebé en un canguro durante el día; dormir con tu bebé en la noche (ya sea en la misma habitación o en la misma cama), o al menos «visitar» al bebé para reconfortarlo cuando llora. La idea es estar en contacto con tu bebé casi todo el tiempo. El bebé se sentirá más seguro y estará más tranquilo durante el día, según los portavoces del método nap, y por lo tanto estará más tranquilo para dormir en la noche.

Así como Atenea nació de la frente del viejo Zeus, los estilos de Apego Nocturno brotan de las teorías de apego desarrolladas a finales de la década de los 60 (que revisamos con mayor detalle en «Un juego de *ping-pong* de paciencia y atención», p. 18). Según la teoría, las necesidades que no se satisfacen cuando los hijos son bebés, crearán problemas para los hijos cuando crezcan. Ignorar a tu bebé en la noche es una forma de ignorar esas necesidades, según los defensores del método NAP; atenderlos es una forma de gratificarlos.

El campeón del método NAP es el anteriormente mencionado William Sears. Es un pediatra experimentado y bien parecido, el paradigma del doctor californiano. Decir que le gustan los niños sería una sutileza. Él y su esposa, quien es enfermera y portavoz de temas de salud para padres de familia, tienen ocho hijos. Tres de ellos se convirtieron en médicos practicantes, uno de ellos incluso tiene su propio programa de televisión. El doctor Bill (nombre que prefiere el mayor de los Sears) y su esposa, Martha, han escrito más de 30 libros para padres. El más conocido probablemente sea *The Baby Book* (*Libro del bebé*), que escribieron con dos de sus hijos, Robert y James. Además de vender más de un millón de copias, el libro está lleno de consejos prácticos tomados de la esquina NAP del cuadrilátero.

La familia Sears no se guarda nada cuando busca defender sus ideas. El siguiente párrafo, que aparece en una edición de *The Baby Book*, describe el concepto de compartir la cama con tu bebé, conocido también como colecho:

> ¿Qué preferirá el bebé: quedarse pacíficamente dormido en el seno de su madre o en los brazos de su padre, o tener que irse a dormir con el consuelo de un insípido chupón que no tiene emociones?

En otro momento, el libro de Sears continúa:

> ¿Es buena idea permitir que tu bebé duerma en tu cama? ¡Sí! Nos sorprende cuántos libros para bebés rechazan este arreglo universal para dormir que ha sido probado por el tiempo. ¿También están en contra de la maternidad y el pay de manzana? Cómo se atreven los expertos autoproclamados a disuadir de lo que la ciencia y los padres veteranos han sabido durante tantos años: la mayoría de los bebés duermen mejor con sus madres.

Ahora puedes ver por qué abrí esta sección con una metáfora tan atinada.

Para ser justos, la familia Sears ofrece más matices sobre cómo dormir con tu bebé y describe una serie de variantes que empiezan por compartir la cama (colecho) hasta dormir en la misma habitación que tu bebé (cohabitación). La familia Sears explica algunas alternativas para no practicar el colecho siete noches por semana. También hablan sobre los principales temores que enfrentan los padres a raíz de esta práctica, entre ellos:

- ¿Voy a crear una dependencia emocional dañina? (No).
- ¿Mi bebé aprenderá a dormir sola algún día? (Sí).
- ¿Qué pasará con nuestra vida sexual? (Aprenderán a ser creativos).
- ¿Cuánto tiempo debes compartir la cama con tu bebé? (Depende de cuánto tiempo puedas tolerarlo).

Ahora estamos listos para cruzar el cuadrilátero de la pelea por la consolidación del sueño, donde los padres exhaustos realmente aman a sus hijos, pero también necesitan levantarse en la mañana para ir a trabajar.

El partidario de dejarlo llorar: Richard Ferber

No es tan común que un científico deje una marca tan grande en la cultura popular como para que su nombre se convierta en verbo. Pero es justo lo que le pasó al doctor Richard Ferber, investigador del sueño pediátrico, portavoz prominente del método Llorar Hasta Dormirse. El doctor Ferber, fundador del Centro para Trastornos del Sueño Pediátrico en Boston, no inventó el CIO. Las ideas centrales del CIO se remontan hasta el siglo XIX. Pero su nombre también está tan cercanamente asociado a esta práctica que los padres que asumieron este protocolo fueron acusados —así es, acusados— de «Ferberizar» a sus hijos.

¿Cómo funciona el cio? Los investigadores conocen a los métodos cio como «estilos de extinción». En la psicología la «extinción» es un término general que se usa para debilitar un comportamiento mediante la restricción de su estructura de recompensa. Se ataca la estructura de recompensa porque el agente de reforzamiento es lo que mantiene vivo un comportamiento, un comportamiento cuya extinción es deseada.

En el sueño infantil, el agente de reforzamiento sería así: a) el bebé llora pidiendo atención a las 3:00 a.m.; b) uno de los padres entra al cuarto, lo levanta, lo consuela, le pone atención; c) el bebé deja de llorar, de tal manera que se refuerza el comportamiento. El bebé aprende que el llanto es una buena forma de conseguir atención, de día o de noche. Llora porque espera una respuesta de sus padres, y crea una actitud interna llamada «expectativa de reforzamiento». Los padres aprenden que la mejor forma de calmar al bebé en la noche es ir a su cuarto a cargarlo, de tal manera que se recompensa el llanto.

La mejor manera de «romper» este ciclo es evitar darle atención al bebé cada vez que la pida. Hay que enseñarle a dormirse independientemente, según los partidarios del cio. El bebé aprende a dormir sin ayuda y el llanto nocturno se extingue. Los niños no son particularmente entusiastas de este proceso. Por eso se llama «llorar hasta dormirse».

Se puede describir al cio propiamente como un flujo entre «extinción sin modificaciones», en el que los padres se niegan a responder sin importar cuánto dure el llanto (los investigadores no lo recomiendan), y «desaparecer» o «hacer campamento» (el padre se mantiene cerca), pero pasa menos y menos tiempo junto a la cuna del bebé para ofrecerle consuelo. A la mitad de este flujo, podemos encontrar la «extinción gradual». El padre responde al llanto nocturno de su bebé, pero lo hace de acuerdo con un horario estricto. Al bebé se le permite llorar durante períodos cada vez más largos. Los retrasos son deliberados y van en aumento, por ello se dice que son «graduales». El horario, tomado directamente del libro de Ferber *Solve Your Child's Sleep Problems* (*Solucione los problemas de sueño de su hijo*), indica lo siguiente:

Día uno

Coloca al bebé en su cuna como cualquier otro día, o quizás un poco más tarde de lo normal, para que se duerma. Sal de la habitación.

1. La primera vez que llore tu bebé, saca tu cronómetro y espera tres minutos antes de reingresar al cuarto a consolarlo. Ferber la llama «la primera espera». No te quedes más de uno o dos minutos consolando a tu bebé. Sal nuevamente del cuarto, aunque no haya parado de llorar.

2. Espera cinco minutos (la «segunda espera») antes de volver, y abandona la habitación después de uno o dos minutos.

3. La tercera vez, espera diez insoportables minutos. Durante el resto de la noche, la espera mágica será de diez minutos. Sigue esta rutina hasta que el bebé se despierte por la mañana, generalmente entre 5:00 y 6:00 a.m.

Día dos

Continúa con este horario, pero espera cinco minutos antes de la primera intervención, diez minutos antes de la segunda y 12 minutos para la tercera y las que sigan.

Día tres

Aumenta la primera espera a diez minutos, la segunda a 12 minutos y la tercera a 15.

A partir del día cuatro

Creo que está bastante claro. Para el séptimo día, la primera intervención llega hasta los 20 minutos; el tope son 30 minutos. Al principio, a los bebés no les gusta. El llanto puede aumentar durante un período de tiempo («aumento postextinción»), justo antes de que el comportamiento disminuya. Aún así, las cosas deben mejorar notablemente después de tres o cuatro noches.

El doctor Ferber enfatiza que estos números son solo una guía, pero que existen varios horarios que pueden funcionar. (Algunos padres no pueden esperar más de un minuto al principio). Pero también dice claramente que, sin importar el diseño de tu horario, los intervalos deben ser consistentes y progresivamente más largos. Esta es la idea que impulsa a los modelos CIO y la razón por la cual el comportamiento del llanto finalmente se extingue. Ferber lo llama «método de espera progresiva». Otros investigadores lo conocen como «llanto controlado / de consolación». Los críticos lo llaman «Ferberizar».

Más allá de la terminología, no es difícil ver la enorme diferencia entre el método NAP y el CIO.

LO QUE DICE LA INVESTIGACIÓN

Comparemos a la extinción gradual, método de CIO más popular, con el Apego Nocturno, en términos de algunos temas de importancia para los padres: cómo apoya cada método a la consolidación del sueño (la capacidad del bebé para dormir la noche completa); si las partes involucradas duermen mejor; el grado de estrés que le provoca al bebé; y qué tan fácil es la implementación de cada uno.

¿El bebé dormirá toda la noche?
CIO dice: espera antes de consolar a tu bebé
La extinción gradual ha sido sometida más al escrutinio científico que los demás estilos. La evidencia para decir que funciona es abrumadora, si «funcionar» se define como lograr que el bebé deje de llorar durante la noche para que todos puedan dormir la noche completa. Y funciona sorprendentemente rápido, típicamente en una semana. Esto ocurre ya sea que uno siga los protocolos de extinción más duros y sin modificaciones, los métodos de extinción graduada menos rigurosa o la versión en la que uno comparte la habitación.

Sin embargo, junto con estos datos debemos compartir una advertencia. Tiene su origen en un viejo secreto bien conocido por los diseñadores de los tragamonedas en Las Vegas.

Los comportamientos más difíciles de eliminar para cualquier persona son aquellos que solo se recompensan ocasionalmente. ¿Quieres que una persona permanezca en el tragamonedas? Asegúrate de que la frecuencia de recompensas sea aleatoria. Los estudios demuestran que la gente que experimenta recompensas aleatorias como respuesta a un comportamiento se aferra a ese comportamiento mucho más que la gente que no recibe nada.

Lo anterior es cierto para los adultos, pero también es cierto para el sector de la población que ensucia un pañal por hora. Por ello la consistencia no es opcional si tomas el camino del método CIO. La manera más rápida de lograr que tu hija o hijo mantenga su llanto por las noches es asegurar que tu comportamiento de recompensas sea impredecible. Entra a veces. Otras veces déjalo llorar. Como aquellos que están pegados a la máquina tragamonedas, el pobre bebé llorará más fuerte, más tiempo y con mayor frecuencia. Se volverá cada vez más desorganizado si no logra detectar un patrón. El objetivo del sueño no se logra ni para los padres ni para el bebé, y nadie acaba contento. Entonces, el CIO funciona, pero solo si se aplica de manera consistente.

NAP sugiere: «visitas de consuelo»

Un distintivo del estilo NAP es la persistencia de las visitas de los padres a la cuna durante la noche para ofrecer contacto físico/verbal en respuesta a las exigencias nocturnas del bebé. Un equipo de investigadores en el Reino Unido trató de averiguar específicamente si este método ayuda a los infantes a consolidar el sueño.

Los resultados no son muy convincentes. Entre más veces «rescataban» los padres a su bebé en la noche, más problemas exhibía para dormir con el paso del tiempo. Por ejemplo, los infantes perdían notablemente la capacidad para volver a dormirse cuando despertaban en la noche. Otros investigadores descubrieron que las «visitas de consuelo» también generaban consecuencias para el sueño infantil más allá del primer año.

Los bebés activamente «rescatados» a los 18 meses todavía mostraban problemas para descansar la noche entera (que ahora se define como seis horas sin interrupción). Las cosas no mejoraban demasiado en el segundo año de vida de los niños. La interferencia excesiva parecía ser un regalo infinito, pero no era el regalo que deseaban los padres.

¿Nuestra familia dormirá mejor?

Las ventajas que promueve el equipo NAP para lograr que los padres y los bebés descansen más por las noches son el colecho y la consecuente facilidad para amamantar al bebé.

Varios laboratorios que han estudiado esta idea han hecho un descubrimiento sorprendente: amamantar por la noche está asociado negativamente con un ciclo de sueño estable. Como ya sabes, soy un verdadero defensor de la lactancia. Si una mamá lo puede hacer, entonces debe hacerlo. Sin embargo, se encontró una correlación entre amamantar de noche cuando el bebé lo exige y el aumento en la frecuencia de interrupciones del sueño por las noches, incluso cuando las tasas fueron comparadas con aquellas de los bebés que se alimentan de leche de fórmula y que fueron alimentados con frecuencias relativamente comparables.

Este mensaje de una mamá en truuconfessions.com ilustra lo problemático que puede ser:

Estoy hecha un desastre. Mi bebé de 13 meses todavía no duerme la noche completa y es adicta a la teta en la noche como un adicto al crack. Además quiere dormir con mi teta en su boca. Estoy agotada y me falta sueño y mi paciencia con ella se está terminando. Me siento como una madre terrible porque con tanta frustración he ignorado su llanto y no he sido la compañía más alegre. Ella prefiere a mi esposo y creo que es por todo esto... Hoy lloré durante horas frente a ella mientras ella veía las caricaturas.

Los estudios han encontrado que los bebés que duermen con los padres lloran menos. Sin embargo, también han encontrado que tanto los padres como los bebés duermen mal, con más interrupciones por unidad de tiempo para cada quien.

Eso es un hallazgo. Hasta que surgieron estos datos más recientes, se pensaba que el colecho funcionaba como un amable y cálido somnífero para ambas partes. Para resolver este conflicto, los investigadores decidieron estudiar el cerebro del bebé con pruebas polisomnográficas mientras compartían la cama con sus padres. El término polisomnografía es un término general para describir las pruebas nocturnas que se emplean para evaluar el sueño humano. Las evaluaciones pueden incluir EEG (que miden la electricidad superficial en el cuero cabelludo), medidas de tránsito de aire a través de la nariz y boca, presión arterial, ritmo cardíaco y movimientos motrices gruesos.

Cuando se ocuparon tales recursos tecnológicos para evaluar la actividad cerebral infantil mientras compartían la cama, los investigadores descubrieron la razón por la que su sueño era tan inquieto. Las estancias del bebé en la fase de «sueño pasivo» eran más cortas que las de aquellos bebés que no compartían la cama con sus padres. Durante esta fase también despertaban más seguido que los bebés independientes del grupo de control, lo que afectaba también la calidad del sueño en la etapa pasiva.

Un argumento evolutivo

No obstante, la práctica del colecho sigue más que viva. En las culturas indígenas, como la tribu Efé de la República Democrática del Congo, las familias duermen típicamente juntas en chozas pequeñas. La población regularmente incluye a adultos, niños, bebés, perros y visitantes. En algunos lugares urbanos donde el espacio es limitado, lo normal también es dormir juntos. Casi 60 por ciento de las familias japonesas practican el colecho. En Estados Unidos, la cifra es muy inferior (cerca de 15 por ciento, aunque esta cifra está en disputa).

Desde una perspectiva evolutiva, desde hace millones de años el comportamiento nocturno típico ha sido dormir en familia. Como recolectores y cazadores, manteníamos a nuestros bebés en contacto cercano todo el tiempo. Los infantes no evolucionaron en ese mundo difícil para dormir solos —ni vivir en aislamiento aunque fuera por períodos cortos— porque se habrían convertido en alimento para depredadores. Seguramente el cerebro se desarrollará óptimamente bajo cualquier modelo que busque repetir esta historia. Es justo lo que argumentan los partidarios del NAP: compartir la cama es lo natural, como debe ser.

Aunque simpatizo profundamente con los argumentos evolutivos, ya no vivimos en una sociedad de recolectores y cazadores. Aunque el sistema hubiera sido óptimo para deambular por el Serengueti, deberías emplearlo principalmente si siguieras criando a tus hijos mientras deambulas por el Serengueti. O si tu situación de vivienda te lo exige. Si no, explorar algunas alternativas relevantes a nuestras vidas contemporáneas tiene cierto sentido.

¿Cuál de los métodos estresará menos a mi bebé?

Los partidarios del NAP se fundamentan en el desarrollo para defender su causa, específicamente con un tema que llamamos permanencia del objeto. La permanencia es la capacidad para entender que algo seguirá existiendo incluso si está cubierto. Los bebés no nacen con esta noción. Si un objeto sale de su campo visual, piensan que ha desaparecido permanentemente. Los partidarios del NAP argumentan que, por no contar con la permanencia desde el principio, dejar a un infante solo por la noche puede ser una experiencia realmente catastrófica. Si papá sale del cuarto, ¿regresará algún día? Si mamá me deja solo, ¿volverá? Es cierto durante el día, durante la noche y a todas horas. Los infantes deben estar cerca de sus padres durante el máximo tiempo posible.

Antes pensábamos que la permanencia del objeto no se establecía hasta después del primer año de vida. Ahora tenemos evidencia convincente para demostrar que se forma en los primeros ocho meses, y tal vez hasta en los primeros tres o cuatro meses de vida. La mayoría de los profesionales no promueven ningún tipo de intervención en el sueño hasta después de los seis meses y por ello la permanencia del objeto ya no sería un factor a considerar cuando tengas que decidir si estás en la esquina de los NAP o la de los CIO.

Los partidarios del NAP también dicen que su estilo produce niños menos estresados. Citan estudios que han analizado los niveles de cortisol nocturno en los bebés. Como recordarás, el cortisol es una hormona del estrés; tener niveles elevados suele ser una señal confiable de estrés. En un estudio del Reino Unido, los infantes que experimentaron estilos NAP ciertamente mostraron niveles menores de cortisol en comparación con los grupos de control. Los niveles reducidos de estrés se mantenían incluso cuando los niños cumplieron cinco años. Sin embargo, esto no prueba que el estilo NAP haya ayudado a bajar el estrés.

Cabe mencionar que no tenemos idea del nivel de cortisol ideal para un niño occidental. Los niveles de cortisol fluctúan considerablemente durante el día si eres un adulto, pero en los niños se tardan en alcanzar su forma circadiana madura. A la fecha, la regulación infantil es principalmente un misterio. Hasta que encontremos un buen punto de referencia, no podremos interpretar los hallazgos sobre el cortisol.

Finalmente, los partidarios del NAP argumentan que los niños que experimentaron el CIO están en riesgo de sufrir daños permanentes y reales. Específicamente, señalan que el llanto es un comportamiento diseñado para crear un lazo entre los padres y el bebé. El bebé está angustiado, dicen, y la respuesta parental de consuelo brinda el adhesivo afectivo necesario para que el apego se desarrolle correctamente. Del lado del CIO argumentan que el apego es un proceso lento y gradual. Tarda años en desarrollarse, o en ser destruido.

La poca investigación que se ha hecho sobre el apego sugiere que los niños crecen perfectamente sin importar si uno duerme con ellos o practica alguna forma de CIO. Los investigadores líderes en el tema del sueño y del desarrollo infantil notaron lo siguiente en 2010:

Algunas preocupaciones han manifestado que la intervención conductual durante el llanto y la protesta de los bebés puede comprometer las relaciones de apego entre el infante y sus padres. Sin embargo, a la fecha no existen estudios publicados que demuestren estos efectos adversos, y [...] los estudios de intervención en el sueño que han medido modelos de apego no han encontrado evidencia de problemas conductuales derivados en los infantes ni para determinar que existen dificultades en la crianza, relacionadas con un posible apego infantil incompleto.

¿Podré llegar hasta el final?

Uno de los descubrimientos más consistentes sobre el CIO, además de confirmar que sí funciona, es que el CIO es muy difícil para los padres. Es posible que estemos hechos para responder al llanto de los niños. Estos sentimientos no cambian, incluso si consideramos que el llanto de los bebés se empalma con un horario cultural asimétrico en el que los padres tienen que dormir por las noches para ir a trabajar al día siguiente.

Y los expositores en la esquina del NAP han respondido: «Obviamente. *Claro* que el CIO es difícil para los padres. ¡Es tan antinatural como un saco de boxeo, y nunca debieron hacerlo!». El comentario de una madre en un blog resumió perfectamente el sentimiento que genera:

Nunca entendí el método [de Ferber]. ¿Por qué te quedarías en una silla escuchando y observando cómo llora tu bebé? ¡Qué horror! ¿Cómo puedes hacerle eso a tu bebé? Clayton empezó a dormir la noche completa cuando tenía un año. No podría imaginarme que él llorara y yo no hiciera nada.

¡Toma! Como dije, es una pelea por un título. Del otro lado, algunos padres encuentran que responder a todos los deseos del bebé es insostenible, como ilustra este *post* de una mamá en truuconfessions.com:

Nuestro querido hijo tiene 11 meses y todavía se despierta de una a dos veces por noche. Todavía lo estoy amamantando, así que me despierto con él. Cuando va mi esposo, grita. Soy una madre realmente agotada y por más que me duela, veo que vamos a tener que entrenarle el sueño... en su futuro próximo.

Así que la desgracia es común en ambos lados del cuadrilátero.

¿QUÉ HACER?

Puede parecer que la evidencia está a favor del CIO, pero no estoy listo para inclinarme completamente hacia la metodología CIO. No hay suficiente evidencia científica para llegar a una conclusión en cualquiera de los dos sentidos. Entonces, ¿de qué lado del cuadrilátero te encuentras? Lo más confuso sobre esta pelea por el campeonato es que ambas ideas tienen cierto mérito.

Me encanta la idea promovida por la familia Sears, que dice que los padres deben estar presentes a lo largo del día y que pasen cantidades enormes de tiempo con su bebé. Aparte de ayudarte a conocer a tu bebé, también te permitirá pasar más tiempo con él en un viaje de desarrollo que de por sí ocurre demasiado rápido.

Y me encanta que los métodos de extinción gradual hayan sido evaluados y que resulte que funcionan muy bien en varias culturas. Pero considerando que tú elegiste este libro pensando que querías datos científicos claros para guiar tus decisiones, las metodologías CIO son las que han sido más rigurosamente evaluadas. Además de funcionar bien, funcionan mejor que el método NAP, si tu objetivo es lograr que tu hijo deje de interrumpirte el sueño.

¿Es posible sostener dos ideas contradictorias en la cabeza a la vez? F. Scott Fitzgerald pensaba que sí. Y escribió:

La prueba de una inteligencia de primer orden es la capacidad de sostener dos ideas opuestas en la mente al mismo tiempo y aún así conservar la capacidad de funcionar. Por ejemplo, uno debería ser capaz de ver que las cosas no tienen solución y aún así estar determinado a cambiarlas.

Si el señor Fitzgerald tiene razón, entonces los padres con recién nacidos deben ser genios.

Más allá de cualquier broma, puede que exista una salida para este dilema. He armado una lista de quehaceres que sugiero que sigas, un protocolo con cinco pasos. El protocolo es particularmente útil si tienes un bebé con dificultades de sueño a la edad de seis meses. Se fundamenta en todo lo que hemos hablado a lo largo de los párrafos anteriores.

EL PLAN DE JOHN J. MEDINA: PRUEBA ANTES DE INVERTIR

Paso 1. Decide de qué lado estás antes de que nazca tu bebé

El profesor Medina tiene una tarea de filosofía para que la hagas antes del gran día. Te estoy pidiendo que te comprometas tentativamente con uno de los dos grupos antes de entrar a la pelea de box, porque necesitas un punto de inicio racional. Así que elige A o B:

A) ¿Estás de acuerdo con Sears cuando dice que las necesidades y deseos del bebé son lo mismo en el primer año de vida? ¿Y que cuando el bebé quiere tu atención de noche, es porque necesita tu atención en la noche?

B) ¿Estás de acuerdo con los partidarios del CIO en que los deseos y las necesidades son cosas distintas? ¿Y que solo porque tu bebé quiere tu atención no significa *a priori* que tu bebé necesita tu atención; tal vez solo necesita dormirse?

La ciencia no sabe cuál debes elegir y por ello no tengo nada que decir sobre tu decisión. Los demás tampoco lo saben. Así debe ser, porque tu hijo es tuyo y de nadie más. Tienes permiso de ser el capitán de la decisión. Tu decisión determinará cómo proceder en los cuatro pasos siguientes.

Paso 2. Empieza con un estilo NAP modificado

Cuando llega el bebé a casa, las visitas nocturnas exigidas serán una parte normal y regular de tu rutina durante tres meses. Dormir con tu bebé y llevarlo en un canguro durante el día depende de tu decisión en el Paso 1. Si decidiste que en el primer año las necesidades y los deseos son lo mismo, puedes intentar el modelo NAP completo. Comparte tu hombro y tu cama.

Paso 3. A los tres meses, registra los hábitos de sueño de tu bebé

¿Por qué a los tres meses? Para entonces empezarás a percibir verdaderas señales del patrón de sueño que está desarrollando tu bebé. En los primeros tres meses, lo atiendes cuando te lo pide, pero esta no tiene que ser tu reacción permanente. A lo largo de los siguientes tres meses, toma nota sobre los cambios que ves, y prepárate para adaptarte.

Paso 4. Toma una decisión a los seis meses

Si sigues el comportamiento de tu bebé durante los tres meses anteriores, tal vez encuentres un patrón que se ajuste con tu estilo de vida. O puede revelar un patrón que no se ajusta en lo absoluto contigo. Observa que te estoy pidiendo que esperes hasta que tu bebé cumpla seis meses antes de decidir ¿Por qué? La respuesta es biológica. La intervención en el sueño no tiene mucho sentido si el cerebro de tu bebé no está listo. Si tratas de intervenir antes, es probable que luches contra fuerzas biológicas que realmente no puedes controlar.

Al llegar a los seis meses, elige uno de dos caminos:

A) *Escuchar a Sears*. Si tú y tu bebé tienen hábitos de sueño que se ajustan con tu estilo de vida y necesidades familiares, comprométete con la metodología de Sears. Puede ser una transición fácil porque, aunque haya sido una versión modificada del método NAP, en los últimos seis meses has respondido a sus necesidades cuando te lo ha pedido. Sears explica lo que debes hacer con más detalle en el libro *The Baby Book: Everything You Need to Know about Your Baby from Birth to Age Two*

(*El libro del bebé*). Cómpralo, léelo y sigue sus recomendaciones con de-
dicación.

B) *Escuchar a Ferber*. Si tú y tu bebé han asumido un patrón de sueño
que no se ajusta con tu estilo de vida ni con las necesidades de tu familia,
entonces es hora de hacer un cambio, especialmente si has decidido que
los deseos y necesidades de tu bebé no son necesariamente lo mismo.
Prueba alguna de las metodologías de CIO, ya sea «hacer campamento»
o la extinción gradual. (Como decíamos antes, los investigadores no
apoyan, en ninguno de los casos, la versión del modelo de extinción sin
modificaciones. Yo soy uno de ellos).

Dos advertencias importantes: como hemos discutido, es muy normal que los recién nacidos despierten varias veces por las noches. En
algunos casos, sin embargo, se despiertan (más allá de la etapa de recién
nacidos) por alguna condición médica. Los problemas pueden variar
desde reflujo ácido, intolerancia a la lactosa hasta apnea obstructiva del
sueño. Pídele a tu médico que descarte cualquier problema físico antes
de iniciar con tu estrategia de CIO. La extinción gradual solo se debe
aplicar si el bebé llora porque quiere atención. Si para el séptimo día
las cosas no mejoran, o si han empeorado notablemente, debes parar el
programa y buscar soluciones alternativas.

El libro con el protocolo más detallado es el de Ferber, *Solve Your
Child's Sleep Problems* (*Solucione los problemas de sueño de su hijo*). Cómpralo,
léelo y manos a la obra.

Paso 5. Inicia, evalúa y ajusta

Lleva un registro escrito de lo que estás haciendo y cómo reacciona el
bebé para que puedas recordar lo que ha ocurrido (lo primero que se va
con la falta de sueño es tu memoria). Se necesita más tiempo para evaluar
los estilos NAP, si es que evaluar es el término correcto, pero con la extinción graduada puedes saber si funciona después de aplicarlo apenas
una semana. Si funciona lo que estás haciendo, entonces felicidades, has
completado mi protocolo.

Si tu bebé aún no duerme toda la noche, cambia de estrategia. Los estilos NAP tienen muchos dialectos, al igual que los estilos CIO. *Considera que este proceso de adaptación al cambio es normal.* Tener hijos es un deporte *amateur*, lleno de pruebas y errores. Hasta los proyectos pediátricos más sencillos están plagados normalmente de errores, y lograr que tu bebé duerma por las noches no es un proyecto nada sencillo. Tu decisión sobre los deseos *versus* las necesidades puede determinar dónde vas a empezar el proyecto, pero de ninguna manera establecer el final. Sigue experimentando hasta que encuentres el ingrediente secreto que funciona para tu bebé.

El apoyo para este consejo lo ofrece la persona menos esperada, Ferber, quien no se merece su reputación de hombre duro. Él escribe:

> En los más de 25 años que he trabajado con familias y niños que padecen problemas de sueño, he concluido que los niños pueden dormir bastante bien en una sorprendente variedad de condiciones... Las técnicas pueden variar un poco, pero la mayoría de los problemas se pueden resolver sin importar el método filosófico elegido. Ninguna decisión es irreversible; los padres pueden probar un método y luego cambiar de opinión si resulta que su idea no funcionó tan bien como esperaban.

Cada cerebro es diferente, por ello es posible que tengas que probar varios métodos antes de encontrar el que funciona. Si un método funciona para el bebé número uno no se puede garantizar que funcione para el bebé número dos.

TU BEBÉ SE ESTÁ ESFORZANDO

Recuerda que tu bebé no es tu enemigo en la lucha por aprender a dormir de manera independiente, simplemente es un aliado sin experiencia. Al fin y al cabo, tus objetivos y los suyos están naturalmente alineados.

Desde una perspectiva evolutiva, a su cerebro le interesa aprender a mantenerse despierto durante el día y además aprender a dormir toda la noche. Aunque para él es tan difícil aprender a dormir toda la noche como para ti puede ser enseñarle a lograrlo, no se pueden dar por vencidos.

Después de todo, de eso se trata esto de tener hijos. El tema constante en este libro es que los bebés son personas, pero no son adultos. Tienes que enseñarles a hacer todo. Y por lo menos al principio, tienes que estar dispuesto a ser profesor de 24 horas al día.

Una vez vi un video de un niño pequeño que ilustra muy bien la lucha en la noche para mantenerse despierto. El segmento comienza con el niño en su silla alta masticando su comida. Pero tiene sueño. Sus ojos están cerrados, está cabizbajo. Es evidente que trata de comer y mantenerse despierto —y no logra ninguna de las dos cosas—. Es gracioso y es conmovedor. El pequeño cabecea, mastica, se traga su comida y vuelve a cabecear como si fuera un barco que se mueve con las olas. Se da cuenta, trata de enderezar su cuerpo, come un poco más (icon los ojos todavía cerrados!), pierde la batalla y se queda dormido con la cara en la charola de su silla alta. ¡Está profundamente dormido!

Sí, dormir es una propuesta difícil para los pequeños. Y hacen lo que pueden para lograrlo. Es difícil para los padres, quienes también buscan el mismo objetivo. La buena noticia es que, a la larga, todos los bebés logran dormir la noche entera. La mala noticia es que rara vez lo hacen de acuerdo con los tiempos de los adultos. A estas alturas, ya debes estar acostumbrado. Es el aprendizaje más importante cuando uno tiene hijos: en el momento en que decides traer a un bebé al mundo, cedes todo el control sobre el resto de tu vida. Bienvenidos al mundo de la crianza de los hijos.

Puntos clave

- El punto central es que el sueño de los recién nacidos no se parece en *nada* al sueño de los adultos. Los recién nacidos tienen únicamente dos velocidades: «sueño activo» y «sueño pasivo». Van a bordo de la Torre del Terror.

- No hay una respuesta unitalla para los problemas de sueño.

- ¿Piensas que en el primer año de vida de tu bebé sus deseos y necesidades son lo mismo? ¿O tal vez no? Tú decides. La ciencia no te puede decir cuál debes elegir.

- Cuando tu bebé cumpla seis meses, elige un plan para dormir mejor, evalúa tus esfuerzos y prepárate para cambiar de plan de ser necesario.

CONCLUSIÓN

VOLTAIRE DIJO alguna vez: «Todo hombre es culpable del bien que no hizo». Cuando miro a mis hijos y pienso en ellos y rezo por ellos, me pregunto una y otra vez: ¿qué tal que no estoy haciendo todo lo que puedo? Luego me acuerdo de Voltaire y estoy seguro de que así es.

Cuando imparto conferencias sobre el desarrollo pediátrico del cerebro, los padres suelen decir lo siguiente: «Ojalá lo hubiera sabido antes». Tal vez te sentiste así varias veces mientras leías este libro. Comparto el sentimiento con ustedes. Se agudiza particularmente cuando se extienden los hallazgos de alguna investigación sobre el funcionamiento del cerebro o cuando se confirma o refuta algún hallazgo previo. Entonces me parezco a mi público: «Caray. ¡Por qué no lo supe antes!».

Un amigo me hizo un comentario alguna vez, pero es muy útil para estas ocasiones. Dijo: «Tienes que recordar que tener hijos es un deporte *amateur*». Cuando nace tu primer hijo, entras automáticamente a la liga de padres novatos. También ayuda saber que tu hijo es un novato como ser humano. Entrenador novato, jugador novato. Van a cometer errores. Todo el mundo lo hace.

En la experiencia real, tener hijos es un viaje entre olas de cansancio hasta océanos de amor y ondulaciones de risa. («No, nunca te va a salir popó del pene» es una frase que increíblemente he pronunciado). Y es algo que nunca coopera con nuestras expectativas. A mi esposa le encanta cómo la comediante Carol Burnett destrozó la fantasía de un parto sencillo: «Dar a luz es como tratar de cubrirte la cabeza con tu labio inferior». Y desde siempre, los niños se distinguen por sus malditas y frustrantes niñerías.

> Les dije a mis hijos que se estaban comportando como niños. Sin titubear me recordaron que efectivamente eran niños. ¡Ay!

El mundo real de las madres y los padres es mucho más rico, es una experiencia mucho más increíble que el mundo bidimensional de los datos, incluyendo todo lo que viene en este libro. Es fácil sentirse desesperado como el padre primerizo del cómic *Baby Blues* (*Blues del bebé*), que dijo: «La única vez que me sentí calificado para ser padre fue antes de tener hijos». ¿Cómo podemos resumir toda la ciencia y aún así vivir en las tres dimensiones del mundo real con sus jornadas de nueve a cinco? La solución es la simplificación. Este libro tiene dos temas centrales y actúan en conjunto. La mejor manera de recordar toda la información que inunda sus páginas es comprender ambos temas.

Empezar con la empatía

El primer tema es la empatía. La empatía se activa con la capacidad para entender las motivaciones y comportamientos de los demás, como hizo esta niña pequeña:

> La «niña mala» del salón de preescolar estaba molestando a mi hija. Le explicamos que la «mala» estaba celosa de la bonita artesanía que habíamos hecho en casa y que los otros niños estaban elogiando. Nuestra hija hizo otra artesanía y se la dio a la «mala», y ella se puso muy, muy, muy feliz. Creo que nunca me he sentido tan orgullosa.

Los padres le pidieron a su hija que tratara de entender el interior psicológico de la niña mala. Entonces la niña tuvo que hacer algo realmente difícil: extraerse momentáneamente de su propia experiencia para entrar en la experiencia de alguien más. Es una idea poderosa. Una idea *difícil*. Esta habilidad, la Teoría de la Mente, es el primer paso hacia la empatía. Es estar constantemente dispuesto a bajar el volumen de las prioridades propias para escuchar las de alguien más. La Teoría de la Mente no es lo mismo que la empatía. Puedes usar tu conocimiento secreto de las motivaciones para ser un dictador, si así lo prefieres. Para lograr la empatía es necesario agregar una medida de bondad a las habilidades de la Teoría de la Mente, como demuestra la niña de este relato:

> Mi querida hija se portó tan encantadora hoy. Mi esposo estaba viendo el futbol y cuando su equipo anotó un *touchdown* se emocionó e hizo como si me fuera a dar un cabezazo..., pero no me lo esperaba y me moví, y mi esposo me dio un cabezazo de verdad, sin querer. Me dolió. Mientras mi marido me pedía una disculpa tras otra, mi hija me trajo su cobija especial, que nunca suelta, y me metió su chupón en la boca y me hizo acostarme sobre su cobija para que me sintiera mejor. ¡LOL!

En el capítulo sobre relaciones, discutimos el papel de la empatía en la estabilización del matrimonio mediante la creación de conexiones entre los puntos de vista extrospectivos e introspectivos. Recuerda: lo que es obvio para ti, es obvio para ti.

En «Bebé feliz: la tierra», mostramos el valor de la empatía en la formación de amistades, que es uno de los grandes indicadores de la felicidad futura de tus hijos.

En los capítulos sobre inteligencia, descubrimos que es importante pasar mucho tiempo de calidad con los hijos y practicar la interacción interpersonal para construir la habilidad de los niños para descifrar rostros y otras claves no verbales. Estas habilidades ayudan a los niños a pronosticar el comportamiento de los demás con precisión y, al mismo tiempo, sentir empatía por ellos. Aunque un porcentaje de las habilidades de la empatía depende de los genes, se pueden mejorar con algo de práctica. La tierra nutre a la semilla. Los espacios de aprendizaje abiertos —con juegos imaginativos e interactivos en abundancia— brindan el tiempo presencial que desarrolla tales habilidades. La televisión, los videojuegos y los mensajes de texto definitivamente no ayudan. La empatía se apoya en un andamiaje neurocientífico, incluyendo a las neuronas espejo, y por eso pertenece a un libro sobre reglas para el cerebro.

Enfocarse en las emociones

Si es imperativo entrar en la experiencia de los demás, ¿en qué debemos fijarnos cuando lo logremos? Después de todo, los científicos pueden aislar al menos ocho aspectos distintos en nuestros comportamientos más sencillos, como vimos en el caso de la madre de la Introducción de este libro, que soñaba con beber cocteles Mai Tai. ¿En cuál de todos los aspectos debes enfocarte? La respuesta está en el segundo tema central de este libro. Debes poner atención a las emociones de tus hijos.

Aquí tenemos un ejemplo de uno de los ritos de paso más dolorosos de la infancia: la selección de equipos para jugar deportes en el jardín. Jacob, de cinco años, llegó a casa temprano después de jugar con los chicos del vecindario.

—Nadie me quiso —le dijo desanimado a su madre, a la vez que arrojó su guante de beisbol en el piso de la cocina y se dirigió hacia su cuarto.

Su mamá se quedó pensando.

—Parece que te lastimaron, Jake. ¿Es cierto? —Jacob se detuvo, cabizbajo—. Te ves enojado, también. —Mamá continuó—: No es divertido cuando estás triste y al mismo tiempo enojado ¿o sí, cariño?

Ahora Jacob respondió con fuerza:

—¡Estaba muy enojado! Eligieron a Greg y le dijeron que no me pidiera para su equipo.

Mamá preguntó:

—¿Ayudaría si hablas con Greg?

—No, creo que no le caigo muy bien a Greg hoy. Tal vez mañana —dijo Jacob.

Mamá abrazó a Jacob y luego hizo unas galletas de chispas de chocolate fabulosas. Que Jacob no compartió con Greg.

La madre eligió poner atención a las emociones de su hijo en ese
instante. Logró cruzar el espacio psicológico de su hijo y mostrar su
empatía —ahí está el primer tema—, pero cuando llegó a ese punto decidió enfocarse en su vida emocional. Fue empática con sus evidentes
sentimientos de rechazo. Mamá no trató de esconderlos, neutralizarlos
ni anularlos. Esta decisión consistente separa a los padres superestrellas
de los demás.

En los capítulos sobre el embarazo y sobre tu relación, descubrimos
la importancia de la salud emocional del bebé tanto en la etapa prenatal
como posnatal. En «Bebé inteligente: la tierra», establecimos que una
fuerte regulación emocional ayuda a mejorar el desempeño académico
de los niños. Esto se debe a que mejora las funciones ejecutivas como el
control de impulsos y planear para el futuro que, a su vez, influyen sobre
sus calificaciones. Pero las emociones no influyen solo sobre los promedios escolares. La regulación emocional también es un indicador de la
felicidad futura de los niños, y este concepto se discutió en los capítulos
sobre la felicidad. Los hallazgos conducen a la sorprendente conclusión
de que un bebé más contento también es un bebé más inteligente. En el
capítulo «Bebé moral», descubrimos que las emociones son el corazón y
alma detrás la mayoría de nuestras decisiones, desde elegir a los amigos
correctos hasta tomar las decisiones morales correctas. A lo largo del
libro, establecimos que los padres que se enfocan en las emociones ayudan a crear estabilidad emocional en sus hijos.

En el nivel más básico, estos temas se pueden reducir a una sola oración: *estar dispuesto a ingresar frecuentemente al mundo de tus hijos y mostrar
empatía con lo que sienten.* Tan fácil como cantar una canción. Tan complejo
como una sinfonía. Los comportamientos de los buenos padres empiezan con esta disposición. Si también creas una serie de reglas y vigilas
su seguimiento con consistencia y calidez, tendrás prácticamente todo
lo que necesitas para empezar tu viaje por la crianza de hijas e hijos.

DAR, PERO TAMBIÉN RECIBIR

En el camino encontrarás algo interesante: cuando entras en el mundo emocional de tus hijos, tu propio mundo se vuelve más profundo. Cuando nacieron mis hijos, no tardé en darme cuenta de que algo en mí había cambiado notablemente —y sigue cambiando hasta la fecha—. Cada vez que antepuse las prioridades de mis hijos sobre las mías, incluso cuando no quería, encontré que estaba aprendiendo a amar con mayor honestidad. Cuando empezaron a crecer y luego entraron a preescolar, estas decisiones me ayudaron a ser más paciente. Con mis alumnos. Con mis colegas. Con mi increíble esposa. Me volví más sensible en mis decisiones, porque tenía que tomar en cuenta los sentimientos de dos personas pequeñas y los de mi esposa también. A pesar de mí mismo, me estaba convirtiendo en una persona más considerada. También empecé a preocuparme enormemente por el futuro, por el mundo donde mis niños criarán a sus hijos.

Mis niños aún son pequeños. Pero su presencia en mi mente es tan grande como lo fue el día en que nacieron. Y su influencia en mi vida crece a la par de ellos. O tal vez el que está madurando soy yo. No quiero decir que criar hijos es un gran programa de autoayuda. Pero en el desordenado mundo de la crianza, es sorprendente descubrir que en realidad el contrato social es un camino de dos sentidos. Uno puede pensar que los adultos crean a los niños. La realidad es que los niños crean a los adultos. Se vuelven las personas que deben, y a ti también te pasará. Los niños dan mucho más de lo que se llevan.

Esta idea me golpeó cuando mi esposa y yo estábamos acurrucados con nuestro pequeño en edad preescolar, preparándolo para dormir. Mi esposa lo abrazó y pensó que nuestro hijo parecía suave masa de pan. Le dijo:

—¡Ay, Noah, estás tan apapachable y suave y delicioso! Podría morderte. ¡Estás exquisito!

Noah respondió:

—Lo sé, mamá. Voy a comer menos carbohidratos.

Nos reímos hasta que nos salieron las lágrimas. Fue un auténtico regalo ver cómo florecía su personalidad. Ese es el mensaje que te quiero dejar ahora que vamos a tomar caminos distintos. Como madre o padre que apenas comienza, es normal que a veces sientas que tus hijos solo toman, pero a la vez es su forma de dar, disfrazada. Cuando tus hijos tienen una infección de oído, lo que te están dando en realidad es paciencia. Si tienen un berrinche, lo que en realidad te están regalando es el honor de presenciar una personalidad en desarrollo. En un abrir y cerrar de ojos, has formado a otro ser humano. Te das cuenta del gran privilegio que significa ayudar a otra vida a crecer.

Dije que criar hijos consiste en desarrollar cerebros humanos, pero mi objetivo era mucho más alto. Tener hijos consiste en desarrollar corazones humanos. No hay otra idea más importante en este libro que esa.

CONSEJOS PRÁCTICOS

A LO LARGO de *El cerebro de tu bebé*, he ofrecido algunas estrategias para llevar los hallazgos de la investigación al mundo real de los hijos. Quiero juntarlas en un solo lugar, junto con algunos ejemplos de mi propia experiencia con mis hijos. Estas son cosas que funcionaron con mi familia. Con mucho gusto las voy a compartir, pero no puedo garantizar que funcionen con la tuya.

EL EMBARAZO

Al principio, dejar al bebé en paz

El mejor consejo que la neurociencia puede ofrecer a una madre futura para optimizar el desarrollo del cerebro de su bebé se puede resumir en una sola frase: *no hagas nada*. En esta etapa no tienes que hablarle en francés ni tocar piezas de Mozart. La neurogénesis, principal preocupación del cerebro del bebé en esta etapa, ocurre casi automáticamente. Simplemente busca un lugar tranquilo donde puedas vomitar con cierta frecuencia y consume la cantidad de ácido fólico que te recomiende tu doctor para prevenir defectos del tubo neural.

Come 300 calorías extras por día

El aumento de peso es normal, y las mujeres embarazadas deben prepararse para subir de peso. Las madres malnutridas suelen producir bebés más pequeños y malnutridos, y el tamaño del cerebro se asocia con el poder del mismo. La mayoría de las mujeres deben aumentar unas 300 calorías por día durante el embarazo. Tu médico te puede decir cómo y cuándo.

Come frutas y verduras

El consejo más antiguo sigue siendo el mejor: consume una dieta balanceada de frutas y verduras. Es una simple forma de recrear las experiencias de nutrición que han sido forjadas a lo largo de nuestra inescapable historia evolutiva. Junto con el ácido fólico, los pediatras recomiendan alimentos ricos en hierro, yodo, vitamina B_{12} y omega-3. ¿Te acuerdas de la programación del paladar, que las madres que bebían jugo de zanahoria tenían bebés que disfrutaban del cereal de zanahoria? Esta noción requiere más investigación, pero es posible que para ayudar a un bebé a comenzar una relación amorosa con las verduras (o, mejor dicho, a asumir en su vida la postura de «no odiar a las verduras») puedes consumir muchas frutas y verduras en el último trimestre del embarazo.

Haz 30 minutos de ejercicio aeróbico por día

Mi esposa y yo realizábamos largas caminatas juntos durante sus dos embarazos. En la actualidad, a veces regresamos a las mismas rutas, y aún recordamos cómo nos sentíamos en cada uno de esos embarazos cuando volvemos a esos lugares. Ese ejercicio nos ha generado mucha nostalgia.

El ejercicio se distingue por ayudar a reducir el estrés, por alejar a los glucocorticoides de las vulnerables neuronas del bebé —y de las de mamá también—. Produce muchos químicos amigables para el cerebro y reduce la probabilidad de una depresión clínica y trastornos de ansiedad. Antes de realizarlo, consulta primero a tu médico; solo tu doctor sabe exactamente lo que debes hacer y cuánto tiempo debes hacerlo. Esto puede cambiar con las etapas del embarazo.

Reduce el estrés en tu vida

El embarazo puede ser estresante y el cuerpo está equipado para superarlo. Pero en exceso, el estrés puede hacerle daño a tu bebé y a ti también. El cortisol en grandes cantidades afecta las neuronas del bebé en desarrollo e interfiere con el correcto desarrollo del cerebro. Elimina todo el estrés tóxico que puedas, por ti y por tu bebé.

Identifica las áreas de tu vida que sientes fuera de tu control

Haz una lista de «Cosas que realmente me molestan». Ahora marca aquellas que sientes que no puedes controlar. El estrés tóxico surge cuando sientes que no puedes hacer nada. Las cosas que marcaste son el enemigo.

Recupera el control

Tomar control puede significar que tienes que alejarte de las situaciones estresantes que acabas de marcar. Si no tienes esa opción, piensa cómo puedes reducir el estrés que te producen. El ejercicio aeróbico es indispensable; puedes encontrar las mejores técnicas de reducción de estrés en www.brainrules.net.

Esposos, adoren a sus esposas embarazadas

Trata a tu esposa como a una reina. Lava los platos. Tráele flores. Pregúntale por su día. Desarrollar estos patrones de comportamiento mientras tu esposa está embarazada es el mejor regalo que un padre puede darle a sus hijos. ¿Por qué? Porque una de las cuatro causas de estrés que comentamos nace de la relación entre una mujer y su cónyuge. Cuando el hombre crea un entorno de apoyo incesante, la mujer tiene una preocupación menos.

TU RELACIÓN

Reconstruir a la tribu

Por motivos evolutivos, los bebés humanos nunca fueron criados lejos del grupo. La psicoterapeuta Ruthellen Josselson considera que para las madres jóvenes es muy importante crear y mantener una tribu social después de dar a luz. Esta sugerencia tiene dos grandes problemas: 1) la mayoría de nosotros no vive en tribus, y 2) nos movemos tanto que la mayoría de nosotros ni siquiera vivimos cerca de nuestras propias familias, nuestra primera experiencia tribal natural. El resultado es que muchos padres nuevos viven al margen de sus vidas sociales. No tienen un pariente o una amistad de confianza que pueda cuidar a los niños mientras se bañan, descansan o tienen tiempo de intimidad con sus parejas.

La solución es obvia: recrear la vigorosa estructura social con las herramientas que tenemos a la mano.

Empieza a formarla *ahora*, antes de que llegue el bebé. Tienes muchas opciones. En el aspecto formal, están los grupos de madres y padres locales (aquí en Seattle, tenemos al grupo PEPS) [siglas en inglés que significan *Program for Early Parent Support* (Programa de Apoyo para Padres Primerizos)], iglesias y sinagogas, cada uno construido a partir de conceptos de comunidad. En un aspecto informal, puedes organizar reuniones sociales con tus amigos. Puedes salir con las otras parejas embarazadas de la Tribu Lamaze. Organiza fiestas para cocinar juntos, en las que tú y tus amistades pueden hacer comidas para congelar. Tener un abasto de alimentos preparados para 50 días antes de que llegue el bebé es uno de los mejores regalos que puede recibir cualquiera que está por tener hijos. Cocinar para otros 50 días es una excelente manera de hacer comunidad.

Cuida tu matrimonio

Incluso cuando no se entrevean problemas en el horizonte marital y aunque tengas muchos amigos, no hay garantía de que los buenos ánimos persistan cuando llegue el bebé. Algunas ideas:

Consúltense por la mañana y por la tarde

Acostúmbrense a «consultarse» regularmente. Comuníquense un par de veces al día, una vez por la mañana y otra por la tarde, para ver que todo esté bien; es tan fácil como llamar, enviar un correo o un mensaje de texto. ¿Por qué dos veces al día? La mañana te permite ver cómo progresará el día. La tarde te ayuda a prepararte para la noche. Los padres nuevos solo tienen aproximadamente un tercio del tiempo para estar juntos en comparación de lo que tenían antes de la llegada de los hijos. Se convierte en una forma más de aislamiento social. Empezar ahora, mientras tienes la energía, te permite desarrollar el hábito antes de que llegue el bebé, ya que a partir de entonces no tendrás tanta energía.

Programen sexo regular

Es cierto, una de las grandes alegrías de la intimidad física incluye una enorme porción de espontaneidad. El problema es que puedes despedirte de la espontaneidad cuando traigas a tu bebé a casa. La actividad sexual disminuye considerablemente cuando nace un bebé, y la pérdida de intimidad emocional que está asociada con el sexo puede ser devastadora para un matrimonio. Programar el sexo —tan seguido como les parezca— puede ayudar a minimizar esta tendencia. También permite relajarse mentalmente y ponerse de humor. Pueden incorporar dos tipos de sexo en sus vidas: sexo espontáneo y sexo de mantenimiento.

Desarrolla el reflejo de empatía hacia tu cónyuge

Una mujer que participó en uno de nuestros proyectos de investigación acababa de recibir entrenamiento para aprender el reflejo de empatía. En una ocasión, después de un día largo en el trabajo, estaba de compras en Costco y cuando llegó a la caja descubrió que no quedaban más que talones en la chequera. Llamó a su esposo para pedir su apoyo. Él, en cambio, trató de educarla sobre la responsabilidad personal: ¿Por qué no se fijó en la chequera antes de llevársela? ¿Dónde estaba su reserva de efectivo?

—No me tienes que responder así —le recordó—. Supuestamente me tienes que decir: «Se ve que estás cansada, cariño, enojada y frustrada. ¡Y estás enojada porque me estás llamando y lo último que quieres en este momento después de un día largo en el trabajo es sentirte humillada y solo quieres irte a casa!». —Se puso de frente ante el teléfono—. ¡Eso es lo que quiero que me digas, tonto! —Entonces colgó.

¡Vaya!, la última parte no está incluida en el entrenamiento. Pero todos necesitan un poco de práctica en los dos pasos del proceso: leer las emociones y tratar de conocer la causa. La distancia entre las intenciones desconocidas de una persona y su comportamiento es la causa de conflicto más común. Esa brecha se puede cerrar con empatía.

Reconciliarse deliberadamente
Si se pelean frente a sus hijos, reconcíliense frente a sus hijos. Así, ellos podrán tener un modelo de una pelea justa y de cómo reconciliarse.

Balancear la carga de las labores domésticas
Muchachos, empiecen a ayudar en casa *ahora*. Hagan una lista de las cosas que hace su esposa. Hagan una lista de lo que hacen ustedes. Si su lista es una muestra de la desigualdad tóxica típica de Estados Unidos —ya sabes, una de las que puede pronosticar *tasas de divorcio*—, entonces cambia la lista. Busca el equilibrio hasta que los dos estén de acuerdo con el significado de igualdad. Después de negociar la lista, empieza a cambiar de inmediato. Antes de que estés privado de sueño. Antes de que inicie el aislamiento social. Antes de que empiecen a pelear. Incluso existen estudios que dicen que tendrás más sexo si lo haces. No es broma. Alguien lo estudió.

Solucionen sus puntos débiles

Ningún matrimonio es perfecto, claro, pero algunos matrimonios sobreviven mejor que otros cuando llegan los hijos. ¿Sabes cuáles son los puntos débiles en tu matrimonio? Los programas de intervención marital te lo pueden decir. Dos de los programas más respetados en Estados Unidos fueron desarrollados en los laboratorios de Philip y Carolyn Cowan, y John y Julie Gottman. Sus sitios web están llenos de herramientas de diagnóstico, sesiones de práctica, libros que han escrito sobre el tema y hojas de inscripción para talleres. Los enlaces para estos programas, sus textos y sus referencias avaladas están en www. brainrules.net.

Busquen a un profesional de la salud mental, ahora

El primer contacto de los nuevos padres con médicos profesionales especializados en temas infantiles suele ser cuando conocen a su pediatra. Propongo que agreguen a otro a la lista: un profesional de la salud mental. Alguien que no cueste mucho dinero y que puede responderles preguntas en el camino, como ocurre con el pediatra. Son muchas las razones para iniciar este camino, principalmente porque la mayoría de los pediatras no tienen entrenamiento avanzado en temas de salud mental. Aquí tengo tres razones más:

Muchos niños presentan problemas de salud mental. No me refiero únicamente a los casos típicos, como autismo y trastornos de atención. En promedio, los problemas de salud mental, *cualesquiera* que sean, desde trastornos del humor hasta trastornos de pensamiento, inician cerca de los 14 años.

El retraso es tu enemigo. Entre más pronto se detecte un problema de salud mental, más fácil será tratarlo. A veces toma tiempo encontrar a un profesional de la salud mental que se ajuste a tu familia, por ello es buena idea empezar desde ahora. Sé que este consejo será un desperdicio de tiempo para algunos. Para otros, es lo mejor que pueden hacer por sus hijos.

La depresión afecta a uno de cada cinco padres nuevos. Un profesional de la salud mental también puede ser como una póliza de seguro para ti. Si no te topas con problemas, entonces no será necesario consultarlo, pero si algún problema te llega a sorprender, entonces ya sabes a quién llamar.

BEBÉ INTELIGENTE

Un año de pecho

Entre más tiempo mejor. Tu bebé será más inteligente, sano y feliz. Amamantar es uno de los hábitos prácticos que más impulsan el desarrollo del cerebro. Los beneficios han sido claramente establecidos.

Describir todo lo que ves

Habla mucho con tu bebé. Es tan fácil como decir: «Qué hermoso día» cuando miras por la ventana y ves el sol. Es cuestión de hablar, nada más. Durante la infancia, háblales en *parentese* (diálogo materno o paterno), con esas vocales exageradas pronunciadas en tonos altos. Lo ideal es alcanzar 2100 palabras por hora.

Construye una fábrica de chocolate

Existen tantos tipos de salas de juegos como existen familias, pero todas deben contar con el siguiente elemento de diseño: muchas opciones. Un lugar para dibujar. Un lugar para pintar. Instrumentos musicales. Un armario con disfraces. Bloques. Libros con imágenes. Tubos y engranajes. Cualquier cosa que sea segura para que la bebé o él bebé pueda explorar libremente lo que decida. ¿Viste la película *Willy Wonka & the Chocolate Factory* (*Willy Wonka y la Fábrica de Chocolate*)? Si la viste, te habrás maravillado con la fábrica, con sus árboles, jardines y cascadas —una ecología que se puede explorar, que no es lineal—. A eso me refiero. Me estoy enfocando en la búsqueda artística porque los niños con entrenamiento en las artes resisten mejor las distracciones, mantienen la concentración y consiguen mejores puntajes en distintas pruebas de inteligencia.

Mi esposa y yo dedicamos casi 56 metros cuadrados de nuestro hogar para crear un lugar así, lleno de estaciones musicales, espacios para leer, dibujar, pintar y hacer proyectos artísticos, con muchos Legos y muchas cajas de cartón. Había una estación de matemáticas y otra de ciencia equipada con un microscopio. Con cierta frecuencia cambiábamos los contenidos de estos espacios y finalmente convertimos este espacio en el salón de clases de nuestros hijos.

Juega a los opuestos

Cuando mis hijos cumplieron tres años, propuse algunas actividades divertidas para mejorar su función ejecutiva, fundamentadas a grandes rasgos en el trabajo canónico de Adele Diamond. Por ejemplo, les decía que hoy «todo es al revés». Cuando les mostraba un dibujo de la noche, un fondo negro con estrellas, ellos debían decir «día». Cuando les mostraba un dibujo con un gran cielo azul y un enorme sol amarillo, tenían que decir «noche». Trataba de alternar las fotos cada vez más rápido y revisaba sus respuestas.

Realmente se divertían con esta actividad; por algún motivo, siempre terminábamos en el suelo botados de la risa.

Alguna vez intenté una versión cinética de este ejercicio con mi hijo mayor, que desde los cuatro años ya era un baterista natural. Cada quien tenía una cuchara y un sartén. La regla era que si yo golpeaba el sartén con la cuchara una vez, él tenía que hacerlo dos veces. Cuando yo golpeaba el sartén dos veces, él tenía que hacerlo tres veces. O una. (Cambiaba las reglas muy seguido).

La idea de ambos ejercicios era a) que los niños aprendieran una regla y b) ayudarles a inhibir lo que harían automáticamente cuando enfrentaran esta regla, un característica de la función ejecutiva. En nuestra Fábrica de Chocolate había un espacio designado para este tipo de juego. Puedes hacer un montón de ejercicios con tus hijos. Si quieres una lista de 20 ejercicios excelentes, lee *Mind in the Making* (*Construyendo la mente*) de Ellen Galinsky.

Planes de juego

Revisa los elementos del programa de Herramientas de la Mente para ver si se ajustan a tu estilo de vida. Así funcionaba a veces en nuestra casa: tal vez los muchachos decidían que querían construir algo. (Uno de sus videos favoritos mostraba varias máquinas de construcción, y lo vimos una y otra vez. Todavía lo vemos en los cumpleaños, para estimular la nostalgia y reírnos). Nos sentábamos juntos a organizar los elementos que serían parte de la obra, qué podría ocurrir ahí cuando termináramos y cuál sería la mejor manera de limpiar cuando termináramos. Volaban nuestras imaginaciones, pero en este ejercicio surgía una lista de metas lineales. Y entonces los niños empezaban a jugar.

Para una descripción completa del programa de Herramientas, visita:

www.toolsofthemind.org

No seas hipermadre o hiperpadre

Los diseños de estas salas de juegos tienen una cualidad abierta y no buscan presionar a los niños. No es algo accidental. Entre más sofocados se sienten los niños en términos emocionales, más serán las hormonas de estrés que abundarán en sus cerebros y menor será su probabilidad de éxito intelectual. Enseñar a tus hijos a concentrarse y luego soltarlos en una Fábrica de Chocolate permite que usen sus talentos mejor que los niños que no pueden enfocarse y que no tienen permiso de elegir. Es importante destacar que lo que no aparece entre estas ideas son las clases de mandarín o álgebra y la lectura de Rousseau antes de los tres años.

Sé crítico con tu comportamiento (aunque te cueste)

Una de las formas de consejo familiar más conocidas es la instrucción directa, que los padres ocupan con seriedad cuando sus hijos empiezan a hablar. «Ven conmigo, por favor». «No te acerques a la gente que no conoces». «Cómete tu brócoli». Pero la instrucción directa, además de alejar a los niños de sus padres, no es demasiado eficiente. También aprenden observando a sus padres. Y tus hijos te observan como halcones. A continuación, propongo un plan de tres pasos:

Paso 1: Haz una lista de todos los comportamientos —acciones y palabras— que normalmente transmites al mundo. ¿Te ríes mucho? ¿Te gusta maldecir? ¿Haces ejercicio? ¿Lloras fácilmente o tienes un temperamento explosivo? ¿Pasas horas en internet? Haz esta lista. Pídele a tu cónyuge que la haga también, y comparen.

Paso 2: Evalúen sus listas. Probablemente aparezcan elementos que te hagan sentir orgulloso. Y otros que no tanto. Aunque sean buenos o malos, son los comportamientos que tus hijos enfrentan de manera regular en su casa. Los viven de cerca, aunque no lo desees así. Elige los comportamientos que te gustaría que emularan tus hijos, subráyalos. Decide cuáles son los que prefieres que no compartan y márcalos con una equis.

Paso 3: Comprométete con tu lista. Procura poner en práctica los comportamientos que te gustan. Es tan fácil como decirle a tu cónyuge cuánto la(lo) quieres. Trata de evitar aquellos que no te gustan. Es tan fácil (y tan difícil) como apagar la televisión.

Di: «Vaya, realmente hiciste un gran esfuerzo»

Procura reconocer el esfuerzo intelectual de tus hijos cuando hagan alguna tarea en lugar de elogiar sus recursos intelectuales naturales. Puedes practicar con tu cónyuge y con tus amistades. Si hacen algo bien, diles: «Te esforzaste mucho», en lugar de: «Vaya, qué talento». Cuando fracasan los niños que han sido reconocidos por sus esfuerzos, es más probable que se esfuercen en el futuro.

Menos tiempo digital

Sabemos que las habilidades digitales son importantes para nuestros hijos y que al mismo tiempo implican ciertos riesgos, por ello mi esposa y yo determinamos algunas reglas cuando nuestros hijos llegaron a la edad preescolar. Primero, dividimos las actividades digitales en categorías. Dos de las categorías se referían al trabajo escolar o al aprendizaje en computadora: programas de escritura y programas gráficos, proyectos de investigación en línea, programación, etc. Los muchachos tenían permiso para estas actividades según lo requiriera el trabajo escolar.

Las experiencias recreativas —juegos digitales, ciertos tipos de navegación y nuestra consola Wii— entraron en la categoría 1. No estaban permitidos si no se cumplía antes con una condición. Nuestros hijos podían «comprar» ciertas cantidades de tiempo de categoría 1. ¿La moneda? Tiempo de lectura con un libro real. Cada hora de lectura les conseguía cierta cantidad de tiempo de categoría 1. El tiempo era acumulable y se podía «gastar» en fines de semana después de completar las tareas escolares. Funcionó. Los niños crearon un hábito de lectura, lograron hacer el trabajo digital necesario para sus futuros y pudieron participar en la diversión.

BEBÉ FELIZ

Conoce el paisaje emocional de tus hijos
La mayoría de los bebés tienen un límite de estimulación que pueden tolerar a la vez. Haz una lista de las señales que exhiben cuando tratan de decir: «Ya no quiero más», que pueden ser tan sutiles como mirar en otra dirección o tan obvias como llorar. Organiza tu tiempo con tu bebé alrededor de estas pistas, responde a sus señales y permítele espacio cuando esté cansada o cansado.

También puedes monitorear las emociones de tus hijos cuando empiecen a crecer. Apunta algunas oraciones que describan los gustos y disgustos de tus hijos. Actualízala con cierta frecuencia conforme desarrollen sus emociones. Las listas te crean el hábito de poner atención y te ofrecen un punto de referencia que te permite percibir cambios en su comportamiento.

Ayuda a tus hijos a hacer amigos de su misma edad

Se necesitan muchos años de práctica para hacer amigos. Los niños que están constantemente expuestos a los juegos bruscos y encantadores de otros niños empiezan a tener experiencia con personalidades que son tan inocentes como ellos, tan egoístas como ellos y tan ávidos de interacción social como ellos. Llévalos a jugar con otros niños. Permíteles interactuar también con grupos de edades múltiples y con una variedad de personas. Pero fíjate en los límites de tus hijos. Es importante ajustar las experiencias sociales a los temperamentos individuales.

Especula con el punto de vista de otros

Especula verbalmente en la presencia de tus hijos sobre las perspectivas de otros en situaciones cotidianas. Puedes preguntarte por qué la persona detrás de ti en el supermercado es tan impaciente o de qué se ríe el desconocido que habla por teléfono celular. Es una forma muy natural de ver el mundo desde las perspectivas de otros: la base de la empatía.

Lean juntos

Mi esposa y yo creamos una tradición familiar. Al final de cada día, antes de apagar la luz, nos poníamos la *piyama*, nos preparábamos para dormir y luego nos acurrucábamos todos juntos. Mi esposa tomaba un libro y, durante la siguiente hora y media, leía en voz alta. Aunque los niños ahora están demasiado grandes para acurrucarse, seguimos con la lectura pública antes de dormir. Así los niños entran en contacto con un vocabulario más amplio pronunciado por una «voz» diferente, nos unimos como familia e impulsa a nuestros cerebros a salir de nuestras propias experiencias para imaginar mundos poblados de personas que no reaccionan como nosotros.

Desarrolla un reflejo de empatía con tus hijos

Cuando te enfrentes a emociones fuertes, recurre primero a la empatía:

- Describe la emoción que percibes.
- Trata de adivinar su causa.

Recuerda: entender el comportamiento de los demás no es lo mismo que estar de acuerdo con ellos. Se trata únicamente de tu primera respuesta ante cualquier situación que involucre emociones intensas. Si quieres que tus hijos desarrollen empatía, será importante que puedan presenciarla de manera regular. La empatía se aprende cuando otros se muestran empáticos con nosotros.

Determina tu estilo metaemocional

¿Qué sientes respecto a las emociones? Puedes encontrar una prueba particularmente iluminadora en *Raising an Emotionally Intelligent Child: The Heart of Parenting* (*Cómo educar a un niño emocionalmente inteligente*) de John Gottman. Otro libro, un tanto más técnico, es el volumen 4 de *Handbook of Child Psychology* (*Manual de psicología infantil*). Lee el capítulo llamado «Socialización en el contexto familiar: interacción entre padres e hijos», escrito por E. E. Maccoby y J. A. Martin.

Practica verbalizando tus sentimientos

Lo puedes hacer solo, con tu cónyuge o con amistades cercanas. Cuando experimentes un sentimiento, simplemente dilo en voz alta. Verbalizar las emociones te ayuda a estar en control de tu vida emocional y te permite una autorregulación más profunda. También es un gran modelo para los niños. Recuerdo una vez que intentaba en vano abrir un frasco de pepinillos. Mi hijo de cuatro años entró, me miró y me dijo:

—Papá, te ves enojado. ¿Estás enojado?

—Sí —respondí—. No puedo abrir los pepinillos.

Un rato más tarde, vi que él estaba desesperado, tratando de construir un modelo de Lego.

—Te ves enojado, hijo —dije—. ¿Estás enojado?

Me miró y exclamó:

—Sí. Estoy enojado. ¡Es mi bote de pepinillos!

Si tus hijos están en contacto con personas que hablan sobre sus sentimientos, aprenderán también a verbalizar sus sentimientos, lo cual será muy valioso cuando lleguen a la pubertad.

Ahorra para diez años de clases de música

Tocar un instrumento, cantar, no importa lo que hagan, que la música sea parte de la experiencia de tus hijos. Estar en contacto con la música ayuda a largo plazo a los niños a percibir las emociones de otros. Esta habilidad a su vez es un indicador de la capacidad de tus niños para hacer y mantener amistades.

Guía a tus hijos hacia una carrera de 50 000 dólares al año

Las personas que ganan cientos de miles o millones de dólares anuales no son sustancialmente más felices que aquellos que ganan cifras (en dólares) de cinco dígitos. En 2010, el corte estaba en unos 50 000 dólares al año.

BEBÉ MORAL

La regla CAR

Las reglas que se establecen con ciertas características tienen más posibilidades de fomentar la conciencia moral en los niños. Puedes recordarlas con las siglas «CAR».

«C» representa claridad. Las reglas son claras y razonables, no son ambiguas. A veces ayuda si las escribes. Las tablas de deberes domésticos son un buen ejemplo. Muchas familias suelen crear reglas como respuesta a una experiencia frustrante. «¡A partir de ahora, te vas a dormir a las ocho!». ¿Pero qué ocurre con la regla cuando pasan las emociones?

Escribe las reglas importantes y colócalas en un lugar público a la vista de toda la familia. Pueden convertirse en un punto de negociación y en una fuente de humor, como podrá atestiguar cualquiera que haya leído la serie *Harry Potter* y los decretos de Dolores Umbridge.

«A» representa aceptación. Las reglas se emiten en un entorno de calidez y aceptación consistentes.

«R» representa reconocimiento. Cada vez que un niño cumpla una regla, refuerza su comportamiento. Esto incluye elogiar incluso la ausencia de un comportamiento; por ejemplo, cuando tu hijo no grita en un restaurante.

Explica los motivos racionales de la regla

Explícales a tus hijos, verbalmente, los motivos de las reglas. Así, los niños pueden generalizar sus aprendizajes en otras situaciones, y esto conduce a la internalización moral. Si solo oyen: «Porque yo digo», entonces ocurrirá apenas una forma primitiva de modificación del comportamiento.

Castigo efectivo FICST

«F» de firmeza. El castigo debe tener significado. Tiene que ser firme y aversivo para ser efectivo.

«I» de inmediato. El castigo debe llegar lo más pronto que se pueda después de una infracción. Entre más pronto, más efectivo.

«C» de consistente. Cuando se presente un comportamiento nocivo, se debe aplicar el castigo de manera consistente. Las reglas que no se aplican de manera consistente confunden a los niños y conducen al desarrollo moral irregular.

«S» de seguro. Las reglas se deben emitir en un entorno de seguridad emocional. A los niños les cuesta internalizar el comportamiento moral en condiciones de amenaza constante.

«T» de tolerancia. En realidad, este es un llamado a la paciencia, que únicamente tocamos de manera indirecta. Los niños rara vez logran internalizar una regla en el primer intento y a veces no lo logran ni a al décimo.

Haz un video

Muchos padres llevan un registro documental de los primeros años de sus hijos. Es más, la siguiente generación será la más documentada en video en toda la historia. ¿Por qué no tomas video mientras educas a tus pequeños, especialmente en los tiempos difíciles, para poder analizar lo que haces? Podría ayudarles a tener una idea de su efectividad como padres.

BEBÉ DORMILÓN

Espera al sueño pasivo

Cuando veas que tu bebé se está quedando dormida (o dormido), no interrumpas el proceso. Si estás cargando a tu bebé, no la acuestes. Ella sigue en la etapa de sueño activo y puede despertar fácilmente. Espera a que alcance el sueño pasivo y *entonces* llévala a su cama.

DISFRUTA EL VIAJE

¡Ser padres definitivamente vale la pena!

AGRADECIMIENTOS

Este libro nació gracias al apoyo de muchas «parteras» y me siento profundamente endeudado con todas ellas. Agradezco el caluroso y alegre optimismo de Mark Pearson y su trabajo incansable en la publicación de este libro. Y por sus comentarios incisivos, cariñosos e iluminadores, a mi editora, Tracy Cutchlow. A la fecha te debo una cerveza.

También estoy endeudado con Jessica Sommerville, por brindar el oxígeno vital de su arbitraje estricto. Y con Carolyn Webster-Stratton, por sus palabras amables y su apoyo. Con Dan Leach, por su curiosidad, entusiasmo y un sinnúmero de conversaciones inspiradoras. Con Bruce Hosford, por su amistad profunda, su esfuerzo y apoyo infinito. Con Earl Palmer, por su inspiración, y con John Ratey, por lo mismo. Con Rick Stevenson, por las posibilidades visuales y su amor por la narrativa. Con Alice y Chris Canlis, por construir una de las familias más unidas que conozco —un verdadero ejemplo para el mundo entero—. Y con Alden Jones, que sin su preocupación infinita y su devoción incesante por los detalles de este libro y sus tantas partes móviles no hubiera sido posible.

Por último, estoy endeudado con mi familia. Con nuestros dos hijos queridos, Josh y Noah, por mostrarme que el amor verdadero puede existir entre padres e hijos, incluso cuando ustedes eran más pequeños que el punto final de esta oración. Y con mi esposa Kari, quien es simplemente la persona más increíble que he conocido.

ÍNDICE ANALÍTICO